高等学校交通运输专业“十一五”规划系列教材

运输港站与枢纽

YUN SHU GANG ZHAN YU SHU NIU

主　编　张　远
副主编　张萌萌
　　　　梁　坤
主　审　顾正洪

东南大学出版社
·南京·

内容提要

本书全面介绍了运输港站与枢纽总体规划布局选址，以及公路运输、铁路运输、水路运输、航空运输港站与枢纽的主要设施设备，建设规模和场站布局，并对运输港站与枢纽规划设计评价体系进行了简要介绍。

本书为交通工程专业、物流工程专业本科生必修课教材，同时也可作为在交通运输工程、物流工程等领域从事教学、科研、技术开发和管理等工作人员的参考用书。

图书在版编目(CIP)数据

运输港站与枢纽/张远主编. —南京：东南大学出版社，2008.2(2013.7 重印)
(高等学校交通运输专业"十一五"规划系列教材)
ISBN 978-7-5641-1091-8

Ⅰ.运… Ⅱ.张… Ⅲ.交通运输中心—高等学校—教材 Ⅳ.U115

中国版本图书馆 CIP 数据核字(2008)第 001372 号

运输港站与枢纽

主　编	张　远	选题总策划	李　玉
副主编	张萌萌	责任编辑	朱玉先
	梁　坤	责任印制	张文礼
主　审	顾正洪	封面设计	萧千皓

出版发行　东南大学出版社
地　　址　南京四牌楼 2 号
出 版 人　江建中
邮　　编　210096
经　　销　江苏省新华书店

印　　刷　南京玉河印刷厂
开　　本　700mm×1000mm　1/16
印　　张　13　　字　数　300 千字
版　　次　2008 年 2 月第 1 版
印　　次　2013 年 7 月第 3 次印刷
印　　数　4001—6000 册
书　　号　ISBN　978-7-5641-1091-8/U·16
定　　价　24.00 元

编审委员会名单

编写委员会名单

编审委员会委员简介

李旭宏	东南大学交通学院	教授、博导
毛海军	东南大学交通学院	教授、博士
朱金福	南京航空航天大学民航学院	教授、博导
鲁植雄	南京农业大学工学院	教授、博导
李仲兴	江苏大学汽车与交通工程学院	教授、博导
张孝祖	江苏大学汽车与交通工程学院	教授、硕导
顾正洪	中国矿业大学矿业工程学院	副教授、博士
吴建华	淮阴工学院	副院长、教授
蔡伟义	南京林业大学机械电子工程学院	教授、硕导
丁　波	黑龙江工程学院	教授、系副主任

出版说明

作为国民经济的重要基础设施和基础产业，交通运输是社会经济发展的重要物质基础，其基本任务是通过提高整个运输业的能力和工作质量，来改善国家各经济区之间的运输联系，进而安全迅速、经济合理地组织旅客和货物运输，保证最大限度地满足社会和国防建设对运输的需求。

改革开放以来，我国加快了交通基础设施建设，交通运输业成为重点扶持的支柱产业之一，尤其是20世纪90年代以来，我国采取了一系列重大举措，增加投资力度，促进了交通运输业的快速发展。但是，我国目前的主要运输装备及核心技术水平与世界先进水平存在较大差距，运输供给能力不足，综合交通体系建设滞后，各种交通方式缺乏综合协调，交通能源消耗与环境污染问题严峻。

展望21世纪，我国交通运输业将在继续大力推进交通基础设施建设的基础上，依靠科技进步，着力解决好交通运输中存在的诸多关键技术问题，包括来自环境、能源、安全等方面的众多挑战，建立起一个可持续性的新型综合交通运输体系，以满足全面建设小康社会对交通运输提出的更高要求。客运高速化、货运物流化、运营管理智能化将成为本世纪我国交通运输发展最明显的几个特征。

作为国民经济的命脉，交通运输业正面临着重大的战略需求。掌握交通运输技术的人才及其人才的培养自然成为社会各界关注的热点问题。无论是公路运输、铁路运输，还是水路运输、航空运输、管道运输等都需要大量的从事交通运输专业的高级技术与组织管理人才，由他们运用先进的技术来装备交通运输，用科学的方法来组织管理交通运输。

教材建设是培养交通运输人才的基础建设之一，但目前我国对交通运输专业的教材建设却十分滞后，已经很难满足社会经济发展的需要，为此由东南大学出版社策划，东南大学出版社与国家重点学科东南大学载运工具运用工程专家共同组织有关高校，在交通运输专业有多年教学科研经验的教师编写了这套"高等学校交通运输专业'十一五'规划系列教材"。该套教材融入了作者多年的教学实践及相关课题研究成果，注重交通运输实践性强的特点和科学技术不断向交通运输渗透的趋势，在阐述基本理论、基本方法的同时，引入了大量的实际案例，使这套教材有其显著的特点。相信这套教材的出版，将有助于我国交通运输专业人才的培养，有助于交通运输在我国的社会经济与国防建设中发挥出更大的作用。

编写委员会

2007 年 12 月

前言

运输港站与枢纽是交通运输发展的必然产物，是实现交通运输的基础和组织保证。交通运输港站和枢纽可以使多种运输方式得以相互沟通形成贯通的运输网络，对运输体系功能的完善乃至所在城市的发展都起着重要的推动作用。目前，在发达国家的综合运输网络中，已形成了宏观布局合理、规模适当、功能齐全的运输枢纽与港站，成为整个运输网络高效运转的基础和前提。在我国，伴随着交通运输事业的发展，作为综合运输体系中重要组成部分的运输港站与枢纽也取得了较大的发展，并在综合运输系统的形成、运输效率的提高、运输市场的规范等方面发挥着重要的作用。

本书为交通工程、物流工程本科生教材，重点介绍了运输港站与枢纽的基本概念与功能、运输港站与枢纽的总体布局规划与设计。本书在编写过程中注意将运输港站与枢纽的基本理论与我国的具体实际相结合，特别是注意将当前运输港站与枢纽的科学研究前沿成果反映到教材之中，使学生对运输港站与枢纽的知识有全面、系统、深入的了解。

本书由中国矿业大学顾正洪博士任主审；山东交通学院张远副教授任主编，张萌萌、梁坤任副主编。编写人员分工为：第1章由张远编写；第2、3、4、5、6章由张萌萌编写；第7、9章由马香娟编写；第8、10章由梁坤编写。

编者

2008年1月

目 录

1 绪论

运输港站与枢纽是国家或地区交通运输系统的重要组成部分，是几种运输方式或几条运输干线交会并能办理客货运输作业的各种技术设备的综合体，是大量客货流集散地，具有优越的地理位置和方便的交通运输条件。运输枢纽是运输发展的必然产物，是实现交通运输的基础和组织保证，它可以使多种运输方式得以相互沟通，形成贯通的综合运输网络。伴随着交通运输事业的快速发展，作为综合运输体系中重要组成部分的运输枢纽在我国已取得了较大的发展，并在综合运输系统的形成、运输效率的提高、运输市场的规范等方面发挥着重要的作用。

1.1 运输枢纽的概念与功能

1.1.1 运输枢纽的概念

枢纽意为关键的部分或起重要作用的部分，也是事物相互联系的中心环节。《辞海》中的解释为“比喻重要的地点，事物的关键之处”。对于运输枢纽，斯卡洛夫在《城市交通枢纽的发展》一书中这样定义：“运输枢纽是国家统一体系的组成部分，它决定着路网相邻路径的运输特点，是由若干种运输所连接的固定设备（构造物）和活动设备（载运工具、装卸机械）等组成的一个整体，共同完成货物及旅客运输的中转与地方作业。”也有教科书中这样定义：“运输枢纽是两种以上干线运输方式衔接地区或者几条运输线路的交汇处，同时承担一种或几种运输方式的枢纽功能，是由一个或几个运输站场及若干交通设施组成的综合整体，是交通运输的生产组织基地。”上述定义可以说是从不同的侧面、不同的角度揭示了运输枢纽的含义，或是揭示运输枢纽某一方面的属性。我们认为以下定义能全面概括运输枢纽的内涵和外延，即：运输枢纽是在两条或者两条以上运输线路的交汇、衔接处形成的，或者由两种或两种以上运输方式在此处相衔接，具有运输组织、中转、装卸、仓储、信息服务以及其他服务功能的综合性设施。

1.1.2 区别几个与运输枢纽有关的概念

1) 运输枢纽与交通枢纽

人们在应用运输枢纽与交通枢纽两个概念时,经常出现混淆的现象,但运输枢纽与交通枢纽在实际形态和功用上是存在一定差别的。交通枢纽主要是指某一地区有多条交通线路通过或连接而形成交通网络的节点,强调的是交通网络的连接和线路的交汇,满足交通流的方向性要求。有的节点伴随着交通流的到达和出发,有大量的客货运输作业,而有的节点则可能客货作业量很小,或仅仅是对交通载运工具进行相应的编解和编组等作业,只是起到交通流的继续和改变流向的作用。而运输枢纽是连接两段运输过程的平台和纽带,是进行一体化运输组织的关键,是建设在某一地区为客货运输在不同环节中的衔接和中转乘(装)服务的基础设施,强调的是为旅客和货物的集疏运和中转以及货物的装卸、仓储、信息服务、中介代理等提供服务,并进行相应的运输组织活动,使旅客和货物运输更有效率和顺利完成全程运输。由此可见,交通枢纽是交通网络布局建设后形成的区位条件,而运输枢纽是为了满足客货运输作业需要而建设的基础设施。

2) 运输枢纽与运输港站

运输枢纽与运输港站既有联系又有区别。首先运输港站是运输枢纽构成的基本要素之一。运输港站可以是铁路站、公路站场、港口或航空港等,它们通过铁路、公路、航道、航空线等相互连接,从而实现了综合运输枢纽的功能。运输港站是运输枢纽实现其功能的载体,运输枢纽的各项功能都要在运输港站中得以实现。其次,运输枢纽是运输港站发展的高级形式。在我国运输港站成千上万,但是能成为运输枢纽的却非常少。只有当运输港站的客货运量达到某个阶段,当其在综合交通运输的地位非常重要的时候,才可能成为运输枢纽。

1.1.3 运输港站与枢纽的功能

运输港站与枢纽集中了综合交通运输系统的多种运输方式,其基本功能就是将一个或几个方向的各种运输方式的客货流分散到其他运输方式或方向,具体体现在以下几个方面:

①运输港站与枢纽是多种运输方式的交汇点,是大宗客货流中转、换乘、换装与集散的场所,是各种运输方式衔接和联运的主要基地。

②运输港站与枢纽是同一种运输方式多条干线相互连接,进行客货中转及对营运车辆、船舶、飞机等技术作业和调节的重要基地。

③从旅客(货主)进入枢纽港站到离开枢纽港站的一段时间内,为他们提供舒适的候车(船、飞机)环境,包括购票、餐饮、住宿、娱乐服务;提供货物堆放、存储场所,包括包装、处理等服务;运输工具的停放、技术维护和调度。

④运输港站与枢纽大多依托于一个城市,对城市的形成和发展有着很大的作用,是

城市实现内外联系的桥梁和纽带。

⑤为旅客换乘、货物配载及联运提供信息，即通过计算机及信息通讯设施，形成信息网络，提供车、客、货信息和通信服务。

综上所述，按照运输港站与枢纽在运输全过程中所承担的主要作业任务来看，它的基本功能就是保证四种主流作业：直通作业、中转作业、枢纽地方作业以及城市对外联系作业。

1.1.4 我国运输港站与枢纽的发展现状

改革开放以来，我国从战略高度规划和布局了一大批不同的运输枢纽城市或区域，使得枢纽港站的建设进一步向规模化、集约化、信息化方向发展，为交通运输网络的形成、枢纽港站功能的提升和发展提供了良好的发展机遇和前景。

1）运输网络的完善促进了运输枢纽的形成与港站的发展

根据国家高速公路网规划，干线公路网由 7 条首都放射线、9 条南北纵向线和 18 条东西横向线组成，简称为“7918 网”，总规模约 8.5 万公里。国家高速公路网规划建成后，可以形成“首都连接省会、省会彼此相通、连接主要地市、覆盖重要县市”的高速公路网络。这个网络能够覆盖 10 多亿人口，直接服务区域 GDP 占全国总量的 85%以上；实现东部地区平均 30 分钟、中部地区平均 1 小时、西部地区平均 2 小时抵达高速公路，客货运输的机动性将有显著提升。全国公路主枢纽站的布局规划是发展 179 个公路运输枢纽，覆盖所有直辖市、省会城市和计划单列市及地级城市 137 个，覆盖 100%的沿海主要港口和 93%的内河主要港口、全部的大中型枢纽机场、所有特等火车站和铁路集装箱中心站以及 68%的一等火车站。

运输枢纽的形成，为港站建设带来了契机，千吨级的内河码头、万吨级的沿海码头不断出现；港口码头泊位继续增加。2006 年底，全国港口拥有生产用码头泊位35 453 个，比上年净增 211 个，其中万吨级及以上泊位1 203 个，比上年净增 169 个。全国沿海港口拥有生产用码头泊位4 511 个，其中万吨级及以上泊位 978 个；内河港口拥有生产用码头泊位30 942 个，其中万吨级及以上泊位 225 个。内河港口万吨级泊位分布在长江干流、京杭运河和珠江水系，分别为 216 个、5 个和 4 个。新的物流园区或配送中心在规划建设；大型机场在新建、扩建；新建或扩建的铁路、公路客运站场迅速发展，交通基础建设正在进入一个辉煌的黄金时期。

2）各运输枢纽作业量迅速扩大

随着我国经济高速发展，运输网络的不断完善，我国客货运输需求不断增大，使得我国各大运输枢纽作业量也随之增大，营运业绩不断提高。例如，上海是我国最大的综合运输枢纽之一，拥有丰富的客流和物流。沪宁、沪杭高速公路的建成，形成了以上海为中心，干支相接，扇形辐射，遍及世界各地及全国近 15 个省市2 000 多个县市地区的公路、铁路、水路和航空运输网络，从而带动上海客货流量的增加，客货运总量持续快速增长。

3）各港站吞吐量不断攀升

我国经济和对外贸易的迅速增长，为我国各运输港站的发展构建了良好的发展平台。近年来，随着对外贸易的高速增长，我国各运输港站与枢纽的吞吐量一直保持高速增长。2006年货物吞吐量超过亿吨的港口由上年的11个增为12个，其中吞吐量超过2亿吨的港口由上年的4个上升到7个。亿吨港完成情况分别为：上海港吞吐量4.70亿吨，宁波-舟山港4.24亿吨、广州港3.03亿吨、天津港2.58亿吨、青岛港2.24亿吨、秦皇岛港2.05亿吨、大连港2.00亿吨、深圳港1.76亿吨、苏州港1.51亿吨、日照港1.10亿吨、南通港1.04亿吨、南京港1.01亿吨。集装箱吞吐量继续快速增长。2006年全国港口完成集装箱吞吐量9 361万TEU，比上年增长23.8%。其中沿海港口完成8 579万TEU，增长22.5%，内河港口完成782万TEU，增长39.1%。

近年来，我国集装箱运输呈现持续、平稳、高速的增长态势，年均增长速度约为30%，而且正向高效、规模、结构优化的高层次转变。在吞吐量方面，沿海港站具有明显的优势。

1.1.5 国外运输港站与枢纽的发展趋势

总的来说，国外的运输枢纽正向现代化、综合化、专用化发展。现代化的枢纽港站具有现代化的建筑结构、中转作业的大厅以及现代化的管理系统。特别是随着社会经济的发展和高新技术的不断开发和大量使用，很多高新技术成果都应用于运输枢纽规划建设、管理等各个方面，主要体现在以下几个方面。

①大量的高新技术以及科研成果应用于运输港站与枢纽的建设、运营和管理。例如：计算机管理系统、条形码识别技术、全球卫星定位系统、计算机最佳运输路径选择等等。这些高新技术在运输枢纽建设及营运和管理的应用，大大提高了运输枢纽的效率、降低了成本。

②不断完善运输枢纽的规划、设计理念。发达国家经过长期的摸索和探求在理论上已经基本形成了一套比较成熟的运输枢纽的规划、设计理念并不断进行修改完善。在运输枢纽规划、建设方面尽量减少人为因素。枢纽的布局规划主要是由市场需求来决定，把方便旅客和提高服务水平放在第一位。

③注重运输枢纽与城市的协调发展。世界上不少工业发达国家十分重视城市，特别是作为政治、经济、文化中心的大城市的现代化运输枢纽的建设，趋向于建筑空间和交通空间相契合，形成高空、地面、地下三度空间的交通网络。同时，也很注意运输枢纽对周围环境的影响。例如在运输枢纽规划过程中，通过采用先进的规划理念，减少因运输枢纽规划建设而产生的交通阻塞、污染和噪音等问题，同时也非常注意枢纽的运营对环境的影响，以及对居民日常生活的影响。

1.2 运输港站与枢纽的分类

运输港站与枢纽是国家和区域交通运输系统的重要组成部分，是不同运输方式的运输网络路径的交汇点，是由若干种运输所连接的固定设备和移动设备组成的整体，共同承担着港站与枢纽所在区域的直通作业、中转作业、枢纽地方作业、港站地方作业以及城市对外交通的相关作业功能。

运输港站与枢纽类型很多，以下按照不同侧面进行分类。

1.2.1 按地理位置划分

按地理位置划分，可分为陆路运输港站与枢纽、滨海运输港站与枢纽和通航江河岸边运输港站与枢纽。

陆路运输港站与枢纽主要是内陆城市，依托于公路、铁路运输，具有交通运输中转、换乘、换装等多种功能。例如北京等大型城市都属于这一类型枢纽。滨海运输港站与枢纽是集中在沿海地带，以进行海运为主的港站与枢纽，上海和大连等城市就是这种类型。在国际远洋运输方面，这类港站发挥了极大的作用。而且随着我国物流业和远洋运输与国际市场的进一步接轨，中国日益融入 WTO，这样的港站与枢纽将有更大的发展潜力。通航江河岸边运输港站与枢纽，这类运输港站依托的是国内的大江、大河等内河境岸，以内河水运配合其他交通运输方式的工作，发挥港站与枢纽的作用，其规模一般比上两种类型要小，但也很重要。像长江干流旁边的宜昌、武汉、南京等城市就属于这种类型。

1.2.2 按运输方式的组合形式划分

按运输方式的组合形式划分，分别有铁路-公路港站与枢纽、水路-公路港站与枢纽、水路-铁路-公路运输港站与枢纽、综合运输港站与枢纽。

铁路-公路港站与枢纽，是我国运输枢纽的主要形式，分布在内陆，以公路和铁路干线组成枢纽。水路-公路港站与枢纽，由河运或海运与公路运输方式组成，一般水运起主要作用，公路以集散客货为主。水路-铁路-公路运输港站与枢纽，是这三种运输方式相结合所形成的，但一般来说有一种运输方式是处于主体地位的。综合运输港站与枢纽，铁路、公路、水运、航空和管道各种运输方式相互结合、相互协调，这是交通运输发展的一种新形式，也是 21 世纪我国交通运输业发展的一个新方向。

1.2.3 按承担客货运输业务的状况划分

按承担客货运输业务的状况划分，可分为中转港站与枢纽、地方性港站与枢纽和混合性港站与枢纽。

中转港站与枢纽，以办理中转或直通客货运输业务为主，地方运量比例较少。地方性港站与枢纽以办理地方作业为主，中转运输量较少。混合性港站与枢纽有大量的地方业务，同时还办理相当数量的直通客货运输业务。

1.2.4 按照运输港站与枢纽的位置特性划分

按照运输港站与枢纽的位置特性划分，可分为已定型、半定型和全定型港站与枢纽。

所谓已定型港站与枢纽是指该类型港站与枢纽依附于已经建成的较大的建筑实体或地理实体存在，其位置是由该点所具有的经济、社会特性所确定的，或由与本运输港站与枢纽相衔接的规模更大的枢纽港站确定的。例如，在一个国家范围内，这个国家的首都一般是各种远程运输网络的枢纽，大型港口城市一般也是一个国家各种远程运输网络的枢纽，通常把这些已经建成的诸如首都、大型港口城市叫做国家内远程运输网络的"网先城市"；又如，一个城市范围内，已经建成的火车站、机场、码头、长途汽车站等都是城市交通的枢纽，通常把已建成的火车站、码头、长途汽车站等叫做"网先建筑"。网先城市和网先建筑一般是先于对象网络而存在的，统统称为"网先枢纽"。网先枢纽就是位置"已定型"枢纽，不存在选址问题。

如果某个大型枢纽还没建成，那就仍然存在一个选址问题，而且其选址在一定程度上要依靠对象网络（目前正选择枢纽位置的运输网络）的结构特征和之外的社会经济因素，这类枢纽就是"半定型"的港站与枢纽。

还有一类枢纽，它们的位置全部或主要由对象网络本身的特征、及其上的交通流量的分布情况来决定，这类枢纽叫做"全定型"的港站与枢纽。

运输港站与枢纽按照这样分类有极为重要的作用，运输枢纽的选址就是确定半定型、全定型枢纽在交通网络上的位置。

1.2.5 按交通运输干线与场站空间分布形态划分

按交通运输干线与场站空间分布形态划分，可分为终端式港站与枢纽、伸长式港站与枢纽、辐射式港站与枢纽、辐射环形港站与枢纽、辐射半环形港站与枢纽。

终端式港站与枢纽，分布于陆上干线的尽端或陆地的边缘处，如乌鲁木齐、青岛等城市。伸长式港站与枢纽干线从两端引入呈延长式布局，如兰州市。辐射式港站与枢纽，各种干线可以从各个方向引入，如郑州、徐州等城市。辐射环形港站与枢纽，由多条反射干线和将其连接起来的环线构成，如北京市。辐射半环形港站与枢纽，分布于海、河、湖岸边。

1.2.6 按运输枢纽的运输方式划分

按运输枢纽的运输方式划分，可分为单式运输枢纽和综合运输枢纽。单式运输枢纽是指同一种运输方式的主干线的交叉点、分岔点或衔接点形成的运输枢纽，它是为某种运输方式自身而设置的，比如铁路枢纽、公路枢纽、水运枢纽、航空枢纽等。而综合运输枢纽则是由两种或多种运输方式组成的主干线的交叉点、分岔点或衔接点形成的运输枢纽，是为各种运输服务所设置的。如铁、水；铁、公；公、水、铁等运输方式的综合运输枢纽。

1.3 运输方式的特点及其港站设施

交通运输是人类社会生产、经营、生活中一个不可缺少的重要环节，随着社会的发展和交通运输需求的增加，相应的产生了五种具有不同功能的运输方式，即：铁路、公路、水运、航空和管道。这五种基本运输方式在运载工具、线路设备、运营方式、技术经济特征和适用范围等方面各不相同，但都对交通运输发挥着重要的作用。

1.3.1 各种运输方式的特点

1）水运特点

水路运输按其航行的区域，大体可划分为沿海、远洋、内河运输三种形式。由于水运主要利用江、河、湖泊和海洋的“天然航道”来进行，并可以利用其天然的有利条件，实现大吨位、长距离的运输，因此，其特点主要体现如下：

①水上运输能力大；

②水上航道四通八达，通航能力几乎不受限制，而且投资省；

③水上运输通用性能好，既能运客又能运货，尤其适合于大宗货物的运输；

④运输成本低，我国沿海运输成本只有铁路的 40%，长江干线运输成本只有铁路运输的 84%；

⑤劳动生产率高，沿海运输劳动生产率是铁路运输的 6.4 倍，长江干线运输劳动生产率是铁路运输的 1.26 倍；

⑥平均运距长，水路运输平均运距分别是铁路运输的 2.3 倍，公路运输的 59 倍，管道运输的 2.7 倍，民航运输的 68%；

⑦受自然条件影响较大，内河航道和某些港口受季节影响较大，冬季结冰，枯水期水位变低，难以保证全年通航；

⑧运送速度慢，在途中的货物多，会增加货主的流动资金占有量。

总之，水路运输综合优势较为突出，适宜于运距长，运量大，时间性不太强的各种大宗物资运输。

2）铁路运输的特点

①运输能力大，一般每列客车可载旅客 1 800 人左右，一列货车可承载 2 000～3 500 吨货物，重载列车可承载 20 000 多吨货物；

②铁路运输过程受自然条件限制较小，连续性强，能保证全年运行；

③通用性能好，既可运客又可运种类不同的货物；

④铁路运输成本较低，我国铁路运输成本分别是汽车运输成本的 1/11～1/17，民

航运输成本的1/97～1/267，但高于沿海和内河运输；

⑤能耗较低，每千吨公里消耗标准燃料为汽车运输的1/11～1/15，民航运输的1/174，但是高于沿海和内河运输；

⑥直达性较差。铁路运输最大的缺点就是直达性不高，由于铁路起点以及终点都是在站场，旅客或货物一般不能一次到达目的地，还要经过换乘或换装进行继续运输。所以铁路运输一般是和其他运输方式联运完成运输任务。

因此，综合考虑，铁路适于在内陆地区运送中、长距离、大运量、时间性强、可靠性要求高的一般货物和特种货物；从投资效果看，在运输量比较大的地区之间建设铁路比较合理。

3）公路运输的特点

①机动灵活，货物损耗少，运送速度快，可以实现门到门运输；

②投资少，修建公路的材料和技术比较容易解决，易在全社会广泛发展，可以说是公路运输的最大优点；

③运输能力小，每辆普通载重汽车每次只能运送5吨货物，长途客车可运送50位旅客，仅相当于一列普通客车的1/30～1/36；

④运输成本高，分别是铁路运输的11.1～17.5倍，沿海运输的27.7～43.6倍，管道运输的13.7～21.5倍，但比民航运输成本低，只为航空运输的6.1%～9.6%；

⑤劳动生产率低，只为铁路运输的10.6%，沿海运输的1.5%。

因此，公路运输比较适宜在内陆地区运输短途旅客、货物，因而，可以与铁路、水路联运，为铁路、港口集疏运旅客和物资，可以深入山区及偏僻的农村进行旅客和货物运输；在远离铁路的区域从事干线运输。

4）航空运输的特点

①运行速度快，一般在800～900公里/小时左右，大大缩短了两地之间的距离；

②机动性能好，几乎可以飞越各种天然障碍，可以到达其他运输方式难以到达的地方；

③飞机造价高、能耗大、运输能力小、成本很高、技术复杂；

因此，航空运输只适宜长途旅客运输和体积小、价值高的物资，鲜活产品及邮件等货物运输。

5）管道运输的特点

管道运输是随着石油和天然气产量的增长而发展起来的，目前已成为陆上油、气运输的主要运输方式。近年来输送固体物料的管道，如输煤、输精矿管道，也有很大发展。

①运输量大，不同于车、船等其他运输方式，输油管道可以连续运行。一条直径720毫米的管道每年可输送原油2 000×10^4吨左右，直径1 220毫米的管道每年可输送原油1×10^8吨；

②运输工程量小，占地少，管道运输只需要铺设管线，修建泵站，土石方工程量比修建铁路小得多。而且在平原地区大多埋在地下，不占农田；

③运费低，管道的直径越大，单位运费越低；

④能耗小，在各种运输方式中是最低的；

⑤安全可靠，无污染，成本低；

⑥专用性强，只能运输石油、天然气及固体料浆（如煤炭等），但是，在它占据的领域内，具有固定可靠的市场。

1.3.2 港站的基础设施及功能

1）水运的基础设施及功能

水运港站的基础设施可以分为：港口水域设施、港口陆上设施和航标灯三部分。这三部分都有相应的功能。

(1) 港口水域设施

港口水域设施包括港池、锚池和航道。港池一般指码头附近的水域。它需要有足够的深度与宽度的水域，供船舶靠离使用。锚池是供船舶抛锚候潮、等候泊位、避风、办理进出口手续、接受船舶检查或过驳装卸等停泊的水域。航道是指船舶进出港的通道。为保证安全通航，必须有足够的水深与宽度，弯曲度不能过大。为了避免搁浅、擦浅而造成船舶、生命财产损失与环境污染，船舶在航行时必须在龙骨基线以下保持足够的水深。

(2) 港口陆上设施

港口陆上设施的功能就是为了保证船舶货物的流通，所以必须有配套的铁路、道路、货物仓库与堆场，港口机械、给排水和供电系统等设施。

港口铁路包括港口车站、分区车场、码头和库场的装卸线，以及连接各部分港口的铁路区间正线、联络线和连接线等。

港口道路是水运与公路运输进行衔接的部分。港口道路可分为港内道路和港外道路。港内道路用于通行载货汽车与流动机械，而港外道路是港区与城市道路与公路连接的通道。

仓库是港口货物在车船换装以前的集散地，其功能就是对货物进行短暂的存储，以保证货物的完好性。

港口机械是完成港口货物装卸的重要手段，用于完成船舶与车辆的装卸，货物的堆码、拆垛与转运等。港内流动的机械主要有起重机、装卸汽车、牵引车、提升机、输送机等。

港口给排水系统是为了保证船舶和港口日常生产、生活、环境保护和消防等正常进行的系统。

其他还有一些附属设施，例如：港口供电系统、船舶基地、港口通信系统等，这些都是港口设施不可缺少的部分，各自都有其重要的作用和功能。

(3) 航标

为了保证进出港船舶的航行安全，每个港口、航线附近的海岸均有各种助航设施。

航标的主要功能就是为航行船舶提供定位信息、碍航物及其他航行警告信息，根据交通规则指示航行，指示特殊区域如：锚地、测量作业区、禁区等。

航标可分为沿海航标和内河航标两种，沿海航标建立在沿海和河口地段，引导船舶沿海航行及进出港口与航行，其固定设施包括灯塔、灯桩和立标移动设施。内河航标是设在江、河、湖泊、水库航道上的助航标志，主要有航行标志、信号标志和专用标志三类。

2）铁路运输的基础设施及功能

铁路运输系统的港站与枢纽，是通过铁路运输系统来体现的。铁路枢纽是在铁路网点或铁路网端，由各种铁路线路、专业车站以及其他为运输服务的设备组成。

铁路港站与枢纽是客货流从一条铁路转运到另一条铁路的中转地区，也是城市、工业区客货到发和联运的地区。它除了办理枢纽内各种车站有关作业外，在货物运转方面，还办理各方向间的中转和改编列车的转线，以及枢纽地区车流交换运转列车作业。在旅客运转方面，办理直通、管内和市郊旅客列车有关的运转作业。此外，还要提供列车动力，进行机车车辆的检修和作业。

铁路枢纽基础设施及其功能

（1）中间站

中间站是为提高铁路区段通过能力，保证行车安全和为沿线城乡及工农业生产服务而设的车站。其主要任务是办理列车会让、越行和客货运业务。

（2）区段站

区段站多设在中等城市和铁路网上牵引区段的分界处。其主要任务是办理货物列车的中转作业，进行机车的更换或机车乘务组的换班以及解体，编组区段列车和摘挂列车。

（3）编组站

编组站是铁路网上办理大量货物列车解体和编组作业，并设有比较完善调车设备的车站，有列车工厂之称。编组站的主要任务是解编各类货物列车；组织和取送本地区车流——小运转列车，供应列车动力，整备检修机车；货车的日常技术保养等。

3）公路运输的基础设施与功能

公路主枢纽是设置在公路主骨架与水运主通道、铁路和航空干线交汇处，全国综合运输网中重要结点上，逐步形成的面向全社会的客货运站场及其服务系统。

公路主枢纽由客运公路主枢纽系统和货运公路主枢纽系统两大部分组成。其运作主要包括以下几个部分：

（1）站场生产服务系统

站场生产服务系统是公路主枢纽的基础，包括站房、仓库、货场、停车场站等必要的装卸载运设备，其功能是满足中转换装（乘）的基本需求。

（2）通信信息系统

通信信息系统肩负着旅客和货源信息、站场联络、车辆调度指挥、运输经济信息的收集、传输使命，应有灵活的通信手段，并与其他系统融为一体。

(3) 生产生活辅助服务系统

生产生活辅助服务系统是公路主枢纽优质服务的后勤保障，需要具备较为完善的维修设备和生活服务设施。

(4) 组织管理系统

组织管理系统是主枢纽的组织管理中心，具有运输市场管理、组织多种方式联运、开展运输代理、主枢纽内场站的调度指挥以及其他主枢纽的协调配合的职责。

公路主枢纽港站的设施包括：对外公路线路、立体交叉桥、客运站、货场、停车场、保养基地等。

4) 航空运输的机车设施与功能

航空运输枢纽站场就是机场，机场是供飞机起飞、着陆、停驻、维护、补充给养及组织飞行保障活动所用的场所。

机场由三部分构成，即飞行区、航站区和进出机场的地面交通系统。

飞行区是机场内用于飞机起飞、着陆和滑行的区域，通常还包括用于飞机起降的空域在内。飞行区由跑道系统、滑行道系统和机场净空区构成，相应的设施有：目视助航设施、通信导航设施、空中交通管制设施以及航空气象设施。

航站区是飞行区与机场其他部分的交接部。航站区包括：旅客航站楼、站坪(停机坪)、车道边、站前停车设施(停车场或停车楼)等。

进出机场的地面交通系统通常是公路，也包括铁路、地铁(或轻轨)和水运码头等。其功能是把机场和附近城市连接起来，将旅客和货邮及时运进或运出航站楼。进出机场的地面交通系统的状况直接影响空运业务的能力。

机场的其他设施还包括：供油设施、应急救援设施、动力与电信系统、环保设施、旅客服务设施、保安设施、货运区级航空公司区等。

5) 管道运输的基础设施

管道运输包括一些相应的设施，有专用管道、泵站、储油(气)库等。

运输港站与枢纽除了五种运输方式所附属的设施外，还包括一些其他设施，像工矿企业运输设施和城市交通运输设施等。工矿企业运输设施有工矿企业专用线和有关车站等；城市交通运输设施又包括市区与市郊客货运的道路网、水道网、各种公共客运交通设施和专业货运设施等。

由于运输港站与枢纽在交通网中所处的位置不同，联运的运输方式及承担客货运量的多少不等，同时所在地点的自然条件也有差异，城市规模与性质不同等，运输枢纽的组成差别很大。

1.4 运输港站与枢纽的学科研究内容

运输港站与枢纽学科是以线路、港口工程为基础，以先进运输组织为依据，对港站及枢纽各项设备进行合理布置及综合运用，提出满足运营要求的优化设计方案。

1）运输港站与枢纽学科的研究重点

①综合运输枢纽与运输网络布局的协调理论和方法研究。

②综合运输枢纽与城市规划协调发展的理论和方法研究。

③综合运输枢纽中各种交通方式相互协调的理论和方法研究。

④综合运输枢纽站点合理布局及分工理论和方法研究。

⑤港站各项设施合理规模、合理作业流程、合理布局研究。

⑥港站各车场、库房等合理平纵断面，车站咽喉结构，各项设备需要数量、能力计算等研究。

2）进行港站与枢纽设计和规划应遵循下列原则

①保证必要的运输能力。港站及枢纽各项设备的能力应适应近、远期客货运量的需求，并应具有必要的储备能力。

②保证作业安全和人身安全。港站及枢纽设备布置和设计技术条件应符合有关规章、规程和标准的要求，把提高安全可靠性贯穿于整个设计中。

③要有全局观点。港站及枢纽设计是一项系统工程，不仅要注意本身内部各项设备的合理布局以及其与相邻线路能力的相互协调，而且要考虑与其他各种运输方式的配合。满足城市规划、工农业布局和国防等多方面的要求。

④要注重投资效益，节省基建费用。在满足设计期运能需求和保证安全的前提下，尽可能节省工程费用，少占用地。

⑤积极采用国内外先进技术。根据经济发展水平和不同运输需求，采用不同层次的技术和装备，系统配套，发挥整体效能，以适应港站现代化的要求。

⑥考虑进一步发展的可能性。布置港站及枢纽的各项设备时，要预留扩建用地，做好分期过渡方案，避免不必要的废弃工程。

此外，港站及枢纽的布置还应满足保护生态环境，节约能源等各项要求。

复习思考题

1.1　什么是运输枢纽？它与运输港站的区别与联系是什么？

1.2　各种运输方式有什么特点？

1.3　进行港站与枢纽设计和规划时应遵循哪些原则？

2 运输港站与枢纽总体布局规划依据

作为交通运输的生产组织基地和交通运输网络中客货集散、转运及过境的场所，运输枢纽是提高客货运输速度的关键环节。为保障运输生产的顺利进行，运输港站与枢纽的规模、场站设施设置、运力分布及结构层次的确定至关重要。而做好运输港站与枢纽总体布局规划是优化运输结构，发挥综合运输港站优势，合理布置运输线路，做到运力分配合理化的关键一步。

运输枢纽的总体布局规划属于长期发展规划，对运输枢纽的建设、运营和管理起宏观指导作用。运输枢纽的总体布局必须服从社会经济发展的战略目标，符合规划地域的总体规划和生产力布局，满足社会经济发展产生的运输需求。同时，运输枢纽的总体布局还要充分适应交通运输发展的需要，考虑各种运输方式之间的有效衔接，实现信息互通、能力匹配，使多式联运保持连续、高效。运输枢纽与运输网络布局的协调性，与城市布局的协调性，枢纽规划布局中各种运输方式之间衔接是否合理紧凑、各站点布局分工协作是否恰当，旅客转运换乘、货物中转是否便利等是运输枢纽规划与布局中需要重点解决的关键问题。

本书针对运输港站与枢纽总体布局规划涉及的关键问题展开，主要从以下几个方面介绍运输枢纽规划与布局：社会、经济与交通运输的调查与分析；运输需求发展预测；运输枢纽规模的确定；运输枢纽场站布局优化。本章着重介绍规划运输港站与枢纽总体布局的理论依据。

运输枢纽不同于一般的车站或货栈，它既含有车站、货栈的功能，但又是比一般车站、货栈更为重要的节点。枢纽是整个交通网络的重要组成部分，也是运输网络上耗资较大的设施。网络上枢纽的数目、位置、规模都是值得认真布局规划的。运输港站与枢纽总体布局规划是一项复杂的、涉及因素众多的系统工程，枢纽港站影响区域的经济发展水平、产业结构、产业布局、人口及其他社会因素，运输结构与运力布局，规划港站枢纽的辐射范围以及原有港站枢纽的规模等都直接关系到运输港站与枢纽的规模、场站设施设置、运力分布及结构层次。此外，运输港站与枢纽总体布局规划还应该与运输网络规划与城市规划相配合。

2.1 运输港站与枢纽总体布局规划影响因素分析

影响运输港站与枢纽总体布局规划的因素很多，归纳起来主要有以下几个方面：

2.1.1 辐射范围

研究运输港站与枢纽与其运输服务的地区之间的关系，有助于分析和认识其在交通运输网络中的作用和重要程度。在规划阶段，对拟规划站场的辐射范围的大小进行分析，是确定运输港站与枢纽规模与运输能力大小的因素之一。

1）运输港站与枢纽辐射范围的含义及分类

(1) 含义

所谓辐射范围（该术语通常被铁路、公路等部门采用）或腹地（通常为水运部门采用），就是运输网络或港站枢纽的服务区域，或称为以港站枢纽为中心的经济区域。随着经济的发展，旅客在区域之间的流动范围更广，并且大范围的货运规模已不是一域一地的产品能够满足的，因此辐射范围（经济腹地）是港站枢纽生命活力的源泉，港站与枢纽通过运输网络和各种运输方式与其辐射范围进行联系。

(2) 分类

按运输联系的性质进行分类。目前，我们把港站与枢纽由运输网络串结的辐射范围分为直接辐射范围、联合辐射范围和间接辐射范围三类。

直接辐射范围：包括所有与该枢纽站场运输线路有直接运输联系的经济单元（厂、矿、中转机构）所组成的完整地带。这些经济单位物资的全部或局部调入或调出，都经过与该枢纽站场相连的运输线路。

联合辐射范围：与该枢纽站场相联系的其他同级站场的直接辐射范围，其物资由与该站场相连的运输线路联运，并在该枢纽站场装或卸，其站场的辐射范围成为该枢纽站场的联合辐射范围。

间接辐射范围：经济行为通过该港站，利用该港站相连的运输线路，但不在该港站装卸。

2）辐射范围的规划方法及作用

辐射范围与运输线路或站场，二者存在着相互依赖的关系。运输线路是其辐射范围内的经济单位和据点，是进行客货运输的工具，是辐射范围内经济活动的必要条件。在港站枢纽的辐射范围内，生产力布局及其与地域的结合情况，又通过客流和货流对运输站场、运输线路的现状与发展规律远景起决定作用。

和许多其他类型的经济区一样，辐射范围也由现状和远景（设计）之分，两者的划定方法和实际作用显然不同。

现状辐射范围是现有运输站场和运输线路已形成的吸引范围，它主要由经济地理勘察来决定。其程序为：对既有站场、既有运输线路过去和现在的客货运量进行研究，进而调查客货流的起点与终点，最后把那些通过该线及其站场生成、吸引客货流量的经济据点从地理上连成一片，即辐射范围。

现状辐射范围的主要作用：

①通过它了解运输线路和站场同地区经济的联系，从而论证运输线路和站场的经济地理意义；

②发现辐射范围内存在的不合理运输，生产单位布局的缺陷，并由此提出改进措施。

设计辐射范围是新建及改建运输线路及其站场的未来辐射范围。要确定设计辐射范围除了要进行地理勘察外，往往还要辅以经济分析和计算。

其程序为：调查可能被设计站场吸引地区的远景生产与交通布局情况，由此推测其可能产生的客货流规模和方向，根据经济单位、运输线路和客货流的分布，找出合理的运输联系方案，最后把倾向于设计线或其站场的经济据点，从地理上连成一片并确定其界限，即设计辐射范围。

设计辐射范围的主要作用是：根据辐射范围内各经济单位远景生产的发展和交换的变化，预计线路及港站建成或改建后的客运量，而客运量又是决定站场运输能力和技术标准的主要依据。

2.1.2 区域社会经济发展水平

运输港站与枢纽客货运量与国民经济主要指标之间存在着正相关的比例关系，这种比例关系反映了国民经济发展对运输的需求，以及运输业适应这种需求的程度。

运输港站与枢纽一般为经济发达、人口密集的交通集散、换乘、装卸聚集地，随着我国经济的飞速发展，人们与外界的交往和活动越来越频繁，从而产生了大量的客货运输需求，并且在客货运市场还出现了许多新的变化。明显的从客运方面来看，人们对于交通运输的安全性、舒适性、时效性等方面提出了更高的要求。而在货运方面出现了品种、批量、货物的附加值增加、每批货物重量下降以及对于送抵时间要求更为严格等趋势。因此必须建设相当规模，一定质量的港站与枢纽才能解决客货量对运输的这种需求。

影响枢纽港口、站场客货流的因素有很多，要合理确定枢纽港口、站场客货运量的大小及布局就必须对这些影响因素进行调查分析，其中区域经济水平是最重要的影响因素。

1）影响旅客运输需求的经济因素

（1）国民经济发展水平

对于国民经济发展水平较高、人均经济规模和消费水平较高的国家或地区，对运输的需求也较大。此外，经济发展水平高的国家或地区，其基础设施的建设能力也较强。日本前首相田中角荣在《列岛改造论》一书中有一条著名的理论，即："国家的先进程度是和人民交通距离成比例"，"国民生产总值的增长同交通量、交通距离的增长成正比"。

(2) 人们出行需求

随着国家经济的发展,人民生活水平的提高,人均出行需求量增加,年人均出行次数大幅度提高,特别是公路人均出行次数提高最快。城市之间、城乡之间客流量增加,交通压力增大,各种交通设施,包括码头、车站的利用率大幅度提高,对各种交通设施的规模、服务质量的要求也逐步提高。

(3) 经济建设引力

经济建设引力是影响枢纽场站旅客运量流向的重要因素。随着城市化进程的加快,以及乡村剩余劳动力的转移,很多地区出现了人口向城市、向自然条件优越地区,向经济发达地区、新开发区,向主要水陆运输线聚集,总的趋势是由南向北,由沿海向内地扩散。

2) 影响货物运输需求的经济因素

随着国民经济的发展,对原材料需求增多,生产的产品也进一步增加,城乡之间,乡村之间的物资流通大量增加。

(1) 资源分布

我国各地区区位、地理、气候、资源分布等自然条件存在差异,区域间的经济发展模式与发展速度的不平衡,使得区域间存在着资源的相互流动。如西煤(气)东运、北材南运、北油南运等。

(2) 产业结构对运输需求的影响

各国或各地区的产业结构对交通运输的需求也是不同的,产业结构的变化也将影响对交通运输的总需求。有关计算表明,第三产业对运输的需求强度是最大的,其次是第二产业。改革开放以来,我国产业结构发生了深刻的变化,其中最为显著的特点是,第一产业比重大幅度下降,其他产业特别是第三产业的比重大幅度上升。产业结构的这种变化导致了交通运输需求量的增长。

(3) 人口增加对货运量的影响

人口增长不仅对客运量影响很大,对货运量也有重大影响。人口的增多,相应的消费量增大。随着人口的增加和人均生活水平的提高,由此所带来的货运量是可观的。

(4) 辐射区域的经济发展水平

枢纽港站的兴衰与其辐射范围的发展紧密相连。

①辐射区域的经济活力。包括辐射区域内的工农业生产的规模和结构,所实行的经济政策、发展规划,供求变化趋势,产品的季节性生产,各种货物及其装卸特点,运输方式和运输工具等。

②辐射区域人口变动情况。包括人口总数,分布密度和增长趋势。特别注意经济活动发生时出现的短期人口密集。

③辐射区域的地理条件。地理条件包括,地形、山脉和河流的走向,季节及气候变化的影响等。

④辐射区域内邻近港站的情况。这实际上是指港站的相对地理位置,可能拥有共

同的经济腹地，因此临近港站的设施、效率、经营方式对辐射区域的吸引力及港站之间的组合和分工等。

2.1.3 运输结构与运输布局

1）运输结构

（1）运输结构的含义

运输结构是指运输部门内外部相互联系的各个方面和环节的有机比例和构成，大体上可分为宏观、中观和微观三个层次。宏观层次的运输结构是从国民经济整体考察运输业的运输能力与运输需求的适应程度，以及为了建立适应性运输业而应有的生产要素投入比例和运输业产出比例。中观层次的运输结构是从运输行业内部考察各种运输方式的构成，以及为了实现合理分工协作所需的比例关系，如各种运输方式的线网规模与地区分布，运输能力比例，实际完成的客货运量按运输种类、批量、距离分类的比例等等。另外还有微观层次的运输结构，是从每种运输方式内部的各个环节考察其构成比例，如运输线路同运载工具的比例，点（站、港、场）与线的能力协调，资金、劳动力投入要素的比例，技术装备构成以及运输企业组织结构等等。

运输结构的各个层次不仅相互关联，而且是相互渗透的。运输结构的宏观适应性要以中观层次的结构优化和微观运力分布合理化（就是运输设备按比例分配到各个需要的线路及枢纽港站辐射范围内）为基础的。

以各种运输方式的运输量比重来考察运输结构，可以较全面反映运输结构的演变过程。通常情况下，某种运输方式在一定时间内完成的运输量大小及其比重，常常用以反映该种运输方式在运输系统中的地位与作用，也可以反映某种运输方式的发展状况和利用程度。

（2）运输结构与港站枢纽

①运输结构的调整影响港站与枢纽的类型与规模。当辐射区域内的运输结构发生政策性调整时，所在区域的港站与枢纽也会相应的发生变化。

运输港站与枢纽是各种运输方式客、货到发和中转的结合部，是运输网的重要组成部分。运输港站与枢纽按衔接运输方式，可分为水陆（铁路、水路，水路、公路，铁路、公路、水路）运输枢纽、陆路（铁路、公路）运输枢纽和水陆空运输枢纽。在规划区域内应该建设何种类型的港站与枢纽，很大程度上受到该区域铁路、公路、航空、水路等交通方式所承担的客货流量的影响。对于承担客货运量比重较大的运输方式，在进行枢纽规划时，应当优先考虑为其提供客货中转、到发服务。例如，对于一个区域未来年客货流运输以铁路运输方式为主，以公路运输方式为辅，那么该区域就应当考虑规划一个陆路运输枢纽。

②优化运输结构有利于港站枢纽的和谐发展。对运输港站与枢纽而言，运输结构就是各种运输方式承担港站客货流量的比例关系。优化运输结构使运输枢纽的运输能力在这种比例关系下达到最优化，各种运输方式协调、有序发展。

2) 运输布局

(1) 运输布局的含义

运输布局是运输系统的宏观布局，是指铁路、公路、水运、航空和管道五种现代化运输方式的线路(包括铁路线、公路线、水运航道和航线、航空线及管道等)、场站(包括公路客货运站、铁路客货运站、河港、海港、航空港等)的土木建筑物及相关技术设备和交通运输工具组成综合运输网的地区分布。运输布局取决于运输需求，即工农业生产的特点、水平和布局，当地的自然条件，各种运输业的技术经济特征，城镇居民点分布和国防要求等。

(2) 运输布局与港站枢纽

交通运输合理布局就要求做到点(站、港、场)、线(线路和航线)、面(腹地或辐射范围)合理分布和结合。

交通运输的特点是在交通运输网上组织生产和服务，它是通过运输工具(车、船、飞机)在交通运输网上完成旅客和货物的运输任务。而交通运输网的畅通，要求构成交通运输网的点(站、港、场)、线(铁路线、公路线、水运航道航线、航空线)、面(铁路网、公路网、水运网、航空网)的合理结合，协调发展，最终才能形成综合运输能力。如果只铺路修线、浚河辟航而不建车站、港口，则形不成一条运输线路的运输能力。同样，如果只修线而不连网，则不能发挥运输的最大效能。我国的实践表明特别要加强“点”的建设，尤其是运输枢纽的建设，它对保证交通运输网的畅通，形成综合运输能力十分重要。

运输枢纽是几种运输方式相互连接的结合部，是组成运输网的节点。各种运输方式的运输线路只有通过运输枢纽才能形成一个整体。因此，一方面交通运输网上相邻的运输“节点”要有合理的分工与协作，另一方面在运输“节点”内部既有各种运输方式的客货到发、中转，也有不同运输方式间的中转作业；此外它还与城市内部运输密切联系。运输枢纽布局合理与否，对于交通运输网的合理布局和综合运输能力的形成等都有十分重要的意义。

因此，应当根据客货流的流量流向规划综合运输网，在规划综合运输网的基础上安排好运输枢纽的分布与建设。要把客货流规划、运输网规划与运输枢纽规划结合起来进行整体研究，注意避免相互脱节、影响综合运输网的建设与发展。

2.1.4 运输港站与枢纽原有规模与适应性

随着经济水平的提高，人口数量的增加，客货流量及机动车辆流量也随之增加。原有运输港站与枢纽的规模可能已经不能满足运输需求，这样一来就应当考虑对原有港站枢纽进行改造或新建合适的港站枢纽。通过对运输港站与枢纽原有规模及适用性的调查分析，寻找原有客货流港站枢纽不适应客货流发展的关键环节，从而确定改建、扩建港站与枢纽的合理规模，进而调整港站枢纽的结构、确定其运输能力的大小。

2.2 运输港站与枢纽总体布局规划的步骤

我国目前的运输港站与枢纽规划大多采用“定量计算与定性分析”相结合的方法，主要遵循以下三个步骤：

①社会经济和交通运输的现状分析与发展趋势预测；

②运输港站与枢纽选址与布局规划方案的形成；

③运输港站与枢纽规划方案评价与选择。

2.2.1 社会经济和交通运输现状分析与预测

社会经济和交通运输现状分析与预测的工作主要是分析运输主枢纽所在区域以及相邻经济区域的社会经济发展的特点和趋势，预测规划期内社会、经济发展水平，研究国家现有或未来可能采取的政策对交通建设的影响以及对交通运输的需求。在此基础上，对枢纽所在地区的运输系统进行现状分析和发展预测，为未来运输主枢纽的定位作准备。工作的具体内容包括：

1）社会经济发展趋势分析与预测

对运输港站与枢纽所在区域的经济发展水平、产业结构、消费水平、土地利用和人口分布等进行分析，并结合相应的社会经济发展规划，对规划时期社会经济发展和人口变化进行预测。

2）运输基础设施调查分析

调查运网布局（包括公路网、铁路网、航道网、航空网、管道网的线路及站点情况），对其运输能力进行分析，结合运输量预测，分析运输基础设施目前存在的问题，并对未来的发展进行预测规划。

3）运输需求分析与预测

结合经济发展趋势预测，分析和掌握未来运输需求的发展趋势，定量预测规划期的运输需求。其中包括全社会总的运输需求预测以及各种运输方式所分担的运输需求量预测。

2.2.2 运输枢纽的场站选址与布局规划

运输枢纽的场站选址与总体布局是根据社会经济发展状况和运输需求的预测结果，利用交通规划和网络优化理论，对所规划的枢纽场站数量、大小和位置进行优化，同时调整枢纽内部及相互间的关系，以实现整个运输枢纽系统的运输效率最大化。由于客流运输与货流运输在运输特征上的差别，运输枢纽的场站选址应分为客运场站选址和货运场站选址两部分进行。

运输枢纽场站的选址通常采用定量计算和定性分析相结合的方法。在规划实践中。人们最早采用的是单纯的数学物理模型，如解析重心法、微分法，以及交通运输的效益成本分析法等。随着运筹学、物流学等理论的发展，出现了线性规划、整数规划、混合整数规划等枢纽布局优化的方法。

2.2.3 运输枢纽总体布局规划方案的评价与选择

运输枢纽总体布局规划方案的评价与选择，是对规划方案多目标评价和选择的重要阶段。由于运输枢纽规划方案对整个社会经济系统和运输系统的发展和运转都有重要影响，并且与城市规划、土地利用等因素密切相关，因此，一般采用定性分析的方法，辅以一定的量化评价模型。

成本效益分析法是最早也是最常用的方法。但是由于综合运输系统中很多定性因素无法量化，成本效益法只能从一个角度反映方案的优劣。随着运筹学理论的发展，定性与定量相结合的层次分析法以及模糊综合评价法都在运输枢纽规划方案评价中得到了广泛的应用。

在实际的操作过程中，运输枢纽规划方案的制定和优化选择是一个不断反馈的过程，从评价指标体系的建立、指标的定量化标准，到规划方案的调整都不是一次完成的，需要进行反复的优化和调整。因此，要做好运输枢纽规划，就必须将方案的制定和方案的优化评价有机的结合成一个整体来考虑。

2.3 运输港站与枢纽规划与交通运输网络规划

交通运输网络是在一定空间范围（国家或地区）内由几种运输方式的线路和枢纽等固定技术装备组成的综合体。交通运输网络是运输生产的主要物质基础，其空间分布、通过能力和技术装备体现了整个交通运输系统的状况与水平，在交通运输业的发展中占有十分重要的地位。交通运输网络的结构与水平直接影响着交通运输系统的功能。

运输港站与枢纽是分布在交通运输网络中的重要节点，运输港站与枢纽必须依托于一个城市及其所在区域的交通运输网络才能发挥其效用。运输枢纽规划与交通运输网络规划是区域交通规划中两个紧密联系、相互补充的重要内容，两者具有密切的互动关系，其相互关系如图 2.1 所示。

运输枢纽的优化布局必须以交通运输网络的合理规划为前提，而运输枢纽的规划和建设又会影响其所在区域的交通运输网络的运转。即使是一个已经达到最优化的交通运输网络，在布设了运输枢纽以后，也有可能导致网络的交通流分布发生改变，从而改变其原有的最优平衡状态。在运输枢纽规划过程中，应该很好地反映两者之间的这种互动关系，在交通运输网络规划与运输枢纽规划之间建立一定的反馈机制。应使运输枢纽与干线在建设上和利用上相适应、相配合，做到枢纽与相衔接的各条干线同步建设，同时进行技术改造，同时投入使用，确保线路畅通，各环节的运输能力都可得到合理利用，并能互相调剂与补充。

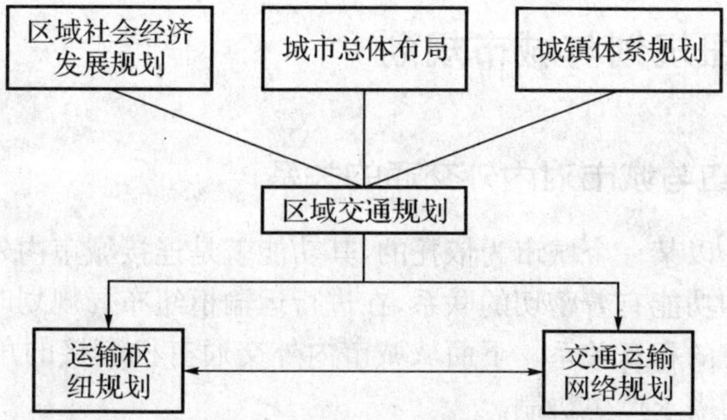

图 2.1 运输枢纽规划与运输网络规划的关系

交通运输网络规划是运输枢纽规划的主要依据。交通运输网络规划是根据国家工农业生产布局与客货流预测，同时考虑政治、经济、文化、社会以及国防等建设方面的要求所拟订的交通发展远景规划。在其分阶段发展中，交通运输网络规划应明确运输枢纽点的分布和车流集散规律，指出运输枢纽的性质、规模、范围以及它们之间的大致分工，从而规定出运输枢纽在交通运输网络上的作用。在此基础上，结合城市规划和其他运输方式的要求以及运输枢纽所在地的地形、地质、水文等自然条件进行运输枢纽总图设计方案的比选。

交通运输网络规划中新线的分阶段建设，必然引起有关线路的部分交通流改变运行路线，从而对有关枢纽在交通运输网络上的作用产生巨大影响。

例如，在图 2.2 所示的路网上修建 AE 新线，一方面由于 A 枢纽和 E 枢纽都有新线引入接轨，枢纽引入干线方向增多，必然增加枢纽的工作量和作业的复杂性，从而在一定程度上影响枢纽的性质、规模及专业车站的分布和进、出站线路的引入。另一方面，C 枢纽则由于 AE 新线的分流，减轻了作业负担，使 C 枢纽布局相对简化，通过能力得到一定程度的加强。此外，AE 新线的修建对相邻的其他有关枢纽 B、F 也有不同程度的影响。因此，交通运输网络规划对于研究确定有关运输枢纽的分工与协作以及运输枢纽分阶段发展具有决定性的意义。如果只孤立地研究个别运输枢纽规划而不从交通运输网络整体规划的角度考虑有关枢纽的分工与协作，将会出现运输枢纽间分工协作关系不明，以致设备重复或设备规模不能满足生产建设的要求。

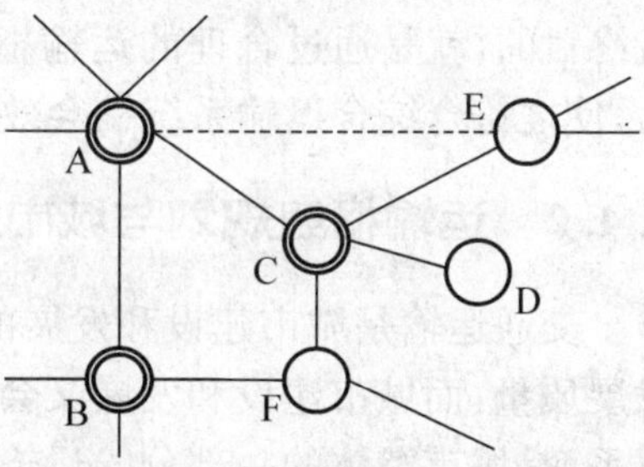

图 2.2 路网与枢纽规划示意图

2.4 运输枢纽规划与城市规划

2.4.1 运输枢纽与城市对内外交通的关系

运输枢纽总是以某一个城市为依托的，其功能就是连接城市内外交通，运输枢纽与所在城市的性质和功能有着密切的联系，在进行运输枢纽布局规划时，必须考虑城市交通系统与运输枢纽的相互关系。下面从城市内外交通有机衔接的角度，分析运输枢纽运转过程中的交通需求产生机制。

运输枢纽的运转是由旅客（或货主）、运输企业和政府三个部分共同参与的。它不仅与运输枢纽所在区域的交通网络的物理特征有关，还与三个参与枢纽运营的主体的相互关系有关。以货物运输为例，可以把运输枢纽的运转分为枢纽内部的短距离散货运输和枢纽与交通运输网络上其他枢纽之间的长距离集中运输两部分，而枢纽就是联系两个阶段的节点。

枢纽内部的短距离运输实际是交通需求者（旅客或货主）利用城市内道路进行的，它与交通需求者对运输路径和站点位置的选择行为有关，并与城市交通融为一体。从微观意义上讲，选择什么路径、什么场站完全取决于交通需求者个人对整个交通运输网络的判断和期望，政府只能借助完善城市内部交通网络的方式实现对需求者个人行为的合理引导。这个阶段的交通行为可以利用交通规划理论进行描述。

枢纽之间的长距离运输则利用城市间的公路、铁路、水路和航空线路等进行，交通需求者对这部分的关心程度较低，相反运输企业会在这个阶段对自己的运力、运输线路的安排进行较为详细的研究，保证运输企业的经济效益最大化。因此，运输枢纽规划的最终目的，就是通过合理的运输枢纽场站布局，来引导交通需求者和运营者的微观行为，使之符合综合运输系统社会效益最大化的宏观目标。

2.4.2 运输枢纽规划与城市规划的契合

交通运输是城市建设和发展的基本条件，交通运输条件的变化必然影响到城市的发展质量，而城市建设和发展又会促进交通运输的发展。运输枢纽承担着城市的内外联系，是城市整体的一部分。运输枢纽与城市在相互促进中不断发展。为使运输枢纽既方便城市生产生活又能充分发挥运输效能，运输枢纽的规划设计和建设必须与城市规划密切配合。运输枢纽规划应纳入城市规划，服从城市规划的总体安排，以便更好地为城市建设、工业生产、人民生活和旅行服务；城市规划应对运输枢纽的各项设备进行合理配置，务求各种运输方式的设备之间有方便和经济的联系，保证满足运营要求，以便提高运输效率，降低运输成本，尽可能地减少对城市环境与市政建设的影响和道路系统的交叉干扰。

运输枢纽的各项设备在所在城市中均占有重要位置，是城市总体的有机组成部分。

各种交通运输方式的设备布置对城市结构的形成与发展有着重大影响，应在空间上紧密地与城市其他设施有机结合。运输枢纽内直接与城市生产和生活有密切联系的设施，应设在市区内或市区边缘，并应与有关的城市功能区布局密切配合，如铁路、公路的客运站和水运客运码头与居住区靠近，货运站和码头与工业区、仓库区靠近等。不直接为城市服务、但又是前项设施所必须的辅助设施，如客运场站、货运场站的进站线路，铁路和水路的客运技术作业场所（客车船舶停放、清洗、整备的场坞）等应尽量不设在市区内，但也不能远离市区，并尽量减少其对市区的干扰。与城市生产和生活无关的设施应尽可能布置在城市外围适当的地方。如铁路编组站、货物中转站与码头、集装箱转运基地等应尽量远离市区，并应便于运营。

在枢纽内各种设备的布置上充分注意保护城市环境。危险品货物装卸站点应设于市区之外；粉末易扬货物不能设在盛行风向的上侧或最小风频的下侧位置；交通建筑物特别是陆上线路和大型站场应选择适宜地形修建，不应妨碍城市排水和郊区农业灌溉。采取积极措施防止和减轻交通噪声对居民聚居地段的干扰。

交通运输必须拥有通畅的疏运、集散条件。一方面要有紧密衔接和通畅的城市道路系统并在车站、码头前配有与集散量相应的广场；另一方面，要求铁路、港口、公路、机场能力上的协调，以利相互疏集。车站、港口、机场是城市的大门，其选址及其配套的各项公共建筑的布置应统一规划布局，组成完整的建筑群，形成和谐、壮观的市容。

交通是城市建设的先行军，交通建设在时间上要超前，在规模和能力上要有一定的储备，为远景发展留有余地。因此，充分考虑交通与城市发展前景，规划远景发展和预留用地，是运输枢纽所在城市规划的一项重要原则。城市交通用地的远景规划布局，包括原址用地扩大和建设新址两个方面。由于交通设施和城市各项用地与各类企业有广泛的联系，其位置的变动，涉及面较大，故一般以在原址扩大为宜，将车站附近用地、港口附近陆域和岸线进行规划控制，对于规划中已安排的新港、新站的用地，同样需要控制和预留。

2.4.3 运输枢纽布置形式与城市布局的契合

运输枢纽的布置形式很多，与城市布局的关系也很复杂，在处理两者间的关系时，要作具体分析。随着城市布局与枢纽形式的不断发展变化，不可能有一个固定不变的模式，但其基本原则应是既考虑枢纽本身运营的需要与发展，又要力求避免干扰城市。

运输枢纽按交通运输干线与场站空间分布形态分为：分布于陆上干线的尽头或陆地的边缘处的终端式枢纽、干线从两端引入呈延长式布局的伸长式枢纽、各种干线可以从各个方向引入的辐射式枢纽、由多条放射干线和将其连接起来的环线构成的辐射环形枢纽以及分布于海、湖、河岸边的辐射半环形枢纽。下面以铁路枢纽布置形式与城市布局的契合为例进行说明。

铁路枢纽的线路、站场较多，会对城市造成较多的分割和干扰。因此，正确选择线路走向与站场位置，避免和减少对城市的包围、分割、干扰，是搞好铁路枢纽规划布局的重要前提。同时，选好铁路与道路立交桥位置，布置好防护带和绿化带系统，组织好与城市道路的衔接也很重要。

1）一站枢纽

一站枢纽与城市的关系比较简单，一般城市应沿主要干线一侧发展，如图 2.3(a)所示。图 2.3(b)则由于铁路干线分割城市主要地区，对城市干扰较大。这种枢纽往往设置一个客、货共用站，客运站和货场最好位于城市一侧。但当货运量较大，受地形限制必须客货分侧布置时，应将货运量大的工业企业布置在货场一侧，而城市的主要部分仍布置在客运站一侧，同时要修建跨越铁路的立交桥，以尽量减少铁路对城市交通的干扰。

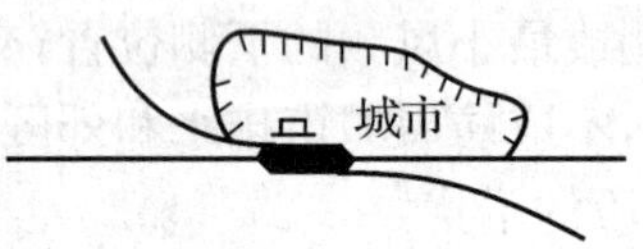

(a) 城市沿干线发展

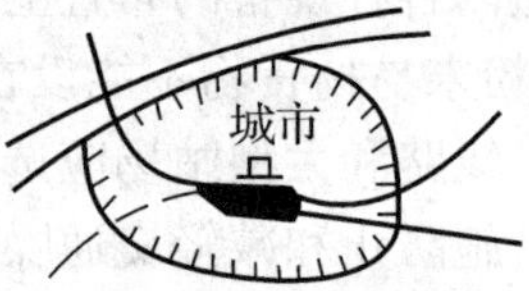

(b) 铁道分割城区

图 2.3　一站枢纽在城市中的布置方案

2）三角形和十字形枢纽

三角形和十字形枢纽与城市的相互位置有三种可能方案。第一种是城市基本上位于枢纽的某一象限内，这种布置互相干扰少，城市也有一定的发展余地；第二种是枢纽将城市一分为二，互相干扰较大；第三种是城市被十字交叉的铁路干线分割成多块，互相干扰更加严重。

3）顺列延伸式枢纽

在受地形限制，城市用地呈狭长形带状发展时，铁路枢纽往往沿城市纵向延伸，与城市有较长的接触范围，这种枢纽有利于布置各专业站，铁路干线应尽量沿城市边缘布置，以防止城市被分割。

4）并列式枢纽

并列式铁路枢纽应将客运站布置在市区一侧，而将编组站布置在市区边缘，两端复杂的进站线路疏解区也应尽量避免设在市区内。市区应尽量在靠近客运站一侧发展。

5）环形或半环形枢纽

环形或半环形铁路枢纽地区的城市一般都在铁路环线内发展。当设有两重环线时，内环线主要为城市货运或客运服务，设置或衔接客运站、货运站或货场；外环线为铁路运转服务，设置编组站。环线的位置既不宜布置于市区内而影响城市发展，也要防止将环线移出城市过远而不便于城市使用，另外，还要避免环线穿越风景疗养区。

6）尽端式枢纽

尽端式枢纽的布置要服从枢纽终端的港湾、矿区或工业区的布局。滨海地区尽端枢纽的引入应尽量沿城市内陆的边缘，避免分割城市与海湾的联系。

2.4.4 运输枢纽场站布局与城市道路的配合

在城市规划中处理客运站、货运站与城市道路的关系时，一方面要保证车站与城市各区域联系方便，使旅客和货物及时集运和疏散，另一方面又要尽量使集散的交通流不要与城市主要交通流发生干扰。

客运站与城市道路的联系主要通过站前广场来实现，其布置方式有以下几种：

①广场位于城市道路尽端，如图 2.4(a)所示。这种广场不受通过车辆和行人的干扰，便于广场上组织城市车辆到发与停留、旅客休息和候车等活动。但由于广场只有一条通往城市的道路，集散能力小。在客流集散量大而城市交通运输组织复杂的客运站上不宜采用。

②广场位于城市干道一侧，如图 2.4(b)所示。这种广场便于大量客流集散，集散能力较大，但广场的人流容易与城市干道的车辆发生交叉干扰，故在设计时要求广场有一定的进深，以便广场的人流和车流组织与城市通过车辆分隔开来。

③与几条辐射道路相联系的广场，如图 2.4(c)所示。其特点是集散能力大，但广场到发的车流和人流需要绕行，增加了广场交通运输组织的复杂性。

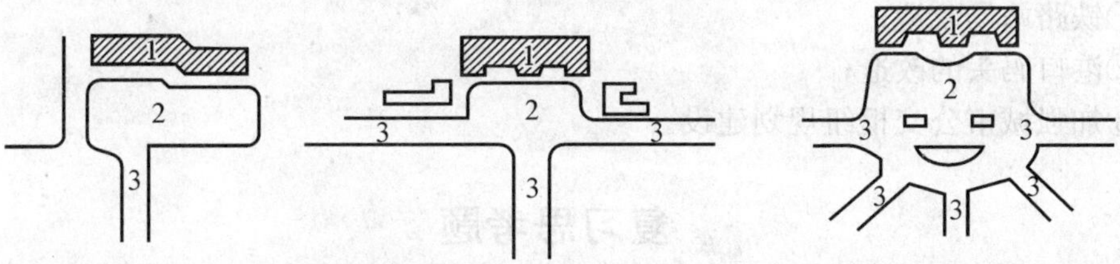

(a) 广场位于城市干道尽端　(b) 广场位于干道一侧　(c) 广场与辐射干道相连

图 2.4　站前广场与城市道路连接方式

1—站房；2—广场；3—城市道路

④多广场与城市道路连接方式，如图 2.5 所示。在主站房正面一侧的主广场供小汽车和旅客停留；出站口设副广场，供公交车辆到发；子站房一侧设子广场，供旅客和车辆停留。主广场设计成立体三层，一层为绿化花坛，二层停放自行车，三层为商场。这种广场不仅功能多样，集散能力大，人流与车流干扰少，且空间开阔，场景美观，为旅客创造了方便的购物条件和舒适的休息环境。

为了便于旅客乘降，在有地下铁道的城市，客运站还应直接与地铁连通，将旅客输送到市中心。在国外还有的将客运站伸入市中心的地下，在地下设置多层的客运站，这样就完全避免了与城市交通的干扰。

综合性货运站或货场进、出口处应修建辅助道路与城市货运干道相连接，避免将货场直接布置在城市干道旁侧。货运站的道路应与铁路线路平行布置，附近应有相应的市内交通运输停车场，如图 2.6 所示。

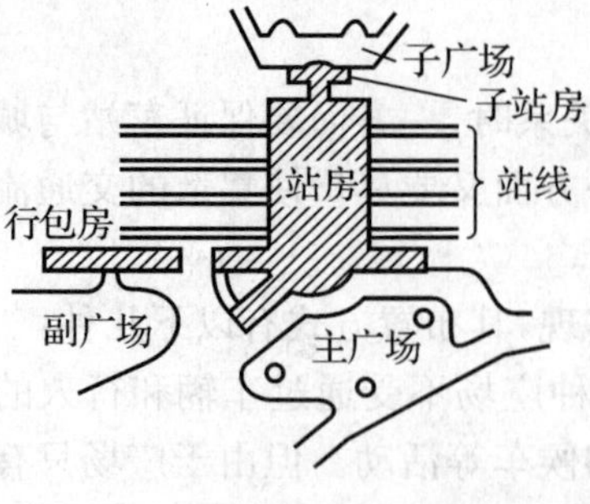

图 2.5　客运站与城市中心的联系方式

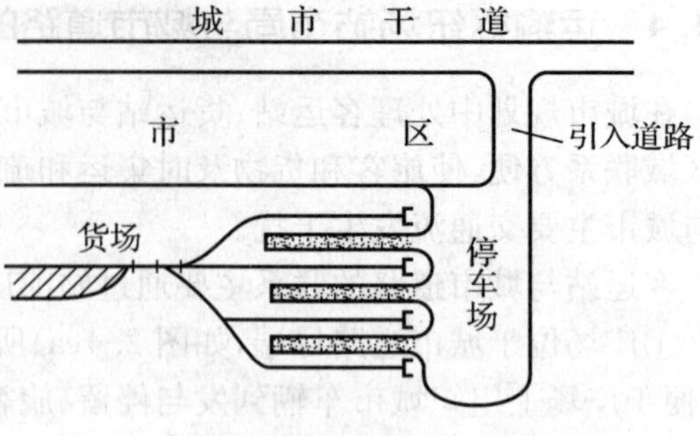

图 2.6　货运站与城市道路相互位置

2.4.5　运输枢纽既有设备的利用与改造

运输枢纽规划应尽量考虑利用原有运输设备，从布局现状出发，根据生产需要进行改造，在改造时应与城市总体规划相结合。在统一规划下做到全面安排，结合生产发展的要求，分期施工，逐步投入生产。运输枢纽的总体改造，主要有如下几方面：

①铁路站场改造；

②港口码头的改造；

③加强城市公交枢纽规划建设。

复习思考题

2.1　规划运输港站与枢纽应考虑哪些影响因素？

2.2　什么是运输港站与枢纽的辐射范围？应该如何确定？

2.3　如何处理运输网络规划与运输枢纽规划的关系？

2.4　运输港站与枢纽的布局如何与城市道路相结合？

3 运输需求分析与预测

运输需求分析与预测，是运输枢纽规划布局的一项重要内容。在与运输有关的各项经济分析、研究和决策中，运输需求预测往往是一项基础性的重要工作，真正做好需求预测也是难度相当大的工作。

运输需求预测不仅仅指的是“运输量的预测”。运输需求与运输量存在一定的差别。因此在进行运输量预测的同时，还应当结合运输结构预测和运输供给能力的预测，才能提高预测的准确程度。

科学合理的运输需求预测，从宏观上看，是规划运输系统投资的基础，其中包括确定运输系统在整个国民经济发展中的比重以及各种运输方式之间的投资比例及其投资方向；从微观上来看，一个交通运输项目是否值得投资，什么时候投资，投资规模如何，也必须根据未来的运输需求确定。

本章从运输需求预测的两大组成部分：社会经济预测和运输需求预测两个方面对运输需求分析与预测理论进行介绍。

3.1 社会经济发展预测

交通运输需求是一种由各种社会经济活动派生出的需求，要对运输需求做出合理的预测，就离不开对现状和历史相关社会经济发展资料进行调研，并对规划期的社会、经济发展水平进行预测和评估。

社会经济发展预测是在国家与地方政府制订的宏观或微观经济政策的指导下，以经济发展的历史与现状为出发点，以调查研究数据和统计资料为依据，以科学的定性分析判断和严谨的定量计算为手段，对预测对象有关的经济活动的发展演变规律进行揭示，从而对预测对象的未来经济发展演变程度预先作出科学的推测。

社会经济系统是一个由多种元素组成的系统，交通运输系统是社会经济这一复杂大系统中的一个子系统，与其他的子系统有着不可分割的联系，交通运输需求是一种派生的需求，社会各种经济活动促成了交通运输需求的产生。而经济、科技的发展水平又决定了交通运输技术装备水平。其中，与交通运输关系比较密切的主要经济指标有：国内生产总值 GDP 及其构成(第一、第二、第三产业)、国民生产总值 GNP、国民收入、社会总产值、工农业总产值及人均指标;与交通运输关系比较密切的主要社会指标有:人口发展水平(人口总量、构成及其流动性)和土地利用状况等。

3.1.1 影响运输需求的社会经济因素分析

1) 影响旅客运输需求的因素

(1) 社会经济发展水平

旅客运输需求有很大一部分是生产性运输需求。生产发展水平的高低,生产发展速度的快慢直接影响旅客运输需求。一般来讲,社会生产力水平越高,旅客运输需求量就会相应地越大。

(2) 居民消费水平

根据马斯洛的需求层次理论,吃、住、穿、医疗只能算是人们起码的生存和安全需要。这些需要满足后,就会产生友谊和社交的需要,即"行"的需要。所以,人们生活水平提高,探亲、休养、旅游、访友等需要必然增长,与此相联系的消费性需求(比如运输需求)也将随着生活水平的提高在数量上和质量上发生变化。

(3) 人口数量及城市化程度

旅客运输的对象是人,人口数量的变化必然会引起旅客运输需求的变化。一般来讲,人口数量及城市化程度与旅客运输需求呈正相关的关系。

(4) 旅行费用,即运输服务价格

旅行费用的变动对旅行需求的影响较大,尤其是对消费性旅行需求影响更大。

(5) 运输供给的数量与质量

运输供给也对运输需求产生较大的影响,安全、迅速、方便的运输服务网将刺激旅客旅行需求,反之则抑制旅行需求。

(6) 政策因素

它是国家和地方政府部门对区域经济发展所做宏观控制和引导的措施。其中包括:国家或地方政府为保护或限制某一行业的发展而采取的税收政策;国家或地方政府为合理控制区域人口数量而制定的一系列人口政策;产业发展政策、金融政策和消费政策等。

这些政策的实施,直接影响到预测区域内的人口数量、分布、人民的消费水平等因素,故在进行运输需求预测时,政策因素是不可以忽略的。

(7) 其他运输方式的竞争

其他运输方式的开通、运送能力、服务质量、运价水平等也对运输需求产生影响。调查区域内的各种运输方式的竞争情况对于预测单一枢纽的运输规模以及综合枢纽的运输结构都是很重要的参数指标。

2) 影响货物运输需求的因素

(1) 经济发展水平

货物运输需求是派生需求,这种需求的大小决定于经济发展水平的高低。各国在不同经济发展阶段对运输的需求在数量和质量上有很大差别。从西方发达国家的交通运输发展历史来看，工业化初期，采掘业及基础原材料工业的发展对大宗、散装货物的需求急剧增加；到机械加工工业发展时期，原材料运输需求继续增长，但增长速度已不如前一期，而运输需求开始多样化，对运输的速度和运输质量方面的要求有所提高；进入精加工工业时期，经济增长对原材料的依赖明显减少，运输需求在数量方面的增长速度放慢，但运输需求越发多样化，在方便、及时、低损耗等运输质量方面的需求越来越高。

(2) 国民经济产业结构和产品结构

首先，生产不同产品所引起的厂外运量(包括原材料、附料、能源、半成品和产成品等的运量)差别很大。例如生产 1 吨棉纱引起厂外运量约 2.5 吨，生产 1 吨水泥引起厂外运量 4～5 吨，而生产 1 吨钢材所引起的厂外运量约为 7～8 吨；其次，不同产品利用某种运输方式的产运系数(或称运输系数)不同。例如，煤炭和基础原材料工业对铁路的依赖比较大，而其他产品则可能更多地利用别的运输方式。近年我国煤炭的铁路运输系数约为 0.58、金属矿石为 0.48、钢铁为 0.65，而粮食仅为 0.12；再次，不同的产业构成，对运输需求的量与质的要求不同。如果用单位国内生产总值所产生的货物周转量来表示货运强度，则重工业的货运强度远大于轻工业，轻工业的货运强度又大于服务业。一些新兴产业，如电子、信息产业，对运输的需求数量较小，但质量要求较高。随着产业结构层次的提升，货运强度会逐步下降。

(3) 运输线网的数量和质量

交通运输线网的布局和质量，直接影响线路货物的吸引范围和各线路的通过能力及需求的适应程度。滞后的交通运输业会影响生产发展，抑制货物运输需求。

(4) 运价水平的变动

运输需求对运价水平的变动是有弹性的，尽管不同旅客和货物的需求价格弹性值有所差别，但总的来说，运价水平下降时运输需求上升，而运价水平上涨时运输需求就会受到一定的抑制。

(5) 国家经济政策和经济体制的变化

我国经济在改革开放以前是高度集中的计划经济体制，社会经济中的产品交流主要是通过计划分配来实现的。而经济体制改革以来，市场成为国民经济运行中的主要调节机制。在竞争和追求效益的机制作用下，产品在市场上相对自由地流动。商品交换的范围迅速扩大，交换频率大大增加，因此运输需求也必然相对膨胀；在市场经济下，一些过去诸如不合理运输或违反流向的观念也在发生变化。货物的运送速度加快，运送距离变长。

(6) 资源分布状况

我国是一个幅员辽阔的大国。由于区位、地理、气候、资源等自然条件，以及人文、历史条件各异，各地的发展条件不同，发展基础不同，从而形成了区域间的发展模式不同和发展的不平衡，这也就使得区域间存在着经济社会的横向联系。加强区域间的横向联系，才能促进资源的有效利用和资金、技术、人才的合理流动，改善产业结构、产品结构和产业组织结构，有利于区域的协调发展。

3）社会经济发展预测的主要内容

交通运输系统是促进城乡经济发展和社会进步的重要基础，它的发展必须与地区的社会经济发展相适应。旅客和货物运输需求受到多方面经济和社会因素的影响，对其进行归纳和总结，我们在进行交通运输系统的规划与管理时，需要考虑的主要社会经济指标有以下几个方面：

①人口（包括研究区域总人口数量、农业及非农业人口数量及比例、社会劳动力人数及职业构成、性别构成比例等）；

②土地面积（不同用地类型土地面积及开发程度）；

③社会总产值、工农业总产位、国民收入、国内生产总值、工农业生产总值等；

④人均国民收入、人均国内生产总值、职工人均收入、农民人均纯收入等；

⑤财政支出与收入；

⑥固定资产投资额（其中包括基建投资额）；

⑦工农业主要产品产量；

⑧矿产资源储量。

通过对以上影响运输需求的经济指标的历史和现状数据进行调查分析，利用一定的经济预测方法和模型，便可以预测出未来年研究区域各经济指标的数值。在此基础上，便可以建立与此社会经济发展水平相适应的运输系统。

3.1.2 社会经济发展预测方法及常用模型

1）社会经济发展预测方法的分类

（1）按社会经济发展预测方法的性质分类

按社会经济发展预测方法性质的不同可分为定性社会经济发展预测和定量社会经济发展预测。

定性社会经济发展预测，是指预测者通过调查研究，了解研究区域社会经济发展历史和现状资料，依靠科学的实践经验、理论知识和业务知识。对社会经济现象发展前景的性质、方向和程度作出前瞻性判断、预测的方法，也称为判断预测或调研预测。

其方法主要包括：①判断预测法；②专家评估法；③市场调查法；④类推法等。其预测的准确程度主要取决于预测者的经验、理论、业务水平、分析判断能力以及所掌握的资料情况。定性预测法的缺点也在于此，往往受到主观因素的制约，使预测结果失之客观。

定量社会经济发展预测是指根据准确、及时、系统、全面的调查统计资料和经济信息，运用统计方法和因果关系所建立的数学模型，对经济现象未来的发展规模、水平、速度和比例关系进行推测。

其方法主要有：①时间序列分析法；②回归分析法；③灰色理论等。

定量预测缺点在于，不能充分考虑非定量因素的影响，并且是以社会经济条件和影响社会经济发展的各种主要因素比较稳定为前提，当社会经济条件和因素发生突然变动时，定量预测结果就会出现较大偏差。

为了提高预测精度，使预测结果比较符合实际，为运输系统建设决策和计划提供可靠的依据，通常是将定性预测与定量预测方法相结合，将两种预测的结果比较、核对，分析其差异的原因，根据经验进行综合判断。利用定性分析对定量预测结果进行必要的修正和调整，才能取得比较符合实际的结果。

(2) 按预测的时间长短分类

对于影响运输需求的社会经济因素的预测，其预测期限应当与运输系统的规划期限相适应。

①长期社会经济发展预测，预测年限一般为 15 年以上；

②中期社会经济发展预测，预测年限一般为 5～15 年；

③短期社会经济发展预测，预测年限一般为 5 年以下。

(3) 按预测的时态不同分类

①静态社会经济发展预测是指不包含时间变动因素，对同一时期经济因果关系的预测；

②动态社会经济发展预测是指包含时间变动因素，根据经济现象发展的历史和现状，对未来发展前景的预测。

2) 常用社会经济预测方法介绍

(1) 德尔菲(Delphi)法

德尔菲法是美国兰德公司于 1964 年首先提出和使用的一种预测方法，它成为全球在定性预测法中使用比例最高的一种。德尔菲法的本质，就是利用专家的知识、经验、智慧等无法数量化的、带有很大模糊性的信息，通过通信的方式进行信息交换，逐步地取得较一致的意见，达到预测的目的。其主要操作流程如下：

——准备阶段

①首先是预测课题的选择。应根据决策和计划的要求，确定预测课题，课题预测的目标要明确。预测课题开展由工作小组领导和组织。小组成员应由预测单位的领导人、业务部门负责人和预测工作人员共同组成。

②选择专家，准备背景材料。选好专家是德尔菲法成败的关键，因为预测结果直接来源于专家。在组织预测时，拟选专家不能仅局限于一个领域的权威，最好是在该领域从事十年以上工作的专业人员。专家的选择要遵循自愿性、广泛性和控制性原则。专家选定后，应向专家提供相关的背景资料，供专家答复问题时参考。

③设计咨询表。为了避免专家对预测课题出现理解上的分歧，由此导致提供的预测结果杂乱无章，不好归纳，故第一轮咨询表应是针对预测课题拟定征询调查表。征询表应紧密围绕课题从不同侧面提出针对性问题，问题要简明扼要，含义明确，同时给专家留出修改和补充内容的空间。

——咨询阶段

以上准备阶段工作完成后，就进入了咨询阶段，通过信函等匿名方式分若干次向所选专家征询意见。征询的轮数不同，则各步骤的具体内容也有所区别。经验表明，征询的次数越多，需要的时间越长，而结果却不一定越好。故一般不超过三轮。下面按三轮介绍具体操作步骤。

①第一轮。预测小组将课题介绍、征询表和背景材料发给各专家，各专家按预测小组的要求在规定的期限寄回征询表，预测小组将回函的结果进行整理、统计和分析，在此基础上形成第二轮征询表。

②第二轮。预测小组将第一轮汇总整理的结果及新的要求和补充材料第二次发给各位专家，请专家对新的预测结果加以评论，判断和修正。专家将新的意见再次反馈给预测小组，预测小组再次进行整理、统计，求出各种预测结果的中位数，初步获得预测的综合结果。

③第三轮。预测小组将第二轮汇总整理的意见、补充材料、初步结果及该轮的征询表再次发给专家，专家提出最后预测结果及其理由，并按时反馈。最后预测小组根据专家最后反馈的内容运用统计方法加以整理分析，得出最后的预测结果，课题论证到此完成。

每次征询意见的时间间隔不宜太长，一般是一周或十天左右，要考虑到课题大小、问题的复杂程度、专家人数多少、距预测组路程远近、预测组工作人员人数多少和业务水平、数据处理手段等实际情况来确定征询时间的间隔。

——数据处理阶段

数据处理阶段和征询阶段是交叉进行的，因为征询是多轮的，所以每轮得到的数据都要进行处理，才能进入下一轮征询。在征询意见过程中或在意见征询结束时，为了归纳出有代表性的意见，预测值的典型水平可以用统计方法集中整理。常用的统计方法和指标为均值法、期望值法和中位数法。

(2) 主观概率法

主观概率法是指在一定条件下，预测者对经验结果所做主观判断的度量，即可能性大小的确定，也是个人信念的度量。主观概率也必须符合概率论的基本公理，即每一事件发生的概率大于等于零，小于等于1；必然发生的事件概率等于1，必然不发生的事件概率等于零。

即：

$$\begin{cases} 0 \leqslant P(A_i) \leqslant 1 \\ \sum P(A_i) = 1 \end{cases} \quad i=1,2,3,\cdots \tag{3.1}$$

在(3.1)式中A为实验样本的一次事件。

主观概率是相对客观概率而言的。客观概率是指某一随机事件经过反复实验后，出现的相对次数，也就是对某一随机事件发生的可能性大小的客观度量。客观概率的经典例子是抛硬币，其出现正反面的概率各为0.5。客观概率与主观概率的根本区别在于，客观概率具有可检验性，主观概率则不具有可检验性。在有些现象无法通过实验确定其客观概率时，或由于资料不完备无法计算客观概率时，常常采用主观概率法进行社会预测。常用的主观概率方法有，主观概率加权平均法和累计概率中位数法。

主观概率加权平均法的操作过程是：首先要向预测人员提出明确的预测目标，并提供尽可能详尽的有关信息资料，然后由预测人员根据自己所掌握的理论、实践经验，分别提出各自的预测意见，并计算出期望预测值。在此基础上，预测组织者再对各预测人员的期望值进行加权平均，求出综合性的预测结果。

(3) 时间序列分析预测法

时间序列分析是一种广泛应用的数量分析方法，它主要用于描述和探索社会经济现象随时间发展变化的数量规律性。本章第 3 节将详细介绍有关内容。

(4) 回归分析预测法

社会经济现象作为一个复杂的大系统，其内部的各因素相互影响、相互制约。回归分析预测法就是从各种经济社会现象之间的相互关系出发，通过对与预测对象有联系的现象变动趋势分析，预测未来数量状况的一种预测方法。

利用回归分析法进行社会经济发展预测的主要步骤为：

①分析与预测对象相关的因素，建立一元或多元回归方程。其中，预测指标作为因变量，影响因素作为自变量；

②利用预测对象及其影响因素的历史和现状调查数据，采用最小二乘法对模型的参数进行标定；

③参数检验，模型验证；

④将影响因素规划期预测值代入标定模型，对预测对象进行预测。

3.2 综合运输需求预测

要对区域内的运输网络进行规划设计，首先需要对区域内产生的综合运输需求量进行预测，包括全社会运输量以及公路、铁路、水运、航空等各种运输方式的运输量。现代交通规划理论习惯上将运输需求预测分为四个阶段进行，即交通发生与吸引预测、交通分布预测、交通方式划分预测、交通分配预测。这四个阶段预测模式在城市交通规划领域已经被广泛应用，理论和技术上已趋于成熟。而在区域交通运输规划领域，由于涉及的地域范围广大、单位众多、管理层次复杂等原因，难于完全按传统的四阶段模式进行预测，而要根据区域的大小、特征、背景，确定需要预测的内容，选择合适的预测方法，进行区域运输需求量的预测。本节就区域运输需求量预测普遍面临的问题展开论述，根据社会经济发展状况，讨论运输需求量预测的基本原理和方法，对规划区域及各交通分区的五大运输方式运输总量的发生进行预测。

3.2.1 运输需求与运输量的关系

在学习运输需求预测的基本原理和方法之前，必须首先让大家明确运输需求和运输量之间的联系与区别。运输需求和运输量是两个不同的概念。运输需求是指社会经济生活在人与货物空间位移方面所提出的有支付能力的需要；而运输量则是指在一定的运输供给条件下所能实现的人与货物的空间位移量。

运输量的大小当然与运输需求的水平有十分密切的关系，但是两者之间存在着明显的区别，运输量本身并不能完全代表社会对运输的需求。运输需求能否实现要取决于运输供给的状况，在运输能力完全满足运输需求的情况下，运输量可以基本上反映运输需求。但在运输供给严重不足的情况下，运输业完成的运输量仅仅是运输需求的一部分，如果增加运输设施、扩大运输能力，被不正常抑制的运输需求就会迅速变成实际的运输量，并形成诱发运输量。

过去的预测工作没有分清运输需求与运输量的区别，在预测过程中主要采用过去的历史运输量预测未来运输需求的方法，以运量预测简单代替运输需求的预测，这种概念上的误差直接影响到了预测的准确程度。显然在运输能力严重不足的情况下，不考虑运输供给能力对运输需求的抑制作用的运量预测结果，很难反映出真实的运输需求。

因此，在对运输需求进行预测时，运输量预测得到的结果不可以直接作为社会对于运输的需求量使用，还应当进一步结合各种运输方式运输结构状况和运输供给状况进行分析。

3.2.2 综合运输需求预测的理论框架

交通运输作为一项重要的基础设施，是国家经济发展和人民生活水平提高的重要前提条件，它在国民经济发展中占有很重要的地位。生产的扩大、区域间经济联系的增强、人民消费水平的提高和人民经济活动的增多必然要对交通运输服务提出更大的需求。因此，综合运输需求预测必须是直接建立在区域社会经济发展预测与土地利用分析预测基础上的。综合运输需求预测应当包括三部分内容：

①运输量预测；

②运输供给能力预测；

③运输结构预测。

综合运输需求预测是在考虑运输供给能力限制的基础上，结合运输量预测和运输结构的预测而得出的，其预测的理论框架如图 3.1 所示。从预测内容的相互联系来看，综合运输需求预测可以分为总运输需求预测和客货流需求预测两个大部分。总运输需求预测是宏观意义上的运输需求预测，它的主要任务是从总量上把握全国或整个部门或整个地区的客货运输需求量，包括发送量、到达量、周转量以及平均运程；这些预测有时是分货物品名或旅客类别的，有些则是笼统的。其特点是只考虑总量，从根本上不涉及具体发到地和具体线路上的客货流量。而客货流需求预测则是把已预测出的客货运总量，在分析地区间实际交通、地理情况的基础上、具体分配到运输方式和运输线路上，客货流运输需求预测结果更接近于实际的客货位移。从图 3.1 还可以看出，总运输需求预测与客货流预测之间存在交叉的部分。

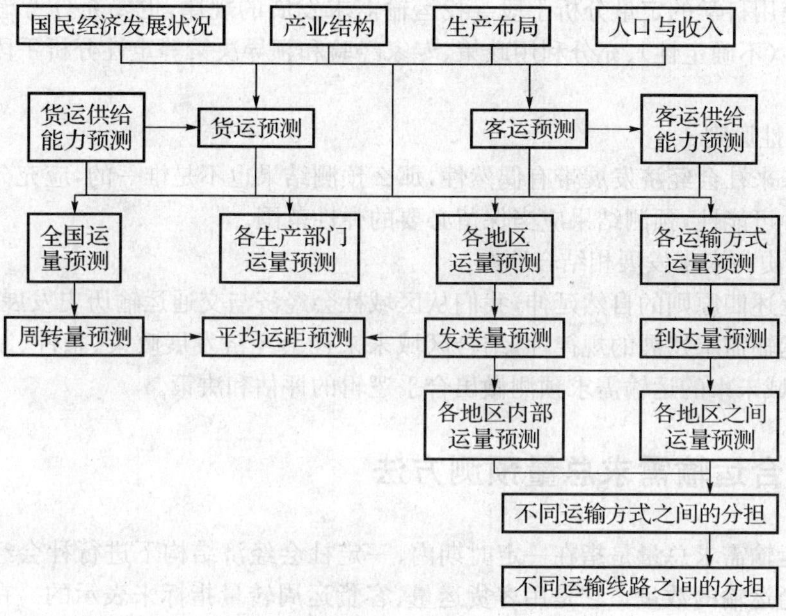

图 3.1　综合运输需求预测理论框架

3.2.3　综合运输需求预测的基本原则

综合运输需求预测与城市交通需求预测相比，预测内容繁杂、涉及因素较多。因此在进行区域综合运输需求预测时，必须遵守以下几条原则：

(1) 系统分析的原则

区域运输系统是区域经济这个复杂大系统中的一个子系统，我们在对区域经济进行分析时，必须坚持系统分析的原则，系统中的各个因素都不是孤立存在的，应该将其联系起来考虑，具体体现在以下四个方面：

①将区域社会经济系统与国家社会经济系统、国际社会经济系统以及周边地区社会经济系统联系起来考虑；

②将区域交通运输系统与区域社会经济系统联系起来考虑，考虑交通运输系统与社会经济系统之间相互作用；

③将区域运输系统中的各种运输方式联系起来考虑；考虑各种运输方式之间的协作与竞争；

④将各运输方式中的涉及到的各个要素联系起来考虑。

(2) 政策协调原则

对区域未来交通需求的预测必须建立在与国家、区域和地区社会经济发展政策相协调的基础上，以政策为导向来进行综合交通运输需求预测。

(3) 定性与定量相结合的原则

社会经济在发展的过程中带有规律性和偶然性，在进行交通运输需求预测时，我们既要充分应用科学的定量分析手段寻找运输需求发展的规律，也要充分考虑未来发展中的偶然性（不确定性）、充分利用政策、专家经验和领导决策等定性分析手段把握预测的方向。

(4) 弹性原则

既然未来社会经济发展带有偶然性，那么预测结果也不是惟一的，应充分考虑运输需求的多种可能性，预测结果应当保留必要的弹性范围。

(5) 历史与未来发展相结合原则

这是上述四原则的自然延伸，我们从区域社会经济与交通运输历史发展、演变中探索出区域运输需求发展的规律性，结合区域未来社会经济发展政策、条件、制约因素的分析，对区域未来的运输需求预测做出合乎逻辑的评估和决策。

3.3 综合运输需求总量预测方法

综合运输需求总量是指在一定时期内、一定社会经济结构下进行社会经济活动所产生的交通运输的数量。它是用客货运量、客货运周转量指标来表示的。在对其进行预测时，除了常规的预测方法（定性预测方法、定量预测方法以及定性与定量相结合的方法）之外，还可以借助运输网络规划中运输生成量预测理论对综合运输总量进行预测。

3.3.1 定性预测方法

1) 经验判断法

经验判断法，也称主观估计预测法，是以一部分熟悉业务，具有一定实践经验和综合分析能力的人员所作出的判断为基础来进行预测的一类方法。这种方法简单、省时、省力。由于参加者都具有丰富的经验，熟悉项目情况，能对预测项目作出比较合理的预测。经验判断预测方法很多，最常用的有经理人员判断法、专家意见法等。

(1) 经理人员判断法

经理人员判断法是由负责的经理人员把与运输市场有关的和熟悉运输市场的计划、运务、市场营销、财务管理等职能部门的负责人召集在一起，请他们对未来运输市场的发展形势发表意见，做出判断和估计。然后，经理人员在此基础上做出预测。经理人员判断法简便易行，耗时短，企业不必另行支付预测费用，在实际工作中应用比较广泛。

(2) 专家意见法

专家意见法是依靠专家的知识、经验和分析判断能力，依靠专家所掌握的信息，在对历史事实和信息资料进行分析综合的基础上，对未来的运输发展做出判断的一种预测方法。这种预测方法，按照预测过程和收集、归纳各专家意见的方式不同，又可分为专家会议法和德尔菲法等。具体操作流程与社会经济发展预测中的专家意见法相同，可参照本章第3.1节内容。

2）运输市场调查法

运输市场调查法是指通过一定的方法征求购买运输产品的顾客的意见，了解顾客购买意向和心理动机，从而对运输需求情况进行收集、记录整理和分析，在此基础上进行运量预测的方法。

运输市场调查法一般采用抽样调查，既可以采用口头询问方式，也可以采用书面询问方式。当顾客群体较小时，调查成本相对较低。如果顾客意向比较明确，而且他们乐于披露自己的意向，采用市场调查法进行预测可以收到较好的效果。

利用运输市场调查法进行预测，运输企业不仅可以估计未来市场的需求量，而且有利于促进企业与顾客的关系。不过，市场调查法在使用时也会受到许多限制，一般来讲调查费用通常比较高。调查的顾客越多，所花的时间与费用也就越多。而且，在许多情况下，不少顾客不愿意暴露自己真实的购买意向，如果不给予充分合作，或者调查对象没有足够的能力清楚准确地表达自己的真实意愿，预测结果的可靠性就会受到较大影响。

3.3.2 定量预测方法

一般来说，定量预测方法能够很好的消除定性预测方法中主观因素对预测结果的影响，能够更为客观地反映综合运输发展的规律性，但是在运输发展中出现突发性事件时，定量预测方法往往是无能为力的，此时就需要借助定性分析的方法来把握预测的方向。在综合运输需求总量预测中，所谓的定量预测方法一般是指模型法。

模型法是根据历史数据资料建立数学模型进行预测的方法，模型法预测结果同样也必须通过征求专家意见的方法，进行判断和修正。在综合交通需求总量预测中主要采用以下几种方法：

1）时间序列预测法

时间序列预测法的基本依据是：在一定时间段内，社会经济发展规律的延续性往往使运量预测对象的变化呈现很强的趋势性，因此可以根据预测对象的历史态势推测未来的发展趋势。这类方法的优点是预测所需的数据信息量较小，预测方法简便易行，只要在所研究的时间序列上预测对象没有大的波动，则预测效果较好；缺点是以时间作为单一的预测因素，无法反映预测对象的实际影响因素，尤其是经济政策和发展速度调整等外部因素变化所引起的运输需求的变化，更是无从反映。

运用时间序列预测法进行预测的关键是对预测期内的预测变量的变化趋势进行识别和拟合。常用的方法有移动平均法、指数平滑法和自回归分析法等。

（1）移动平均法

假定条件：预测期内预测变量的数值同预测期相邻的若干观察期内的数据存在着

密切关系。

方法:将观察期内的数据由远而近按一定跨越期进行平均,随着观察期的推移,按既定跨越期的观察期数据也向前移动,逐一求得移动平均值,并以最接近预测期的移动平均值作为确定预测值的依据。移动平均法常用的有一次平均法和二次平均法两种。

①一次移动平均法。一次移动平均法的移动平均值计算公式为

$$N_t^{[1]} = \frac{x_t + x_{t-1} + x_{t-2} + \cdots + x_{t-n+1}}{n} \quad (t \geqslant n) \tag{3.2}$$

式中:$N_t^{[1]}$——第 t 期的一次移动平均值;

x_t——第 t 期的实际发生值;

n——移动平均期数,即每次移动平均所包含的实际发生值的个数。

应用一次移动平均法进行预测,本期的移动平均值就是下一期的预测值,即 $Q_{t+1} = N_t^{[1]}$。

②二次移动平均法。二次移动平均法是在一次移动的基础上再进行的一次移动平均。二次移动平均值的计算公式为

$$N_t^{[2]} = \frac{N_t^{[1]} + N_{t-1}^{[1]} + N_{t-2}^{[1]} + \cdots + N_{t-n+1}^{[1]}}{n} \quad t \geqslant n \tag{3.3}$$

式中:$N_t^{[2]}$——第 t 期的二次移动平均值。

使用二次移动平均法进行预测,主要是找出预测对象的线性趋势。因此,需要根据移动平均值找出线性趋势预测方程。该方程的表达式为

$$Q_{t+T} = a_t + b_t T \tag{3.4}$$

式中:Q_{t+T}——第 $t+T$ 期的预测值;

T——距离第 t 期的期数;

a_t,b_t——预测模型系数,其计算公式为

$$a_t = 2N_t^{[1]} - N_t^{[2]} \tag{3.5}$$

$$b_t = \frac{2}{n-1}(N_t^{[1]} - N_t^{[2]}) \tag{3.6}$$

根据一次和二次移动平均值求出 a_t、b_t 以后,就可利用所建立的方程(3.4)对运输量进行预测。

移动平均法借助移动平均值来修正序列数据的不规则变动,以反映长期变动的趋势,可以消除历史资料中随机因素的影响。采用移动平均法进行预测时,移动平均期数 n 的选择将影响到预测结果的精度,如果 n 取得大,移动平均值对历史数据的依赖性大,对数列起伏变动的敏感性差,预测值容易滞后于可能的发展趋势。如果 n 取得小,对随机因素反映灵敏,过高的灵敏度也容易导致预测失误。一般情况下,当历史资料较多时,n 可以取大些;当时间序列有明显的周期性波动时,n 应与波动周期一致,以消除周期性波动的影响。一般情况下,n 取 2~12 之间。

(2) 指数平滑法

指数平滑法由美国经济学家布朗(Robert. G. Brown)于 1959 年在《库存管理的统

计预测》一书中首先提出。指数平滑法的基本思想是，对实际值与预测值分别给以不同权重，计算加权平均数作为下期的预测值。其常用的方法有一次指数平滑法、二次指数平滑法两种。

①一次指数平滑法。一次指数平滑法是对原始时间序列数据进行平滑的一种方法。一次指数平滑法的计算公式为

$$S_{t+1}^{[1]}=\alpha x_t+(1-\alpha)S_t^{[1]} \tag{3.7}$$

式中：x_t——时间序列中时间 t 上的观察值；

$S_{T+1}^{[1]}$——第 $T+1$ 期一次指数平滑值；

$S_T^{[1]}$——第 T 期一次指数平滑值；

α——平滑常数。

式中 $S_0^{[1]}$ 的确定：在资料较多的情况下，取第一期的实际发生值，即 $S_0^{[1]}=x_1$，应用一次指数平滑法进行预测时，第 t 期的指数平滑值就是第 $t+1$ 期的预测值，即 $Q_{t+1}=S_t^{[1]}$。

②二次指数平滑法。二次指数平滑法又称为双重指数平滑法，它是以相同的平滑常数 α，在一次指数平滑的基础上再进行一次平滑。其计算公式为

$$S_{t+1}^{[2]}=\alpha S_{t+1}^{[1]}+(1-\alpha)S_t^{[2]} \tag{3.8}$$

式中：$S_t^{[2]}$、$S_{t+1}^{[2]}$ 分别为第 t 期和第 $t+1$ 期的二次指数平滑值。二次指数平滑值的初始值取第一期的一次指数平滑值，即 $S_0^{[2]}=S_1^{[1]}$。

使用二次指数平滑法进行预测时，预测方程为

$$Q_{t+T}=a_t+b_tT \tag{3.9}$$

式中：Q_{t+T}——第 $t+T$ 期的预测值；

T——距离第 t 期的期数；

a_t、b_t——预测模型系数，其计算公式为

$$a_t=2S_t^{[1]}-S_t^{[2]}$$

$$b_t=\frac{2}{n-1}(S_t^{[1]}-S_t^{[2]}) \tag{3.10}$$

将求出的 a_t、b_t 值代入方程(3.8)即可对运输量进行预测。

运用指数平滑法进行运输需求量预测的关键在于平滑常数 α 的确定。平滑常数反映本期实际发生值和本期预测值对下期预测值的影响程度。一般情况下，若近期影响显著，则取较大的 α；若远期影响显著，则取较小的 α。通常是给出不同的 α 值，经过试算找出平滑值与实际发生值误差最小的相应的 α 值，以这一 α 值作为最终选定的平滑常数。

(3) 自回归分析法

自回归分析法通过分析时间序列的不同自相关系数，选择自相关系数较大的数据，建立适当的自回归模型。当时间序列内的数值在一定的间隔周期内具有较强的相关性时，可采用该法进行预测。

自回归方程的形式为

$$y_t=\beta_0+\beta_1 y_{t-1}+\beta_2 y_{t-2}+\cdots+\beta_p y_{t-p}+\varepsilon \tag{3.11}$$

式中：β_0、β_1、β_2、…、β_p——为待定参数，一般由最小二乘法标定；

y_{t-p}——向后推移 p 期的说明变量；

y_t——第 t 期实际发生值的估计值；

ε——为随机误差。

当然，自回归分析并非局限于线性形式，也可以采用非线性形式。

2）基于影响因素的预测方法

基于影响因素的预测方法的基本出发点是运输需求量与社会经济变量之间的相互依存关系，通过对历史数据的详细分析，揭示出运输需求量同相关社会经济变量之间的数量关系，据此预测其未来值。这类方法要求数据信息充分完备，预测精度较高且可分析不同因素对预测对象的影响。缺点在于自变量或因变量未来值的选择带有预测性，因而影响预测的准确性。

（1）增长率法

增长率法是根据预测对象（如综合运输需求总量）的预计增长速度进行预测的方法。其具体预测步骤如下：

①分析历史年度预测对象增长率的变化规律；

②对相关因素发展变化进行分析，确定预测期预测对象的增长率；

③未来值预测，其一般公式为

$$Q_t = Q_0(1+\alpha)^t \tag{3.12}$$

式中：Q_t——预测值；

Q_0——基年值；

α——确定的增长率；

t——预测年限。

增长率法的关键在于确定增长率，但增长率随着选择年限的不同而存在较大的差异。所以增长率法一般适合于增长率变化不大，且增长趋势稳定的情况。其特点是计算简单，但预测结果粗略，较适合于近期预测。

（2）乘车系数法

乘车系数法是用区域总人口与平均每人每年乘车次数来预测客运量，乘车系数是区域旅客发送量与人口数之比。其一般公式为

$$Q_T = P_t\beta \tag{3.13}$$

式中：Q_t——预测期客运发送量；

P_t——预测总人口数；

β——乘车系数。

乘车系数法的关键在于确定乘车系数，一般来说，乘车系数可以根据历年资料和今后变化趋势确定，但是乘车系数本身的变动有时是难以预测的，各种偶然因素会使其发生较大波动，很难做出精确的预测。

(3) 产值系数法

产值系数法是根据预测期国民经济指标(如工农业总产值、社会总产值、国民收入等)和确定的每单位产值所引起的货运量或客运量来预测的方法。所采用的公式为

$$Q_t = M_t \gamma \tag{3.14}$$

式中:Q_t——预测期总运量值;

M_t——预测期经济指标;

γ——产值系数。

产值系数法的关键在于把握产值系数的变动趋势。

在货运量预测中,产值系数法又可称为运输强度法,国家(或区域)每生产一单位产值所需要的运输量称为运输强度。运输强度通常由统计获得。

运输量预测值=生产总值预测值×运输强度

(4) 弹性系数法

先求出历年运输量关于经济指标量的弹性,当有了社会经济指标的预测值后,便可利用该弹性系数来预测出未来的运输量。

(5) 回归预测法

回归预测法是通过寻求预测对象(运输量)和影响预测对象的各种因素(社会、经济指标等)之间的统计规律性,建立相应的回归方程进行预测的方法。

回归预测法能具体分析预测对象的主要影响因素,并能对模型的合理性和预测的可信度进行统计检验,是一种比较科学的预测方法。但是,回归预测法需要历史和现实资料比较多,资料的获取比较困难;同时,回归预测法反映预测对象与相关因素的关系仍是静态的。

回归预测法按考虑影响因素的多少可以分为一元回归和多元回归;按回归方程性质的不同分为线性回归和非线性回归。

①一元线性回归预测。如果影响预测对象的主要因素只有一个,并且这个因素对预测对象的影响为线性关系时,可建立一元线性回归模型:

$$\hat{y}_i = a + b x_i \tag{3.15}$$

式中:$\hat{y}_i$——第 i 期的预测值;

x_i——影响因素在第 i 期的值;

a、b——回归系数,利用最小二乘法进行确定。

根据历史数据建立一元线性回归模型之后,还需要对所建立的模型进行相关性和标准差的检验。

②多元线性回归预测。如果影响预测对象 y 发展变化的主要因素不是只有一个,而是有多个,即 $x_{i1}, x_{i2}, \cdots, x_{in}$。其回归模型为:

$$\hat{y}_i = b_1 x_{i1} + b_2 x_{i2} + \cdots + b_n x_{in} + \varepsilon \tag{3.16}$$

利用最小二乘法对上式中的待定参数进行标定。

(6) 灰色预测 GM(1,1) 模型

灰色系统理论是我国学者邓聚龙教授在本世纪 80 年代初提出的处理不完全信息的一种新理论,该理论应用关联度收敛原理、生成数、灰导数等观点和方法建立微分方程模型。近年来,灰色预测模型在诸多领域(包括交通需求预测)都有较好的应用。

GM(1,1) 表示一阶单个变量的微分方程,是最常用的灰色预测模型,其形式为

$$\frac{\mathrm{d}x}{\mathrm{d}t}+ax=u \tag{3.17}$$

式中:$x=x(t)$,u 和 a 为待估参数。这个微分方程的解是

$$x(t)=[x(0)-\frac{u}{a}]e^{-at}+\frac{u}{a} \tag{3.18}$$

这个模型是用来对时间序列作预侧的,但它并不是直接对原始数据进行预测,而是为了降低预测误差,对原始数据进行累加处理生成新的数据。生成数是这样来构造的

设原始数列为:$\{X^{(0)}(i)\},i=1,2,\cdots,n$

由它产生的 1 次累加生成数列为 $X^{(1)}$,$X^{(1)}$ 与 $X^{(0)}$ 关系为

$$X^{(1)}(i)=\sum_{k=1}^{i}X^{(0)}(k),(i=1,2,\cdots,n) \tag{3.19}$$

对于 $GM(1,1)$ 模型,微分方程为

$$\frac{\mathrm{d}X^{(1)}}{\mathrm{d}t}+aX^{(1)}=u \tag{3.20}$$

以向量的形式表示微分方程的系数 a、u,则系数向量 $\hat{a}$ 为

$$\hat{a}=[a,u]^T$$

对方程展开可得

$$\begin{aligned}
X^0(2)&=a[-\frac{1}{2}(X^{(1)}(1)+X^{(1)}(2)]+u\\
X^0(3)&=a[-\frac{1}{2}(X^{(1)}(2)+X^{(1)}(3)]+u\\
&\cdots\cdots\\
X^0(n)&=a[-\frac{1}{2}(X^{(1)})(n-1)+X^{(1)}(n)]+u
\end{aligned} \tag{3.21}$$

对于 GM(1,1)

$$A=0$$

$$Y_n=[X^{(0)}(2),X^{(1)}(3),\cdots,X^{(0)}(n)]^T$$

$$B=\begin{bmatrix}-\frac{1}{2}[X^{(1)}(1)+X^{(1)}(2)] & 1\\ -\frac{1}{2}[X^{(1)}(2)+X^{(1)}(3)] & 1\\ \vdots & \vdots\\ -\frac{1}{2}[X^{(1)}(2)+X^{(1)}(3)] & 1\end{bmatrix} \tag{3.22}$$

用最小二乘法求解系数向量$\hat{a}$

$$\hat{a}=(B^TB)^{-1}BY_n \tag{3.23}$$

并代入微分方程的解，得到时间函数

$$\hat{X}^{(1)}(k+1)=\left[X^{(0)}(1)-\frac{u}{a}\right]e^{-ak}+\frac{u}{a} \tag{3.24}$$

将$\hat{X}^{(1)}$还原，便得到

$$\hat{X}^{(0)}(k+1)=\hat{X}^{(1)}(k+1)-\hat{X}^{(1)}(k) \tag{3.25}$$

将求出的参数带入预测模型进行预测。列出预测结果的时间函数序列$\hat{X}^{(1)}$。

对预测结果进行后验差检验证明预测模型是否可行，判断是否要进行残差修正。残差有绝对误差和相对误差两种，绝对误差以$\varepsilon^{(0)}(i)$表示，相对误差以$\Delta(i)$表示，则有

$$\varepsilon^{(0)}(i)=X^{(1)}(i)-\hat{X}^{(1)}(i) \tag{3.26}$$

$$\Delta(i)=\left|\frac{\varepsilon^{(0)}(i)}{X^{(1)}(i)}\right|\times 100\% \tag{3.27}$$

判别标准是如果相对误差不超过 2%，便可认为模型可行，可以用于进行预测；否则应进行残差修正，至此 GM(1,1) 模型建成。

建立的 GM(1,1) 模型经过残差检验证明具有足够精度可行之后，即可利用公式预测未来某期交通生成的数据。

3.3.3 利用运输网络规划理论的运输量预测方法

运输网络规划一般分成四个阶段进行：分别为运输生成量预测；运输分布预测；运输方式选择预测以及运输分配预测。运输量预测模型是进行运输网络规划的前提和基础。

运输量预测模型就是预测该地区规划年各分区的运输发生量和吸引量，因此又称为运量的发生吸引预测。它是在运输网规划区域的社会经济发展预测的基础上，预测网络中各节点（运输枢纽）在规划期间的运输发生量和吸引量的理论和方法。具有方向性的运量是社会经济发展的函数，反映规划区域的社会发展水平、经济发展水平、产业结构等。

运输量生成预测的基本思路是：首先由路网规划的社会经济发展预测模型等完成运量生成预测的基础工作，即确定路网中主要运量发生和吸引的起讫（OD）节点；分析和预测社会经济发展水平对运量生成影响的主要因素。在此基础上，分析区域社会经济活动与区域交通运输之间的关系，采用统计分析等手段建立运量预测模型，并通过实际分析和检验，判断模型预测的可信度。具体操作过程如下：

生成运输量的预测方法有增长率法、原单位法和函数法。其原理分别同本节第 2 小节中提到的增长率法、乘车系数法（或产值系数法）、回归预测法（或灰色预测法）。

对于发生、吸引运输量预测，要考虑到运输发生源的空间布局关系，从而按区域进

行运输发生、吸引量的预测。其预测方法与生成运输量的预测方法大体一致。只是在预测完成后，应当注意在整个规划区域内满足运输发生总量等于运输的吸引总量等于总的运输生成量。如果预测的结果不相等，我们应当采取适当的方法对其进行调整。

3.4 运输需求结构预测

在上一节当中，我们详细介绍了综合运输需求量的预测方法。我们要建立适合社会经济发展需求的运输港站和枢纽，实现其功能划分，确定合理的规模和布局，仅仅靠预测得到综合运输需求总量是远远不够的。下一步，我们还应当对运输需求总量在其结构上进行细化。从其结构上来讲，主要包含了两个方面的分类：一方面是在总运输需求量中客运量和货运量的结构比率；另一方面是总运输需求量（含客运量和货运量）由综合运输系统的五种运输方式分别承担的结构比率。在进行综合运输规划时，必须进行运输需求结构预测。本节简单介绍了综合运输需求量中客运量和货运量的结构比率以及各自的发展预测，阐述了公路、铁路、水路、航空、管道等五种运输方式之间的运输分担量的分担方法及其预测。

3.4.1 客货运量的结构比率发展预测

综合运输总量由两部分组成：一部分是客运量；一部分是货运量。客运量预测主要是对旅客周转量和客运量的发展趋势进行分析、预测；而货运量预测主要是对货物周转量及货运量的发展趋势进行分析。此外，还应对客运结构、货运结构进行分析预测，为运输枢纽规划提供基础资料。

1）旅客运量预测

新中国成立以来，中国道路旅客运输获得了空前的发展。尤其是改革开放之后，整个客运市场迅速发展起来，旅客运输发生了一系列深刻变化，其发展速度之快，成效之显著举世瞩目。客运量逐年增加，2001 年，客运量、旅客周转量已经达到 140.34 亿人次和 7 207.1 亿人公里，而 1949 年的道路客运量、旅客周转量分别仅为 0.18 亿人次和 7.96 亿人公里；同时，客运结构也发生了明显的变化，改变了过去铁路占主导地位，公路、水运、航空只起辅助作用的客运结构，随着时间的推移，无论客运量还是客运周转量铁路所占比重逐年下降，公路和民航逐年上升，各种运输方式都在其优势领域发挥着作用，客运结构日趋合理化。

在进行客运量预测时，一般采取定性预测和定量预测相结合的方法。在定量预测方法中可采用时间序列分析预测法、回归预测分析法等，同时增长率法、乘车系数法、弹性系数法等也是常采用的方法，这些方法及其运用在前面已介绍，此处不再赘述。

2）货物运量预测

新中国成立以来，中国道路货物运输状况也发生了巨大的变化，取得了长足的进步。到 2001 年年底，中国货运量、货物周转量分别已达到 105.6 亿吨和 6 330.4 亿吨公里，与1949年相比，分别增长了104.5亿吨和6 319.9亿吨公里。同时随着产业结构的变化，货运结构也发生了巨大的变化。

货物运输量预测亦可采用综合运输量预测方法。

3.4.2 运输方式分担预测

建国以来，我国交通运输由比较单一的结构发展为多元结构，铁路、公路、水运、航空和管道五种运输方式客货运量构成比例和运网发展规模，反映了各种运输方式在综合运输体系中的地位和作用。随着经济的发展，产业结构和产品结构的变化，运输需求发生了变化，各种运输方式为了适应运输需求而各展所长，运输分工和客货运量分配比重也发生了变化。

运输方式分担预测又称运输方式划分预测或运输方式选择预测。主要是对公路运输与铁路、水路、航空、管道运输方式之间的分担量进行预测。从而确定运输枢纽的功能划分及其相应规模。

1）运输方式分担的影响因素分析

影响客运或货运需求对运输方式选择的因素很多，可以从以下几个方面进行分析：

(1) 需求结构(产业结构)的变化

运输结构的变动正是适应运输需求变化的反映，运输需求结构的变化其根源在于产业结构的变化。

①产业的生产指向决定运输指向，资源密集型产业所需原材料及制成品一般体积大、质量大、数量多，这就决定了运输指向是降低运输成本。其经济学的有效方法就是规模经济的运输。陆上的铁路运输和水上的轮船运输规模最大，故此产业发展需要的运输方式倾向于火车、轮船这种大型运输系统；

②资金密集型产业中，生产要求加快资金的流通速度，快速完成流通的周期过程，因此，此产业中社会需求的运输方式侧重于汽车那样适合小批量货物，短运距和可实现门到门的便捷的小型运输系统。

③科技密集型产业中，生产指向要求尽量降低信息成本，而实现信息空间位移的方法：一是通信，二是客运。又由于此种产业另一个重要的特征就是全球化运作，所以此时的运输指向是全球的综合交通运输系统，其最大特点是要求突出发展通信业与航空运输。

(2) 运输质量比较

表征运输质量的指标主要有：安全性、时效性、准确性、经济性、方便性和舒适性。这是运输客体(旅客或货物)对运输服务的期望值，而运输服务又是由运输主体提供的，因此在运输方式选择时就必须涉及到运输质量的分析。对于运输质量较高的运输方式，其对运输客体的吸引力必然越大。

运输质量包括上述六个方面。在实际分析应用中，经常要求综合成一个质量指标来表征。常用的整合方法有加权系数法和模糊数学法以及它们的综合法称为雷达图法。

(3) 各运输方式适应运距分析

每种运输方式都有其适应的运距，只有在适应的运程内行驶，才能发挥其更大的经济和社会效益。对于旅客运输方面，铁路运输大多承担中远途客运，公路运输以中短途客运为主，民航运输以长途客运为主；而在货运方面，铁路、水路以完成中长途货运为主，公路运输以完成中短途货运为主。

(4) 其他方面因素的分析

运输方式选择涉及的影响因素还有很多，比如运费、运输能力与运输可靠性、安全性、时效性等指标。同时，随着运输方式和运输工具的不断发展，综合运输结构比例也随之发生变化，比如现代高速公路的发展以及高速铁路的出现，将使旅客、货物运输需求对于运输方式的选择发生变化。

2) 预测方法介绍

(1) 专家经验法

在充分调查研究的基础上，分析预测综合运输各种运输方式的区段运输能力。当调查得到的运输量小于其运输能力时，通过与其他运输方式的经济运距、直达性、安全性等因素进行比较，按适当比例将部分客货发送量从其他运输方式客货运中分流出来，由该运输方式分担。当调查得到的运输量大于其本身的运输能力时，则考虑其与其他运输方式之间的竞争协作关系，确定各种运输方式的合理分担率。

上述两种情况下分担率的确定都要广泛征求专家的意见，进行反复研究论证。在此基础上，还可以结合一些概率预测技术，进行分担率预测计算，力求使预测结果可靠、可信。

(2) 转移曲线法

这种方法是从客货出行调查的结果出发，通过分析不同运输客体，不同出行目的，选择不同运输方式的比例，并结合影响运输方式的主要因素(地区间距离、各种运输方式所需行走时间比、选择各种运输方式的费用比等)，做成使用者运输方式选择曲线，从而依据该曲线求出该地区间运输方式分担率。这种方法适合运输历史资料比较齐全完备的地区。

(3) 函数模型法

函数模型法就是用一个函数模型来完成交通运输需求量运输方式分担预测的全过程。此方法需要掌握基年、规划年区域内各节点间公路、铁路等运费、运距资料，以及运输全过程，基年区域内公路、铁路等起讫点(OD)分布表等。函数模型法可以分为线性模型法、logit 模型法和 probit 模型法三种。

①线性模型。这是函数模型中最早开发出来的模型，此方法通过建立各种运输方式分担率及其影响因素之间关系，来预测规划年各运输方式的分担率。

依据上述资料建立分担率预测模型

$$P_m = a_0 R_m^{a1} C_m^{a2} T_m^{a3} F_m^{a4} \tag{3.28}$$

式中：P_m——第 m 种运输方式客流或货物流分担比例；

R_m——第 m 种运输方式的服务可靠性；

C_m——第 m 种运输方式的相对运输服务费；

T_m——第 m 种运输方式的相对运达时间；

F_m——第 m 种运输方式的相对运输频率；

a_0, a_1, a_2, a_3, a_4——方程参数，可通过回归分析方法计算。

运输方式的服务可靠性是所选运输方式按计划时间交货占运输货物总量的比例，可通过统计计算，当缺乏数据时，也可采用等级评分加以确定；相对运输服务费是可以利用某种运输方式的运输费与其中具有最低运输费的运输方式的运费之比；运输方式的相对运达时间是某种运输方式的运达时间与可利用运输方式中的最短运达时间的比例；相对运输频率等于某种运输方式的运输频率与可利用运输方式的最大运输频率的比例。其中运输频率表示日运送次数。

②logit 模型。logit 模型以个体运输方式选择为研究对象，是一种非集计运输方式选择模型。运输方式分担率预测模型如下：

$$P_i = \frac{\exp(U_i)}{\sum_{j=1}^{n}\exp(U_j)}, U_i = \sum_k a_k X_{ik} \tag{3.29}$$

式中：X_{ik}——运输方式 i 的第 k 个说明变量；

a_k——待定参数；

n——可选运输方式的个数；

U_i——运输方式 i 的效用函数；

P_i——第 i 运输方式分担率。

logit 模型是建立在各运输方式选择枝相互独立的基础上，在实际的运输方式选择中，往往会出现几种运输方式存在相关，如果此时利用 logit 模型就会出现错误。

probit 模型与 logit 模型一样，也是一种非集计运输方式选择模型。其原理是通过比较各种运输方式的运输效用，利用概率分布模型，来确定运输方式使用者选择各种运输方式的可能性，并且 probit 模型可以从一定程度上克服 logit 模型的缺点，可以解决运输方式选择枝存在相关性的问题。

3.5 运网基础设施发展预测

运网基础设施发展预测是运输需求预测中不可缺少的一部分，各种运输方式所分担的运输量在受到运网条件的制约时，运输需求受到抑制，导致预测的运输量往往不等于运输需求，因此，运网基础设施发展预测用来修正所预测的运输量，进而得到运输需求量。此外，运网基础设施的特点之一是设施投资额度大，建设周期长，并且一经建成就不能移动，为此，如何根据国民经济发展和地区经济发展的需要，及时科学地建设好交通运输的基础设施是交通运输系统工程的一项基本内容。从这两个角度来看，运网基础设施发展预测对于确定未来运输需求量，建设与需求量相适应的运输基础设施都是至关重要的。

综合运输基础设施体系包括以下三个方面：

①固定设备，包括线路、港站的土木建筑及其相关的技术设备，具体包括铁路、公路、航道、管道、桥梁、隧道、车站、枢纽、港口、码头、航空港、机场以及相关的通信控制等设备；

②移动设备，主要指载运工具，即轨道交通的机车车辆、公路的汽车、城市的汽电车、水上的船舶，以及航空运输中的飞机等；

③为完成综合运输所必须的服务设施，如停车场(库)、汽车保养修理厂、加油站等。

3.5.1 运网规模预测

1) 铁路运网规模预测

(1) 影响因素分析

铁路运网规模的确定主要考虑以下几个方面的因素：

①铁路所承担客货运量的预测值；

②铁路营运里程以及运输密度现状；

③社会经济发展水平；

④政策导向。

(2) 基础数据调查

基础数据的调查是铁路运网规模预测的前提和基础，要调查的基础数据主要包括以下两个方面：

①应当对预测期内该区域的国家与地方政策、区域社会经济发展水平进行调研，了解政府对于铁路发展的政策性导向，以及投资方向和力度，这是铁路运网规模确定的一个宏观环境。

②应当通过调查分析得到铁路营运里程、运输密度的历史和现状数据，以及铁路供给与需求的适应度情况。

(3) 预测方法

在获得基础数据后，就应当选择一个合适的方法对铁路运网规模进行预测。

常用的方法有：专家预测法和回归分析法。

专家预测法就是将调查得到的基础数据提供给相应的专家，让他们借助自身的理论知识和实践经验给出预测值。此方法在前面已经介绍过。

回归分析法就是通过建立铁路营运里程以及运输密度与社会经济指标、客货运量指标之间的关系模型，对铁路运输规模进行预测。

2) 公路网规模预测

公路网规模预测的方法与铁路网规模预测方法大致相同，此处不再赘述。

3) 民航航线网规模预测

目前，我国航线仍是以城市对为主的直达形式，尚未形成全国中转辐射多层次的干线、支线相联的国内航线网络。并且，国际航线与国内航线相衔接的中转网络也尚未建立，在国际航空市场竞争中能力较弱。

对民航航线网进行规模预测主要是考虑政府政策导向、社会经济发展指标对于网络规模的影响，利用专家预测法和回归分析法可以对民航线网规模进行预测。

4）水路运输网发展规模预测

我国水路运输包括海运和内河航运两部分。水运的情况与其他运输方式有所不同，主要反映在运输能力与运输需求的关系方面。据预测，到2020年，水上运输的客货运量基本与目前持平，还可能呈下降的趋势。因此，从目前我国水路运输发展规模的数量指标方面来看，已经达到了基本适应，而今后的主要任务是提高运输的舒适度、旅行速度、旅行环境以及旅行服务等方面的质量指标。投资的主要方向是基础设施的更新改造和运输工具的现代化等方面。

3.5.2 运输工具规模预测

运输工具按照用途可以分为旅客运输工具和货物运输工具，随着运输业的发展，运输网络规模的扩大，必然要求各种运输方式的运输工具在数量、质量和品种结构等诸方面与之相适应，即达到相当规模的保有量和构成水平。对运输工具的保有量和构成水平进行预测一般是依据运输工具保有量和构成水平的历史数据，利用时间序列法，对其未来年的规模进行预测。然后结合未来年社会、经济、技术等指标的预测，对定量预测得到的规模值进行修正。

3.5.3 运输港站与枢纽规模预测

运输港站是位于运输线路的节点，是旅客和货物的集散地、各种运输工具的衔接点、办理客货运输业务和运输工具作业的场所，是运输企业对运输工具进行保养、修理的技术基地，是交通运输网络的重要组成部分。

对于客货运站场规模预测，应当以市场需求为基础，结合运输线网规模的预测，对站场功能的确定和划分进行分析，从而来确定场站的等级和规模。关于运输港站规模的确定将在下一章当中做具体的介绍。

复习思考题

3.1 德尔菲法主要操作流程有哪些？

3.2 综合运输需求预测的基本原则有哪些？

3.3 运输量生成预测的基本思路是什么？

3.4 社会经济发展预测方法分为哪几类？

4 运输枢纽规模的确定

运输枢纽规模的确定是建设枢纽场站可行性研究的前提和基础，也是枢纽场站建筑设计的主要依据。合理确定运输枢纽的规模有利于充分利用建设资金和人力资源，合理布设运输线网及建设运输港站与枢纽，以满足综合交通运输发展的需要。对于运输枢纽规模的确定主要是以有关运输量的起讫点(OD)调查为依据，通过对运输枢纽的设计年度日旅客或货物发送量、适站量、组织量进行预测，进而对客货运场站规模进行确定。本章以公路客运场站为例对确定运输枢纽规模的基本思路与具体方法进行详细介绍。

4.1 运输枢纽规模发展概况

4.1.1 公路运输枢纽发展历史及趋势

1949 年全国公路通车里程仅 8.07 万公里，公路密度仅 0.8 公里/百平方公里。经过近 60 年的努力，我国公路建设得到了长足的发展。尤其是改革开放后公路基础设施的建设开始发生了历史性转变，到 2006 年，全国公路总里程达 345.70 万公里，为 1978 年的 3.5 倍。二级以上公路占全国公路总里程的比重由 1979 年的 1.3%提高到 2006 年的 10.2%，主要城市之间的公路交通条件显著改善，公路交通紧张状况初步缓解。

随着公路网络的日臻完善，公路运输枢纽的建设也蓬勃发展。截至 2001 年底，道路货运站场总数为 1 380 个，其中一级货运站 90 个，二级货运站 250 个，三级货运站 400 个，四级货运站 640 个。道路货运站总数比上年减少了 200 个，但是其对应站场货物吞吐量继续快速增长，2001 年站场共完成换算吞吐量27 224万吨，同比上年站场吞吐量增长5 704万吨，增幅达 26.5%。然而，道路货运场站管理和道路货运站场与其他运输方式场站的衔接仍是当前道路货运发展中的最薄弱环节。截至 2001 年底，道路客运站场的总数为 10 120 个，其中一级客运站 360 个、二级客运站 2 000 个、三级客运站 2 300个、四级客运站 2 390 个、简易客运站 3 070 个。与 2000 年相比，道路客运站的总数减少了11.8%，其中简易客运站数量大幅度下降，降幅达到29.9%；四级客运站数量也以8.4%的速度下降。与简易客运站大幅度减少形成鲜明反差的是，2001年高等级客运站数量增加，与2000年相比，虽然一级客运站数量保持不变，但二级和三级客运站数量均呈现小幅增长，增幅分别为1.2%和7.2%。上述数据显示，中国道路运输客运场站总量减少，但高等级客运站场发展加快，一级至三级客运站在客运场站总量中所占的比例明显提高。

4.1.2 铁路枢纽发展历史及趋势

中国铁路从1876年修建第一条铁路，到1949年新中国成立前的73年间，共修建铁路22 000余公里。由于历史上的原因，这些铁路不仅技术落后，标准不一，而且布局也不合理，60%的铁路分布在沿海一带。新中国成立后我国政府对铁路的恢复和发展极为重视，建立了铁道部，统一领导和管理全国铁路的运营、新线建设和铁路工业。到1982年底，33年间共修建新线2.8万公里，修建复线7000公里，全国营业里程达5万公里，线路总延长为9万公里。

改革开放以来，中国铁路获得了历史性的大发展。一批对国民经济发展具有重大意义的铁路建设项目相继进行，铁路路网规模进一步扩大，路网结构得到优化，运输限制明显减少，主要运输通道能力紧张状况有所缓解，在一定程度上改变了铁路运输生产力水平严重不适应社会经济发展的被动局面。

到2003年底，全国铁路营业里程达到73 002公里。其中，国家铁路60 446公里，合资铁路7 738公里，地方铁路4 818公里。全国铁路复线里程达到24 650公里，复线率达到33.8%；全国铁路电气化里程达到18 758公里，电化率达到25.7%。

根据铁路《中长期铁路网规划》，到2020年全国铁路营业里程达到10万公里，主要繁忙干线实现客货分线，复线率和电化率均达到50%，运输能力满足国民经济和社会发展需要，主要技术装备达到或接近国际先进水平。发展客运专线，建立省会城市及大中城市间的快速客运通道，建设客运专线1.2万公里以上。完善路网布局和西部开发性新线，以扩大西部路网规模为主，形成西部铁路网骨架，完善中东部铁路网结构，提高对地区经济发展的适应能力。规划建设新线约1.6万公里。形成西北、西南进出境国际铁路通道，西北至华北新通道，西北至西南新通道，新疆至青海、西藏的便捷通道。完善西部地区和东中部铁路网络。加强既有路网技术改造和枢纽建设，提高路网既有通道能力。规划既有线增建二线1.3万公里，既有线电气化1.6万公里。

与铁路发展相适宜，铁路枢纽的规模、技术标准也得到了历史性的大发展。目前我国已有铁路枢纽站500多个，形成了以北京、上海、广州、武汉、成都、西安枢纽为重点枢纽结构，调整编组站，改造客运站，建设机车车辆检修基地，完善枢纽结构，使铁路点线能够协调发展。

4.1.3 港口发展历史及趋势

解放初期，我国仅有大小泊位 200 多个，其中仅沿海 6 个港口拥有深水泊位，码头长度仅 3 万多米，各类装卸机械 200 余台。

经过 50 多年的建设，目前我国港口已初步形成码头种类齐全、布局日趋合理的总体格局。我国部分海港的技术装备和管理水平总体上已接近世界先进水平，河港达到发达国家 80 年代水平。港口功能已由以装卸、集散货物为主的运输功能逐步扩展到仓储、加工和商贸等多个领域。我国已成为港口大国，但离港口强国仍有很大差距。至今还没有形成世界级国际集装箱枢纽港，这与我国的综合国力和航运大国地位极不相称；目前我国港口集装箱化率仅为 60%，与世界级国际集装箱枢纽港 90%以上的集装箱化率相比，差距还很大；内河港口的落后面貌还未得到根本改变。

今后 30 年内，我国将再建 500 多个万吨级泊位，使深水泊位总数达到1 000个，沿海和长江干线枢纽港口和重要港口的设施和工艺水平将达到或接近世界先进水平。全国主枢纽港口的布局规划是发展 43 个主枢纽，其中沿海港口 20 个，内河港口 23 个，覆盖了沿海 14 个开放城市、4 个经济特区、海南经济特区的省会以及水运主通道上全部省会城市和大中城市的 66%。2010 年前，继续加强煤炭、集装箱、矿石、石油等能源和外贸货物运输所需的沿海和内河主枢纽港建设，形成较完善的、以水运为主的集装箱联合运输系统，既有集装箱枢纽港，又有干线港和支线港，并形成我国集装箱国际枢纽港；建成现代化的以水运为中心的金属矿石、煤炭、石油、粮食等大宗能源、原材料联合运输系统；形成便捷的滚装运输和陆岛运输体系。

4.1.4 航空港发展历史及趋势

我国在 1920 年开通了京津航线后就在天津和北京出现了民用机场，随后在全国各大城市都建立了机场，开辟了航线。到 1968 年才建成了我国第一个航空港——北京国际空港，机场建设的真正跃进是在改革开放的 1978 年开始的。1979 年北京空港扩建工程完工，首先在北京出现了大客流量的国际标准的航空港，近 30 年来机场建设取得突飞猛进的发展，我国现有各类民用机场 500 多个，其中民航在用机场 331 个，航班使用机场 142 个，可以起降波音 747 的机场 14 个，构成了我国和国际以及国内各大城市的航空网。尽管成就巨大，但和国土面积及人口数量相比，我国机场的数量和规模仍旧远远满足不了要求，在未来的数十年中仍需花大力气建设，改进现在机场体系。

由于土地资源的缺乏，未来的航空港发展有以下的趋势：

①飞机发展的大型化和高速化不能再以延长跑道和增加噪声为代价，而是受到空港规模的限制，空港的规模不会继续扩大，因而飞机的大型化和高速化的技术要适应空港规模，要以提高空港的效率为目的。

②大型的国际航班的空港和中、小型空港分开。大型国际空港在一个国家或一个区域内只能在整体规划下合理布局，航空网的发展促使中小城市发展中型或小型空港，

这些空港和大空港的航班衔接，形成以大型空港为枢纽的航空网。

③海上空港。空港由于选址征地的困难，近海的大城市开始在岸边或海上建立空港。海上空港有四种形式：第一种是部分填海，如香港新机场；第二种是在海上打桩填海造出人工岛，如日本大阪的关西国际空港和澳门国际空港；第三种是海上固定平台(类似采油平台)；第四种是海上漂浮机场。后两种都正在设计和建造。海上空港避免了陆地机场的土地征用和噪声污染问题，但它的造价高昂，使运输费用提高，大阪关西机场的起降费和机场费都位居世界第一。

④空港全面实行计算机化和信息化的管理，使安全性提高，延误减少，效率提高。

4.2 运输枢纽规模的描述方法

在确定运输枢纽规模之前，应当首先明确我们可以利用哪些指标来确定运输枢纽的规模。一般来说，运输枢纽规模的描述，可从以下三个层面入手。

4.2.1 统计概念的规模

统计概念的规模是以客货流发送量(或客货流设计量)大小来描述运输枢纽规模的大小。运输枢纽的客货流发送量(或设计量)越大则表明运输枢纽的规模越大；同样，运输枢纽规模大，其发送量(或设计量)自然也就大。以发送量(或设计量)大小描述运输枢纽规模是一种最常用的方法，如我国确定公路客运枢纽场站规模的依据，一直沿用的是统计年度的年平均日旅客发送量。按年平均日旅客发送量的情况，将公路客运枢纽场站划分为四个等级(见表4.1)。而对于铁路客运枢纽场站规模的确定，则选择旅客最高聚集人数这个指标进行划分，一般分为特大型、大型、中型、小型四个等级(见表4.2)。

表4.1 按年平均日旅客发送量的公路客运场站枢纽等级划分

站级规模	年平均日旅客发送量	站级规模	年平均日旅客发送量
一级车站	$Q \geqslant 10\,000$	三级车站	$1\,000 \leqslant Q < 5\,000$
二级车站	$5\,000 \leqslant Q < 10\,000$	四级车站	$Q < 1\,000$

表4.2 按旅客最高聚集人数的铁路客运场站枢纽等级划分

站级规模	旅客最高聚集人数 H	站级规模	旅客最高聚集人数 H
特大型车站	$H \geqslant 10\,000$	中型车站	$400 \leqslant H < 2\,000$
大型车站	$2\,000 \leqslant H < 10\,000$	小型车站	$50 \leqslant H < 1\,000$

4.2.2 行政概念的规模

按照运输枢纽所在地的行政级别划定枢纽规模的大小。如公路主枢纽按其所在地的行政级别可划分为国家级公路主枢纽，省级公路主枢纽、市级公路主枢纽等；铁路也可以按照枢纽所在管辖地级别划分为国家级铁路枢纽和地方级铁路枢纽等。

这种按行政概念划分枢纽级别的方法，一般来说比较简单明了，但也难免有不当之处，例如我国西部地区的某些运输枢纽，按其所在地的行政级别，应当属于国家级运输枢纽，但由于外界大环境影响，其运输活动并不十分活跃，相反地在沿海某些地市，虽然所在辖区行政级别较低，但运输活动十分活跃。因此按行政概念对运输枢纽进行划分，在某种环境背景影响下，其规模的确定有可能偏高或偏低，对投资、管理将造成一些不利影响。

4.2.3 基建概念的规模

从基建的角度来理解运输枢纽的规模就是按照建筑用地面积大小来确定运输枢纽的规模，它可以在设计图文、用地面积中直观地反映场站规模内容及等级。一般基建用地规模越大，枢纽规模就越大，但这种基建用地规模是根据一定的指标确定的，如公路客运枢纽不同站级用地规模主要是根据有效发车位数量、候车厅面积大小确定的，而有效发车位数量和候车厅面积大小则是依据最高聚集人数并参照适站量的大小来确定。对于公路客运枢纽按有效发车位的多少可将站级划分为四个等级，这四个等级大致与统计概念、行政概念划分的站级相当。如此来看，基建概念的规模是其他两种概念规模的最终反映。因此，描述运输枢纽规模可选用用地面积来反映。

综合性运输枢纽服务于两种或两种以上运输方式，由于在不同级别不同类型的综合性运输枢纽中不同运输方式的站场配置规模各不相同，而且计算因素众多，因此，要抽象出综合性运输枢纽用地规模的一般计算表达方式十分复杂。

4.3 运输枢纽规模确定思路分析

要确定枢纽客货运场站规模，最基本的是要确定枢纽场站设计年度的日旅客或货物的发送量。公路客货运量预测是进行客货运站场规模确定的基础。

公路运输枢纽及站场客、货运量预测要在分析社会经济、交通运输发展状况以及两者之间的内在联系的基础上，对规划区域内的社会经济和交通运输未来发展趋势进行研究，并对有关的社会经济指标和运量的发展值进行预测。预测的内容包括规划区域内社会经济发展状况预测和运输量预测。其中运输量预测包括公路、铁路、水运和民航客货运量预测，以及运输场站组织量预测与适站量预测和分方向适站量预测。预测框图如图 4.1 所示。

本章主要讨论公路运输枢纽规模的确定方法。其他运输方式的运输枢纽规模的确定可参照有关部门的规定。

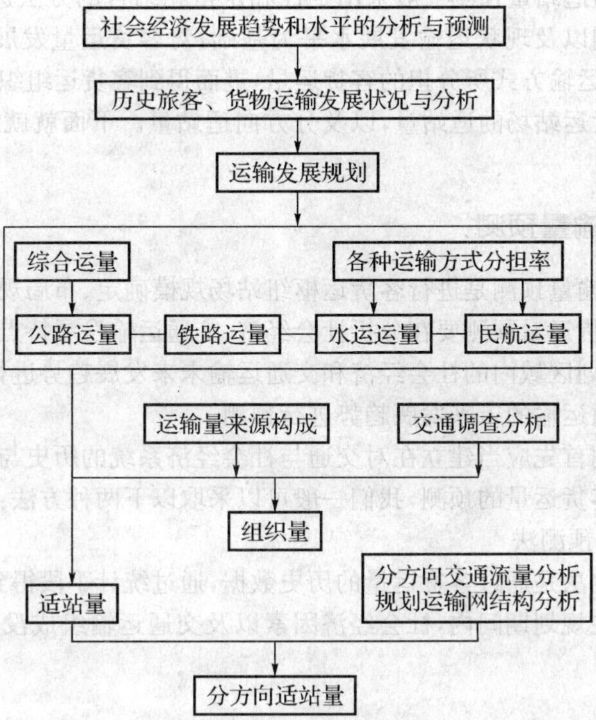

图 4.1 枢纽规模预测框图

4.4 公路运输枢纽适站量预测

公路运输枢纽适站量是指适宜于进入公路运输枢纽站场进行站务作业或短时堆放、存储的货运量和经由枢纽发送的客运量。公路运输枢纽适站量是公路运输枢纽组织量的重要组成部分。同时也是确定公路运输枢纽站场布局、建设规模(等级)、投资估算、建设序列、站场功能和作业性质的重要依据。它与公路运输量、客运站场的布局、规模、行业管理政策等因素有着密切的关系。

4.4.1 公路运输枢纽适站量预测思路

公路运输枢纽适站量预测分为客运适站量预测和货运适站量预测。由于影响适站量预测的因素众多,如统计数据、统计口径、预测方法、预测模型、经济因素、政策因素等,因而适站量预测是一项十分复杂而细致的工作。适站量预测过大,则站场规模过大,投产后长期达不到设计规模,投资回收期长,企业效益差;反之,站场规模过小,投产后不能满足社会经济发展对交通运输的要求,相应地在一定程度上制约了社会经济的快速发展。

公路运输枢纽适站量预测一般采用定性和定量相结合的方法进行。首先，以社会经济发展趋势预测以及现状运输发展水平为基础，对客货运量发展水平进行预测；然后，分别预测各种运输方式所分担的客货运量，进而得到客货运组织量；最后，通过组织量的分析得到客货运站场的适站量，以及分方向适站量。下面就就对这三个步骤进行详细的介绍。

4.4.2 客货运输量预测

公路客、货运输量预测是进行客货运枢纽站场规模确定、布局规划的基础。公路运输枢纽及站场客、货运量预测要在分析社会经济、交通运输发展特点以及二者之间的联系的基础上，对规划区域内的社会经济和交通运输未来发展趋势进行研究，并对范围内的社会经济和交通运输的未来发展趋势进行预测。

客货运量预测首先应当建立在对交通与社会经济系统的历史与现状数据调查分析的基础上。对于客货运量的预测，我们一般可以采取以下两种方法：

(1) 时间序列预测法

时间序列预测法是通过客货运量的历史数据，通过统计手段得到未来客货运量值，这种方法适合于在规划期间内，社会经济因素以及交通运输组成没有发生较大变化的情况。

(2) 函数法

函数法即通过分析与客货运量产生有密切关系的因素，通过建立客货运量与影响因素之间的一元回归、多元回归模型，对客货运量的未来规划值进行预测。我们在建立回归模型的过程中，通过分析影响因素与公路客货运量的相关性，找出相关性较大的因素进行预测，最终得出公路客货运量，能够提高预测精度。

4.4.3 公路运输枢纽组织量预测

公路运输枢纽组织量是指通过公路运输枢纽信息服务系统进行处理并调配的各种运输方式的货运量和客运量，它是反映公路运输枢纽在交通运输中所起作用的一个定量指标。从组织量的构成来看，客运组织量是指运输枢纽组织的客运发送量；货运组织量则包括货运适站量、货运代理量、信息配载量、市场交易量等。

公路运输枢纽组织量分析是公路运输枢纽规划最重要、最基础的工作，作好组织量分析与预测是组织量规划的重要内容，同时也是科学、准确、合理确定枢纽场站规模的重要依据。影响公路运输枢纽组织量因素主要有：经济规模和发展水平；经济体制与经济政策；运输市场的完善程度；运输站场布局与规模、运输站场设施；信息服务化水平等。

公路运输枢纽组织量预测分为客运组织量预测和货运组织量预测。公路运输枢纽组织量预测是在预测客货运量的基础上，分析有多少比例的客货运量通过公路运输枢纽信息服务系统进行处理并调配。其预测思路为：公路运输枢纽组织量预测应当充分研究我国社会主义市场经济体制下公路客货运输市场的变化趋势和特点，以及影响公路主枢纽组织量规模的主要影响因素,通过分析可能纳入公路主枢纽信息服务系统的客货运量占全社会公路客货运量的比重,在此基础上,结合公路客货运量的预测值进行测算。

1) 客运组织量预测

公路枢纽客运组织量包括枢纽中客运站站内完成的客运发送量以及通过信息服务系统组织的其他旅客发送量。组织量的预测应充分研究市场经济体制下公路客运市场的变化趋势和特点,调查现有车站的发送量、路边载客和电话订票情况,分析客运站的吸引区范围,分析可能纳入公路枢纽信息服务系统的客运量占全社会公路客运量的比例,在此基础上,结合公路客运量的预测值并考虑未来城市的发展进行测算。

而对处于规划期的公路运输枢纽的客运发送量预测,由于缺乏相关统计资料,可采取以下方法进行:即,首先分析枢纽所在区域的社会经济发展情况,然后根据其所在的地理位置与可能服务范围,以及未来交通发展情况。通过专家调查法与类比法等方法来确定。

2) 货运组织量预测

从货运组织量的涵盖内容来看,货运组织量由货运适站量、货运代理量、信息配载量、市场交易量四个部分构成。货运适站量是指进入公路运输枢纽站场内进行站务作业或短时堆放、存储的货运量;而货运代理量、信息配载量、市场交易量的货物则一般不经过枢纽站场进行站务作业,而是在枢纽站通过货运代理、信息配载、市场交易等方式来组织的运量。由此可见,相对公路运输枢纽来说,后三种运量是“无形”的,不需要设置专门的场站对其进行场站作业、堆放和存储。但由于它是通过公路运输枢纽信息服务系统组织完成的,因此属于公路运输枢纽组织量的范畴。

目前对公路运输枢纽货运组织量预测,并无较理想的预测方法与模型。除了统计资料不完整,一个更重要的原因是构成货运组织量的“无形”部分运量对外界环境变化因素反映灵敏,波动性大,难以进行统计估算,如货运代理企业由于市场环境的变化可能随时解散或产生等。因此,对公路运输枢纽货运组织量预测只能运用总量分析法进行,即在货运量预测的基础上通过分析未来运输枢纽信息服务系统可组织的货运量可能占全社会公路货运量的比重来确定。

4.4.4 公路运输枢纽适站量预测

在分析预测得到客货运场站组织量后,以此为基础便可以预测得到公路运输枢纽的适站量。由于客运运输枢纽与货运运输枢纽适站量的确定存在一定差别,所以我们分别进行介绍。

1) 公路运输枢纽客运适站量预测分析

公路运输枢纽客运适站量是指从公路运输枢纽客运站内发送的旅客量。根据交通部部颁标准,客运站的建站规模与等级主要是按站务发送量确定的。统计的旅客发送量并不等同于站务发送量,二者之间存在以下关系:

$$P = \beta \cdot E \tag{4.1}$$

式中：P——公路客运适站量；

E——客运场站组织量；

β——客运适站系数。

客运适站量可通过以上公式进行预测，其中客运适站系数β与车辆的入站率、中途上下车旅客的比例以及从站内上车人数占车辆座位数的比例等有关。β值可以通过调查客运站（包括路边站点）内发送的旅客量占公路客运量的比例获得。根据已编制主枢纽总体布局规划城市的有关资料，适站量占客运组织量的比例范围为25%～75%。

从理论上说，随着现代化运输枢纽的逐渐完善、β值会逐渐增大。但是，以下几个方面的因素可能使β值呈现下降趋势。

①由于现代信息技术的快速发展，缩小了人们在接受和传递信息方面所受的时间和空间上的限制，减少一部分业务出行，相应地会降低客运适站量的比例；

②随着运输枢纽的运转逐步正常化，服务水平不断提高，公路运输将越来越灵活多样化，使得上门接送旅客、多点上车、包车服务日益普及，人们既有的出行不一定都要经过客运站去实现；

③随着人们收人水平的提高，未来家用轿车将会得到迅速发展，家用轿车的方便，使得运输枢纽客运组织量降低。

2）公路运输枢纽货运适站量预测分析

公路货运适站量包括公路零担量、公路国际集装箱量、储运量、公铁联运量、公水联运量、其他运输方式转移适站量等部分，其预测方法大致可以分为总量预测法和分项预测法。

（1）总量预测法

总量预测法是直接预测公路货运适站量各组成部分的适站量的总和，其思路是在分析社会经济发展趋势的基础上，根据货流起讫点调查，通过分析货类的变化特点，确定适合于进入公路运输枢纽站场进行站务作业或临时堆放、储存的货物所占比例，分析并确定其中适站货物的构成比重及流量流向，根据未来变化发展趋势，结合公路货运量预测结果，分货类算出适站量，从而得到预测年的货运适站量。

根据公路货物分类方法，公路货物一般分为12种，根据不同货物自身的特点，可以将其划分为进站货物和非进站货物两大类。前者如水泥、木材、粮食、其他日用品等货种，后者如煤炭、石油、金属矿石、非金局矿石、钢铁等。因而，从总量角度进行预测，货运适站量大小的计算公式可用下式描述：

$$W = \sum_{i=1}^{12} Q_i \cdot S_i \tag{4.2}$$

式中：W——公路运输枢纽货运适站量；

Q_i——第i种货物的运输量；

S_i——第i种货物的适站比例，非进站货物为零，$0 \leqslant S_i \leqslant 1$。

由于我国目前统计制度尚不完善，缺乏完整的现状分货类资料。难以根据现状资料系统地分析未来的货物适站比例。所以，在进行公路主枢纽适站量预测时，应以分项预测法为主，总量预测法作为分项预测法的辅助验证方法。

(2) 分项预测法

分项预测法是按照不同的作业方式分别分析和预测其适站量，然后加总求得公路主枢纽的货运适站量。分项预测包括公路零担适站量预测、国际集装箱适站量预测、其他运输方式转移适站量预测、仓储适站量预测和公铁、公水联运适站量预测等。

对于每一项预测，均是在分析已有资料(包括经济资料、运输资料)的基础上，分析各种运输方式与相应经济、运输指标之间的关系，建立数量模型来完成预测，预测方法一般可以选择回归分析，灰色预测理论、趋势外推法等。对于预测方法在第 3 章中已进行了详细的介绍。

3) 分方向客货运适站量预测

分方向客货运适站量预测应在分析现状客货流向特征的基础上，研究将来城市出入道路规划、干线公路网布局、对外交通联系等因素变化对客货流向的影响。按照城市对外交通状况，结合周围区域的行政区划、公路分布等划分分区，在各公路出入口进行客货流起讫点调查，调查旅客、货物(货流调查还应分货物种类)始发地、终到地、车辆实载率等。可根据各方向的经济、人口的发展情况，建立预测模型推算未来的旅客、货物流量流向，或由规划人员根据客流比例结合各方向经济发展的不平衡性，结合各方向公路网结构的变化，以及公路网的规划客货流量，直接预测未来各方向的客货流比例，测算各方向适站量。

4.5 规模的确定

公路运输枢纽是综合运输系统中的重要节点，具有占地面积大，作业规模大，设备及建设投资大、建设投资周期长等特点。公路运输枢纽规模适中，运作高效安全，投资和运营费用合理是综合运输系统成功的关键。因此，如何科学地、合理地确定公路运输枢纽规模是一项十分严谨而重要的工作。对于规划建设期的运输枢纽，我们应当在预测其组织量和适站量的基础上，对其规模进行确定；而对于运营过程中的公路运输枢纽，其规模是否与运输需求相适应，是否需要进行改造改建则需进行原有规模适应性分析。

4.5.1 货运场站规模确定及适应性分析

1) 货运站场的规模指标

表示货运站场规模的指标主要包括以下几个方面：

①货物吞吐量。报告期内，货运站年发出与到达的货物数量，包括中转、到达、发出量的总和，计量单位吨(t)。

②换算货物吞吐量是指把各类货物吞吐量换算为标准货物吞吐量后所得的吞吐量计算值，计量单位吨(t)。

其中货运站换算货物吞吐量计算方法如下：

$$Q_h = \sum_{i=1}^{n} \lambda_i Q_i \tag{4.3}$$

式中：Q_h——货运站换算吞吐量；

Q_i——第 i 种货物吞吐量；

λ_i——第 i 种货物吞吐量换算系数；

n——货物类别数。

换算系数见表 4.3。

表 4.3　各类货物的吞吐量换算系数表

类别	换算系数	类别	换算系数
快速货物	1.3	配送	+0.2
零担货物	1.25	包装	+(0.15～0.25)
集装箱货物	1.25	半成品加工	-(0.2-0.5)
仓库	1.0		

③日均货物最大受理量。在货物受理偏高期内，平均每日的货物受理量。以一年的日均货物受理量乘日均货物受理量系数求得。

④仓库面积是指存放货物区域所占面积之和。其中仓储面积为库房面积减去外墙及固定设施所占面积后的剩余面积，计量单位平方米(m^2)。

⑤仓储有效面积是指仓储面积扣除必须的通道、墙距的面积所剩余的面积，计量单位平方米(m^2)。

此外，各种装卸场、停车场、站房等的面积及车辆机械的数量、工作人员数量等也是货运站规模的重要指标。

2) 站级划分

根据交通部颁布的行业标准《汽车货运站(场)级别划分和建设要求》(JT/T402-1999)，汽车货运站(公路货运枢纽)站级划分的主要依据是年换算货物吞吐量。按照年换算货物吞吐量可以将货运场站分为四级：

一级：年换算货物吞吐量 600×10^3 吨及以上；

二级：年换算吞吐量 300×10^3～600×10^3 吨；

三级：年换算货物吞吐量 150×10^3～300×10^3 吨；

四级：年换算货物吞吐量不足 150×10^3 吨。

3) 货运站场规模的确定

货运站场建设总体规模与级别的确定，以规划的适站量大小为依据，同时结合规划区域的国民经济发展规划与地理位置、产品结构等影响因素确定。按货运站场规模大小一般分为一级、二级、三级、四级四个等级。货运站场除了应当具备与运输需求相适应的规模外，还应当具有现代化的建筑结构与操作设备，以提高操作效率。目前我国的货运站场自动化水平不高，但国外的一些货运站一般具有现代化的建筑结构，装配着现代化的操作设备，并设有先进的防灾系统、冷冻保鲜设备、电子计算机管理系统及先进的调度系统。

4）适应性分析

所谓货运站场的适应性是指货运站场的主要等级指标——年换算货物吞吐量与调查所得年需求换算货物吞吐量的比例关系。从定量的角度出发，数值越大说明货运场站的规模越能适应货物运输的需求。

对于原有货运场站的规模是否能够满足货运的需求，是否需要进行扩建、改建，以及评价规划货运场站规模是否适中，就需要进行货运站场的适应性分析。

对货运站的日换算货物吞吐量进行调查，应当对该货运场站货车类型，每类货车实际载重量和承载货物的种类和比例分别进行调查，然后利用公式(4.4)计算被调查货运站的日货物吞吐量。

$$Q_q = \sum_{i=1}^{n}\sum_{j=1}^{m} C_i D_{ij} \lambda_i \tag{4.4}$$

式中：Q_q——被调查货运站的日货物吞吐量，单位吨(t)；

C_i——第 n 种货车类型的数量，单位辆；

D_{ij}——第 n 种货车类型的单位车辆实际载重量(吨/辆)；

λ_i——第 i 种货物吞吐量换算系数。

年换算货物吞吐量为

$$Q_B = 365 \cdot Q_q \cdot \beta \tag{4.5}$$

式中：Q_B——年换算货物吞吐量，单位吨(t)；

β——不均衡系数，目的是调整 Q_q 接近年平均日吞吐量。

适应性系数 α 为

$$\alpha = \frac{Q_B}{Q_k} \tag{4.6}$$

式中：Q_k——第 k 级的货运站的标准年换算货物吞吐量单位吨(t)。

分析表明，当 $\alpha>1$ 时，说明货运场站的规模适应当前货物运输的需求。当 $\alpha=1$ 时，表明实际规模与需求相当。当 $\alpha<1$ 时，说明站场规模不适应当前货运需求，要对原有的站场进行扩建或者在合适地点新建货运场站。

4.5.2 客运站场规模确定及适应性分析

1）客运站场的规模指标

客运站场建设的规模，以站场设计年度平均日旅客发送量和旅客最高聚积人数为依据，结合所在地的国民经济发展规划与规模经济原则确定。

(1) 旅客最高聚集人数

旅客最高聚集人数是指全年上车旅客最多月份中，平均一昼夜候车厅(室)内瞬时出现的候车旅客人数。旅客最高聚集人数包括送客人数。铁路、水路港口客运站对通勤、通学的旅客一般不计算在内。

其计算方法有两种，一种是以同期发车数量为标准计算，另一种是按照年平均日旅客发送量计算。

①根据同期发车数量计算。根据同期发车数量，旅客最高聚集人数可通过下式计算：

$$D = KNP \tag{4.7}$$

式中：D——设计年度旅客最高聚集人数，单位人次；

K——综合系数，一般取 1.5～2.5，调整最高聚集人数与车站实际发送旅客人数的差异；

N——设计年度车站一次最大发车数量；

P——客车平均定员人数，单位人/辆。

②根据年平均日旅客发送量计算。根据年平均日旅客发送量，旅客最高聚集人数通过下式计算：

$$D^c = aF/b \tag{4.8}$$

式中：F——设计年度平均日旅客发送量，单位人次；

a,b,c——待定常数。

待定常数 a,b,c 与车站所在地的客流结构、运力供需状况、车站的组织管理水平有关。一般情况下，旅客最高聚集人数与年平均日旅客发送量之间的函数关系可用图形清楚的表示出来。使用时可在图形中直接查找对应的值。

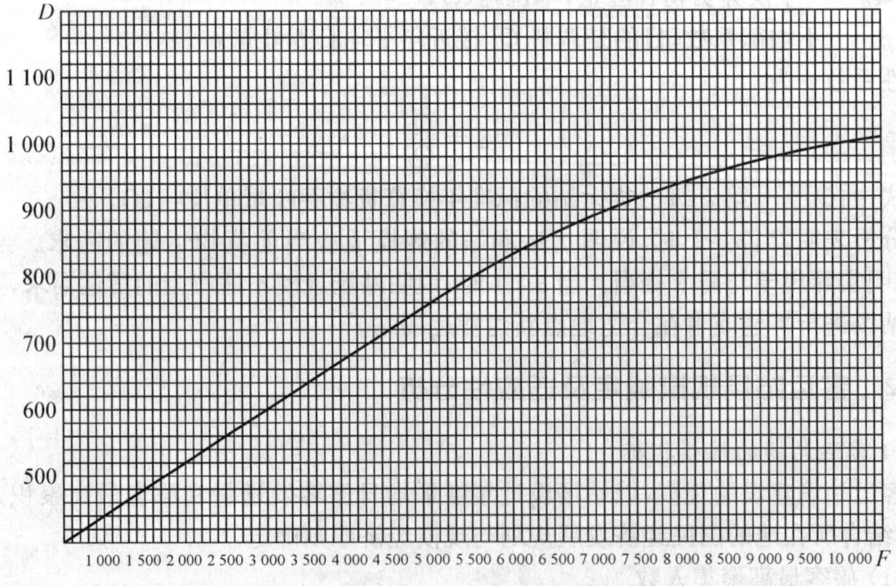

图 4.2 旅客最高聚集人数与车站年平均日旅客发送量之间的函数关系

2）站级划分

根据车站平均日旅客发送量，结合所在地的政治、经济、文化以及车站设施、设备等因素、车站划分为一级站、二级站、三级车站、四级车站和简易车站。年平均日旅客发送量未达到相应站级要求的车站，按设施、设备配置情况确定站级。

①一级车站。年平均日旅客发送量在1万人次及以上的车站。省、自治区、直辖市及其所辖市、自治州（盟）人民政府和地区行政公署所在地，如无1万人次以上的车站，可将具有代表性的一个车站列为一级车站。

②二级车站。年平均日旅客发送量在5 000人次及以上的车站。县以上或相当于县人民政府所在地，如无5 000人次以上的车站，可将具有代表性的一个车站列为二级车站。国家确定的旅游区和重要边境口岸的有关车站。

③三级车站。年平均日旅客发送量在1 000人次及以上的车站。乡、镇人民政府所在地、大中型工矿区，年平均日旅客发送量在600人次以上，不足1 000人次的车站。省、自治区、直辖市确定的旅游区和一般边境口岸的车站。

④四级车站。年平均日旅客发送量不足1 000人次的车站。

⑤简易车站。只设置车站标志或简易候车棚的停靠点。

3）客运场站交通基础数据的调查及适应性分析

为分析客运场站容量对旅客聚集人数要求的适应性，可调查如下内容：

①旅客旅行中的实际参数，如在站等待时间、旅途时间等；

②客运场站日发车量、客车类型、额定载客人数、实载率；

③影响旅客选择交通方式的主要因素，如票价、运行速度、舒适度、安全性、出行目的、职业、收入等。

根据调查内容的要求，采取旅客问卷调查和车站内部基础数据调查相结合进行分析的方法。调查地点为客运站。

客运场站的服务水平间接由客运场站规模决定。从表4.4中调查得到的信息可以推断出旅客对客运站服务水平的满意程度。比如旅客乘车等待时间和在途时间都能反映客运组织的优劣，旅客对某种运输方式的选择期望大小（实载率）也在一定程度上反映了这种运输方式站场服务水平的高低。衡量客运站场规模的主要指标是日最高聚集人数，从客运站的历史统计数据中，我们可以比较容易的得到；这些数据乘上相关的系数（一般为增长系数），就可以得出一定时期内的最高聚集人数，假设为 D_t。而客运站的规模在建设后已经确定，其最高聚集人数亦以确定为 D。二者的比值，就定义为客运站的适应性指标，定量解释同货运站适应性。

影响客货运站场的因素很多，以上只是从最重要的衡量指标确定站场的规模适应性，如果附以其他指标的评价则更为准确，更可靠。

表 4.4 旅客意见问卷调查表

您的职业	工人	农民	军人	企事业单位职工	临时工	经商者	公司经理	学生	请打“√”
出行目的	公差	经商	打工	上学	旅游	其他			请打“√”
每月收入									
旅行 400 公里，您最愿选择									

本表调查地点：汽车站/货车站/其他。

复习思考题

4.1 简述我国运输枢纽的发展历史。

4.2 确定运输枢纽规模的基本思路是什么？

4.3 什么是公路运输枢纽的适站量，分析适站量的目的是什么，如何取定客运枢纽的适站量？

4.4 根据车站平均日旅客发送量，公路客运站如何划分站级？

5 运输港站与枢纽的选址

运输港站与枢纽的选址是运输枢纽总体规划布局的关键一环，对协调地区间运输、调节各运输方式的运输、提高运输效率都起着重要的作用。运输港站与枢纽的选址与总体布局，是根据社会经济发展和交通需求预测结果，利用交通规划和网络优化理论，对所规划的运输枢纽的港站数量、大小和位置进行优化，同时调整枢纽内部及其相互关系，以实现运输枢纽系统的运输效率最大化。由于客运与货运在运输特征上的差别，因此运输枢纽的港站布局应分为为客运港站布局和货运港站布局两部分分别进行。

站场布局是定性分析和定量分析相结合的综合决策。影响站场位置选择的因素很多，除对国家交通运输政策、产业布局、城市规划及有关方针政策进行定性分析外，还要对站场建设及方案比选进行定量分析，因而在具体选址过程，对各方面因素要统筹兼顾，综合论证，进行多方案论证比较，从中挑选最佳的站址方案。

5.1 运输港站与枢纽布局原则及影响因素分析

5.1.1 影响因素分析

1）城市的发展形态

任何一个城市，都有自己的布局形式，即发展形态。城市的形态直接影响到城市出入口的规划设计，而城市出入口又是城市对外运输枢纽的重要选点。因此，城市的发展形态是影响城市运输港站与枢纽规划布局的因素。举例说明：

(1) 同心圆式的团状发展形态

如南京市建成区的形态是以市中心、居住区为核心，有规则地或不均衡地向外逐步发展。城市的客货流量可能均匀地分布在城市各条道路上，路网多为方格网形式或环形加放射式。出入道路多沿城市外围均匀向四面八方伸展。因此，城市对外运输枢纽或担负城乡间客货运的枢纽，多沿城市周边布置。

(2) 带状发展形态

城市发展受到自然条件或人工条件的限制，形成带状城市。这种城市的客货量流向明确。城市纵向出入口干道的交通负荷大，既是主要交通干道又是城市发展的依附。横向交通分散，车流量相对纵向较小，枢纽多在纵向两端位置布置。

2）城市功能

城市总体规划规定了城市性质、城市功能分区、城市发展和经济发展方向。运输枢纽的布设，应以居民社会经济活动、文化体育活动、对外交通的需求为根据。因此，城市的功能影响着枢纽的定位。

3）道路状况

道路网的形式，路网密度，快速路、主干道、次干道的长度及比例，道路网的发展规划，直接涉及到客货运输枢纽的选址、规模和布局。

4）经济环境

资金是决策者在决策时不可回避的问题，投资多少，效益大小，现有财力及集资的渠道，应经过充分的分析论证，方可做出适当的选择。

5）商业战略

在运输枢纽规划建设的同时，进行商业开发，加快回收资金，提高经济效益。对商业开发的性质、规模应做具体分析，严格控制。因为商业服务必然引起人流滞留，并可能吸引额外的客流，从而影响到枢纽的功能发挥。因此，要做好必要的预测。

6）政治因素

在保密单位及高级外事部门附近，不宜设置运输枢纽。因迎宾或其他政治需要，对枢纽或与其连接的干道做某些处理，也是在情理之中。因此，政治因素对枢纽选址、交通组织也有影响。

5.1.2 布局原则

运输港站与枢纽是组织交通运输并保证交通网络畅通的基本条件。由于运输发生吸引源的分布、交通运输网络特点和自然环境等因素的影响，使得在同样的地域范围和同样的运输网络上，布局不同的运输港站与枢纽系统，会导致不同的交通运输效率和社会经济效益。合理的确定运输港站与枢纽的位置和布局，应当遵循以下基本原则：

1）通道原则

运输枢纽的选址应当考虑运输通道的影响，为提高运输效率，便于客货流疏散，运输枢纽一般应当与运输通道的规划布局相协调。所谓运输通道是指“某一地理区域，为一宽阔的长条地带，它顺着相同方向的交通流向前伸展，把主要交通流发生地连接起来。在某一通道内，可能有若干条可供选择的不同路线。”运输通道不仅包括运输基础设施的用地范围、通道赖以形成的自然条件，也包括客货流赖以发生的经济区。通道内有流向相同的密集的交通流，并且有多种运输方式为其服务。通道的形成是客观经济规律发展的必然反映。随着规模经济的发展，地区间商品交换量的增加，地区间必然出现两个集约化趋势：一是客货流的发生地和目的地运量集约化趋势；另一个是运输路径的集约化趋势。这个由生产力布局而形成的各大经济地域所构成的“点”和以各种运输方式将它们连接起来的“轴”，逐渐发展导致通道内运量的集中化，商品交换量的规模化和运输路径的集约化，促成了通道形成的条件和建设的基础。交通流在运输通道中运行，必然要求有一定数量和规模的港站枢纽进行配合，以适应客货运输集散、中转的需要。

显然，运输枢纽的布局应以客货流为主要依据。枢纽港站的位置和运输方式的选择则要根据地理条件、客货流的强度、货种结构和平均运输距离等诸多因素确定。因此，运输枢纽布局的研究应遵循从大交通的综合运输整体出发，充分发挥各种运输方式的优势，协调发展。

2）综合运输的原则

运输港站与枢纽根据其功能不同可以分为单式运输枢纽和综合运输枢纽。由于综合运输枢纽是一个国家的综合运输网络中同时承担几种运输方式的主枢纽功能节点，是交通运输发展的高级阶段和趋势。在进行运输港站总体布局时，不论是单式运输枢纽还是综合运输枢纽，都应当充分考虑港站枢纽在整个综合运输网的地位以及和其他运输方式的相互协调、相互依托，从而保证整个运输过程的连续性，提高运输效率。港站枢纽的布局规划应结合各种运输方式在整个交通运输系统中的分担比率，通过合理布置运输枢纽的选址布局使各种运输方式有机衔接，从而实现各种交通方式的相互协调和整个规划区域的规划目标。同时，还要确定建设项目的优先顺序和实施的时间序列，作到有步骤、有计划的实施布局。

3）经济效益原则

从交通运输的观点来看，交通基础设施投资可分为“追随型投资”和“开发型投资”。若交通基础设施的建设滞后于经济发展，则会阻碍经济的进一步持续稳定发展；反之，若过分超前，则会降低投资效益，造成投资成本的损失。因此，运输港站与枢纽的规划布局应当保持与经济发展适度超前的发展趋势，既不能滞后于交通需求，也不能过度超前，使其积极引导运输需求，促进合理运输结构的形成，使运输企业的投入和产出保持在一定的水平。

5.1.3 指导思想

按照客、货运输的要求以及运输枢纽的功能，在进行运输枢纽的布局规划时，应遵循以下具体指导思想：

①运输枢纽布局应以提高综合运输效益，促进国民经济长期、稳定、协调发展为宗旨。充分体现公路运输行业适应于高速发展的国民经济的需求。

②运输枢纽布局应充分利用现有设施与场地，新旧兼容，节约土地，节省投资，保护环境与生态。

③运输枢纽布局要以科学的客、货运量预测为基础，它所担负的客、货运量的多少是国民经济和人民生活对运输需求的数量尺度。因此，运输枢纽布局和改造的标准与规模直接取决于客、货运量的大小，搞好近、中、远期客、货运量的预测，是做好运输枢纽布局的基础。

④运输枢纽布局要因地制宜，充分考虑各地区的自然条件和特点。地形、地质、气候、水文等因素可影响运输线网和港站的位置、走向和技术标准，同时，因地制宜是处理好运输枢纽布局的前提。在运输枢纽布局中必须重视影响较大的地形、气候、水文、地质等自然条件的研究分析工作。

⑤运输枢纽布局要尽量合理利用土地和水资源。土地是十分宝贵的资源和资产，是经济发展和社会进步的重要基础。我国人口众多，资源相对不足，土地资源尤为紧缺。我国也是水资源十分短缺的国家，城市缺水问题尤为突出，所以在进行运输枢纽规划时，要尽量考虑合理和节约利用土地和水资源。

⑥运输枢纽布局要与城市规划相结合。交通运输是城市建设和发展的基本条件，交通运输条件的变化会影响到城市的兴衰，而城市建设和发展反过来促进交通运输业的发展。

⑦运输枢纽布局要适应巩固国防和加强战备的需要。运输枢纽布局对实现全国政治稳定和巩固国防有着重要的作用。新建和改造都要满足国防安全的需要，处理好国防需求与经济建设需求的关系。

5.2 客货运场站布局选址模型与方法概述

5.2.1 运输枢纽选址模型所需数据

运输港站与枢纽建在什么地方，选用哪些设施，成本如何，一般是通过计算得到的。其方法是将运输费用、运输设施费用模型化，考虑经济效益，及政策、社会、地理等条件约束。通过选择合适的约束条件及目标函数建立数学模型，求出其中效益最大解，由此得出最佳方案。计算前必须准确预测和分析计算公式中的客货运周转量和运输成本两个数据。

1）客货运周转量

(1) 货运周转量

货运周转量，是指各种运输工具在报告期内实际运送的每批货物重量分别乘其运送距离的累计数。计算单位为吨公里(海运为吨海里，1 海里＝1.852 公里)。计算公式为

货运周转量＝实际运送货物吨数×货物平均运距

货运周转量指标不仅包括了运输对象的数量，还包括了运输距离的因素，因而能够全面地反映运输生产成果。

(2) 旅客周转量

旅客周转量是体现旅客运输量的两个主要指标之一，客运周转量是指在一定时期内运送旅客数量与运送里程的乘积，计量单位是“人公里”。

(3) 换算周转量

换算周转量，是指将旅客周转量按一定比例换算为货运周转量，然后与货运周转量相加成为一个包括客货运输的换算周转量指标。它综合反映了各种运输工具在报告期

实际完成的旅客和货物的总周转量，是考核运输业的综合性的产量指标。

计算公式为

换算周转量=货物周转量+(旅客周转量×客货换算系数)

客货换算系数的大小，取决于运输1吨公里和1人公里所耗用人力和物力的多少。目前我国统计制度规定的客货换算系数，按铺位折算，铁路、远洋、沿海、内河运输的系数为1；按座位折算，内河为0.33，公路为0.1，航空国内为0.072、国际为0.075。

通过采用适当的调查统计方法可以得到客货运周转量历史和现状数据，利用适当的预测方法，对运输枢纽规划年的客货运周转量进行预测。

2）运输成本

在运输枢纽选址中考虑的运输成本主要包括两个方面：一个方面是运输工具在运输线路上产生的运营成本，其中包括运输时间的消耗、运输工具折旧产生的费用、能源消耗等；一个方面是指运输枢纽为完成运输组织管理、中转换装(乘)、装卸储运、多式联运、通信信息和生产生活辅助服务等功能所产生的费用。运输成本数据的获得也是建立在调查统计的基础上。

5.2.2 货运场站布局选址模型与方法概述

在前边提到，运输港站与枢纽布局根据运输特征的差异可以分为客运场站布局和货运场站布局两个不同的部分。

货运交通流在组成要素和运输环节上都比客运交通流要复杂的多，货运交通流不仅有货种的区别，其流通过程中还有装卸、存储、包装、配送等环节。因此，货运运输枢纽的选址优化模型要比客运运输枢纽要复杂。也引起了更多学者的关注，随着人们对物流研究的不断深入，货运运输港站与枢纽布局的优化模型和方法得到了不断的研究和改进。对于货运运输枢纽布局模型的研究主要集中在物流学对物流网点优化布局模型的研究上。随着20世纪60年代初“物流”概念的产生，欧美、日本等国对物流研究的深入，以及运筹学原理与优化技术在物流网络规划中的推广和应用，物流理论中逐渐形成了一套用于物流网点选址的模型和方法。

严格地界定，物流并不等同于货物运输，货物流动。所谓“货流”是指货物在空间的流动，从形态上表现为各种交通工具的流动。而“物流”的概念则比货流的概念要广泛的多，它是指物资有形地或无形地从供给者向需求者进行的物理流动，包括包装、装卸、运输、保管及通信联络等活动；但综合运输系统中的货物运输子系统，是物流系统中的一个关键组成部分，总结已有的模型和方法，我们可以发现，对于货运枢纽港站布局的研究，仍然是以货物的中间位移这一基本环节为核心的，因为不可能把物流活动中所有的影响因素都放到一个数学模型中来。

货运运输港站与枢纽布局研究也采用定性分析与定量计算相结合的方法。对于定量计算模型的研究，大致分为三个发展阶段：

第一个阶段为单一的数学、物理模型和效益成本分析法；

第二个阶段为运筹学模型；第三个阶段是交通规划理论与前两者相结合的港站枢纽优化布局模型。

在近 50 年的研究中，出现了很多货运枢纽的选址方法。从宏观方面讲，主要分成两类，一是执行运输成本最小化原则的方法；另一个是执行利润水平最大化的方法。从微观角度看，主要分为两类，一是一元运输枢纽的选址方法，即在规划的枢纽服务范围内只有一个枢纽站点的布局问题，最常用的是重心模型法；一是多元运输枢纽的选址方法，即在规划的枢纽服务范围内存在多个枢纽站点相互协调配和的布局问题。其选址方法与程序如图 5.1 所示。

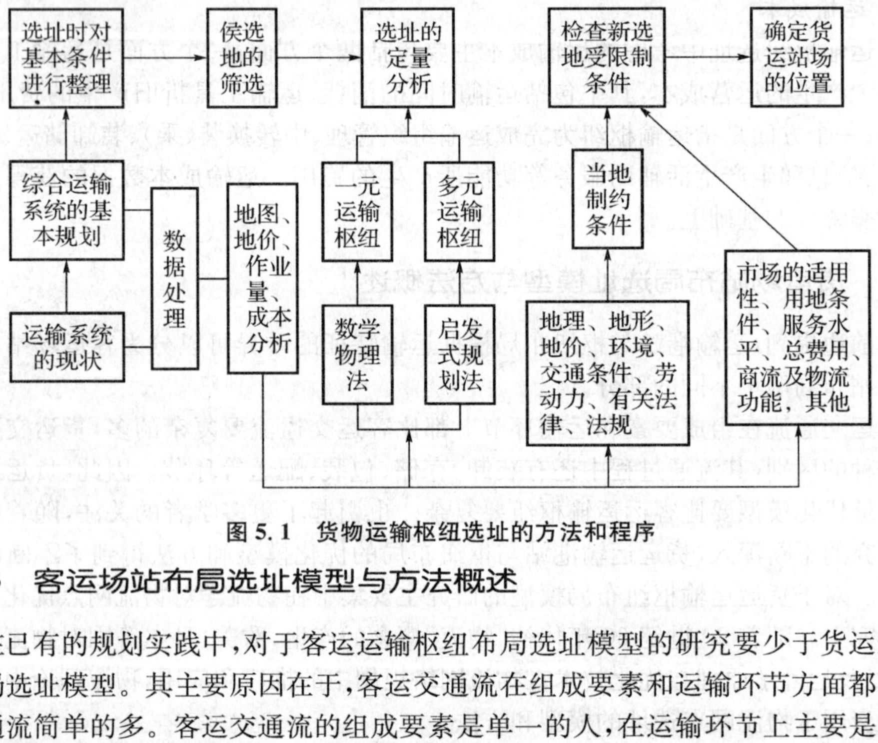

图 5.1　货物运输枢纽选址的方法和程序

5.2.3　客运场站布局选址模型与方法概述

在已有的规划实践中，对于客运运输枢纽布局选址模型的研究要少于货运运输枢纽布局选址模型。其主要原因在于，客运交通流在组成要素和运输环节方面都要比货运交通流简单的多。客运交通流的组成要素是单一的人，在运输环节上主要是以人的空间位移为主。客运运输港站与枢纽布局的研究，常被归结为城市总体规划和城市交通规划中的一个组成部分，并没有引起足够的重视。

客运港站与枢纽的合理布局应当以整个运输系统和社会的经济效益作为目标，利用系统工程的理论和方法，综合考虑交通发生吸引源分布情况、交通运输条件和自然环境等因素，对客运运输港站与枢纽的数量、地理位置、规模以及与其他枢纽的相互关系进行优化和调整。客运运输选址考虑因素简单，其模型原理与货运场站类似。

5.3　一元运输枢纽选址问题

数学物理模型（主要包括重心法和微分法）以及效益成本分析法主要是解决一元运

输枢纽站场布局的问题。在实际的运输枢纽布局规划中，这种问题并不多。因为一个枢纽通常需要一系列的枢纽场站协调工作才能运转。但由于多元枢纽场站布局变量多、约束多，有时为了简化模型，减少计算量，可以把它变换成一元枢纽场站布局问题求解。

5.3.1 重心模型法

重心模型法是一种静态的模拟选址方法，它将运输成本作为惟一的决策因素，它将运输系统中的运输发生点和吸引点看成是分布在某一平面范围内的物体系统，各点的交通发生、吸引量分别看成该点的重量，物体系统的重心就是港站与枢纽设置的最佳点，用求各点重心的方法来确定运输港站与枢纽的最佳位置。其数学模型如下：

设规划区域内有 n 个运输发生点和吸引点，各点的发生量和吸引量分别为 W_j（$j=1,2,\cdots,n$），坐标为（x_i, y_j）。规划设置的港站与枢纽的坐标为（x, y），枢纽系统的运输费率为 C_j。根据平面物体求重心的方法，枢纽港站最佳位置的计算公式为

$$\begin{cases} x=\sum_{j=1}^{n} C_j W_j x_j \Big/ \sum_{j=1}^{n} C_j W_j \\ y=\sum_{j=1}^{n} C_j W_j y_j \Big/ \sum_{j=1}^{n} C_j W_j \end{cases} \tag{5.1}$$

重心法的特点是简单易操作，但它将纵向和横向坐标视为独立的变量，与实际交通系统的情况存在较大差别，求出的解往往不够精确，只能作为运输港站与枢纽布局选址的初步参考。

5.3.2 微分法

微分法是为了克服重心法的缺点而提出的。它的前提条件、模型中符号的含义与重心法相同。微分法的基本思路是：选择一个到各点的发生量、吸引量运费总和最小的点作为运输枢纽的最佳位置。

运输系统的总费用 T 设为

$$T=\sum_{j=1}^{n} C_j W_j [(x-x_j)^2+(y-y_j)^2]^{1/2} \tag{5.2}$$

要求得一点坐标（x, y）到各发生点、吸引点的总运费最低，就应当分别令 T 对 x 和 y 的偏微分为零，得到新的极值点，求解公式为

$$\begin{cases} x=\dfrac{\sum_{j=1}^{n} C_j W_j x_j [(x-x_j)^2+(y-y_j)^2]^{1/2}}{\sum_{j=1}^{n} C_j W_j [(x-x_j)^2+(y-y_j)^2]^{1/2}} \\ y=\dfrac{\sum_{j=1}^{n} C_j W_j y_j [(x-x_j)^2+(y-y_j)^2]^{1/2}}{\sum_{j=1}^{n} C_j W_j [(x-x_j)^2+(y-y_j)^2]^{1/2}} \end{cases} \tag{5.3}$$

求解步骤如下：

①采用重心法求得初始坐标(x_0, y_0)；

$$\begin{cases} x_0 = \sum_{j=1}^{n} C_j W_j x_j / \sum_{j=1}^{n} C_j W_j \\ y_0 = \sum_{j=1}^{n} C_j W_j y_j / \sum_{j=1}^{n} C_j W_j \end{cases}$$

②根据上一步骤求得的(x_0, y_0)，代入公式(5.3)求出修正的$(\bar{x}, \bar{y})$；

③重复步骤②，直到计算出的$(\bar{x}, \bar{y})$小于理想的精确度；

④根据最后修正得到的$(\bar{x}, \bar{y})$计算运输枢纽系统的运输总费用。

微分法需要以重心法的结果为初始解，不断迭代，直到前后两次的误差不超过设定的范围，从而得到最佳结果。虽然这种方法可以从数学上给出运输港站与枢纽的具体位置，但是这个结果仅是数学解，还需要将其放到实际运输系统中，进行定性的分析和调整。

5.3.3 效益成本分析法

使用效益成本分析法的前提是：采用一定的运输港站与枢纽选址模型，为一个港站与枢纽的位置提供了选择集，以运输枢纽系统的总成本最小为目标，通过简单的财务计算，经过比较选择出最佳的位置。

效益成本法假设有 n 个运输发生源，其发生量分别为$(W_1, W_2, W_3, \cdots, W_n)$，而且用一定的选址模型已经得到 m 个待选场站位置$(P_1, P_2, P_3, \cdots, P_m)$，每个场站的建设、运营成本分别为$(R_1, R_2, R_3, \cdots, R_m)$。假设单位运费相同且为 F，其余运输条件相同。各交通发生点到场站的距离用矩阵 $D\{d_{ij}\}(i=1,2,3,\cdots,m; j=1,2,3,\cdots,n)$表示。

则每个待选站点的总费用为

$$C_i = R_i + \sum_{j=1}^{n} d_{ij} W_j F \tag{5.4}$$

计算出每个港站选址的总费用，从中选择出总运输成本最小的点作为最佳的场站选址。

上面提到的三种方法简单易行，在研究运输港站与枢纽选址方法的早期得到了广泛的应用，但是由于这些方法是用简化和抽象的数学模型模拟枢纽运行机制，在实际运用中具有以下缺点：

①在求解的过程中都是以静态的总费用最小为选优目标，运输费率为固定值，既没有考虑实际的路网结构，也没有考虑客货流在道路上运行互相交织混杂对路网交通流分配结果的影响。实际上，路网上每个路段的流量不同，其运行时间、运输费用也不相同、单一的费率无法反映枢纽运转的实际情况。

②重心法和微分法为纯粹的数学解析方法，它们求解采用的距离是平面上的几何距离，而实际的运输网络并非如此，往往会导致求出的所谓数学解没有实际意义，结果

只能为下一步的分析提供粗略的初始解。

③效益成本分析法实际上只是一种简单的场地选址成本比较法，除了具有上述费用计算的不足之外，由于它必须先得到一个待选站点集合，又面临如何合理划分枢纽所在区域的客货流通服务分区，如何得到待选站点初始解等问题。

5.4 多元运输枢纽选址问题

在实际的运输枢纽系统中，规划区域内一般具有多个运输枢纽场站来协调服务，共同完成集散、中转客货流等功能。如何解决多元运输枢纽的选址问题显得更为现实和实用。随着运筹学理论的发展，对于多元运输枢纽选址问题，主要采用最优化理论的一些方法和技术来求得多元运输枢纽的最佳位置。下面就来介绍一下利用运筹学的方法如何来求解多元运输枢纽的最佳位置。由于在运输枢纽的货运系统中，存在着货种的差别，不同的货种在枢纽内部流动的费用和对港站布置的要求不同，因此货运港站与枢纽的布局比客运港站的布局要更复杂，不确定因素更多。因此，本节以货运枢纽为例对多元运输枢纽选址问题方法进行介绍。客运枢纽选择问题与此类似。多元运输枢纽系统示意图如图 5.2 所示。

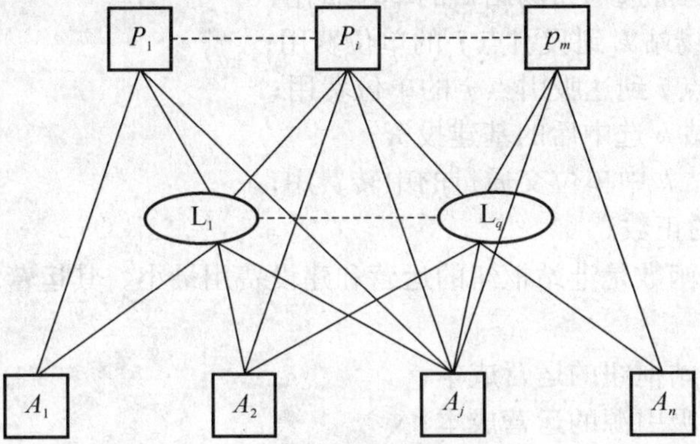

图 5.2 多元运输枢纽系统示意图

5.4.1 混合整数规划法

设在一个供需平衡的运输枢纽系统中有 m 个发生点 $P_i(i=1,2,3,\cdots,m)$，各点的发生量为 O_i；有 n 个吸引点 $A_j(j=1,2,3,\cdots,n)$，各点的需求量为 D_j；有 q 个可能设置的备选港站地址 $L_k(k=1,2,3,\cdots,q)$，如图 5.3 所示。发生点发生的交通量可以从设置的港站中中转，也可以直接到达吸引点。假定各备选地址设置枢纽港站的基建投资、中转费用和运输费率均为已知，以总成本最低为目标确定枢纽港站布局的最佳方案。

多元枢纽港站布局的数学模型为

$$\min F=\sum_{i=1}^{m}\sum_{k=1}^{q}C_{ik}X_{ik}+\sum_{k=1}^{q}\sum_{j=1}^{n}C_{kj}Y_{kj}+$$

$$\sum_{i=1}^{m}\sum_{k=1}^{q}C_{kj}Y_{kj}+\sum_{i=1}^{m}\sum_{j=1}^{n}C_{ij}Z_{ij}+\sum_{k=1}^{q}(F_kW_k+C_k\sum_{i=1}^{m}X_{ik}) \tag{5.5}$$

约束方程：

$$\sum_{k=1}^{q}X_{ik}+\sum_{j=1}^{n}Z_{ij}\leqslant O_i,\quad i=1,2,\cdots,m$$

$$\sum_{k=1}^{q}Y_{kj}+\sum_{i=1}^{m}Z_{ij}\geqslant D_j,\quad j=1,2,\cdots,n$$

$$\sum_{i=1}^{m}X_{ik}=\sum_{j=1}^{n}Y_{kj},\quad k=1,2,\cdots,q$$

$$\sum_{i=1}^{m}X_{ik}-MW_k\leqslant 0,W_k=1\text{ 表示 }k\text{ 被选中},W_k=0\text{ 表示 }k\text{ 被淘汰}$$

$$X_{ik},Y_{kj},Z_{ij}\geqslant 0$$

式中：X_{ik}——从发生点 i 到备选枢纽场地 k 的交通量；

Y_{kj}——从备选枢纽场站 k 到吸引点 j 的交通量；

Z_{ij}——直接从发生点 i 到达吸引点 j 的交通量；

W_k——备选枢纽场站 k 是否被选中的决策变量；

C_{ik}——从发生点 i 到备选枢纽场站 k 的单位费用；

C_{kj}——从备选枢纽场站 k 到吸引点 j 的单位费用；

C_{ij}——直接从发生点 i 到达吸引点 j 的单位费用；

F_k——备选枢纽场站 k 选中后的基建投资；

C_k——备选枢纽场站 k 中单位交通量的中转费用；

M——一个相当大的正数。

这个数学模型的目标函数是港站枢纽的运营和建设费用最小。其运营和建设费用共有四部分组成：

①从运输发生源到港站枢纽的运营成本；

②从港站枢纽到运输吸引源的运营成本；

③从运输发生源直接到运输吸引源的运营成本；

④发生在枢纽场站的建设、中转费用。约束条件为运输流量平衡约束。

这是一个混合整数规划模型，可以用“分支定界法”求解模型，求得 X_{ik}，Y_{kj}，Z_{ij} 和 W_k 的值。$\sum_{i=1}^{m}x_{ik}$ 决定了该枢纽场站的规模；$\sum_{k=1}^{q}W_k$ 为区域内应布局枢纽场站的数目。

这种方法在理论上非常完善，但是模型仍然是对实际问题的简化，不能真实反映实际的枢纽布局问题，此方法没有考虑站点规模的限制、建设成本、运营费用的非线性等实际影响因素。因此混合整数规划模型只能用于比较简单的交通网络中。

5.4.2 运输规划模型

多元枢纽场站布局模型因为考虑了枢纽场站的基建投资，从而出现了 0～1 变量，导致必须采用比较复杂的混合整数规划法求解。但如果从一个较长的时间段来考虑、这部分建设投资对整个选址过程的经济效益的影响并不大,可以不在目标函数中考虑。这样混合整数规划模型就简化成如下线性规划模型:

$$\min F = \sum_{i=1}^{m}\sum_{k=1}^{q}(C_{ik}+C_k)X_{ik}+\sum_{k=1}^{q}\sum_{j=1}^{n}C_{kj}Y_{kj}+\sum_{i=1}^{m}\sum_{k=1}^{q}C_{kj}Y_{kj}+\sum_{i=1}^{m}\sum_{j=1}^{n}C_{ij}Z_{ij} \tag{5.6}$$

约束方程:

$$\sum_{k=1}^{q}X_{ik}+\sum_{j=1}^{n}Z_{ij}=O_i,\quad i=1,2,\cdots,m$$

$$\sum_{k=1}^{q}Y_{kj}+\sum_{i=1}^{m}Z_{ij}=D_j,\quad j=1,2,\cdots,n$$

$$\sum_{k=1}^{q}X_{kj}+X_k=d_k\quad k=1,2,\cdots,q$$

$$\sum_{k=1}^{q}Y_{kj}+X_k=d_k\quad k=1,2,\cdots,q$$

$$X_{ik},Y_{kj},Z_{ij}\geqslant 0$$

式中:d_k——备选网点 k 最大可能设置的规模;

　　X_k——为备选网点 k 的闲置能力;

其余符号同公式(5.5)。

这是运筹学中典型的运输问题,模型为一个线性规划模型,求解方法比较成熟。该模型的目标函数表示运输枢纽在集散运输及中转时产生的运营费用最小,而约束条件则是考虑了运量平衡约束以及运输规模限制约束。

该方法叙述明确,但事先需要确定被选站点的位置及数量以及节点之间的运输价格。但由于不同区域,不同运输方式、不同货物类型的运输价格差异较大,使得运输价格的确定具有一定的难度,模型中一般选择一个宏观的统计值来表示运输价格。其缺点是无法对运输价格的变化产生相应的反映,同时也无法衡量运输枢纽所处的运输网络的变化对枢纽布局的影响。但在定量计算模型中,这已经是比较可行的方法了。

5.4.3 CFLP 法

CFLP(Capacity Facility Location Problem)方法是针对运输枢纽的场站规模有限制的情况下提出的。这种方法只需要运用运输规划模型,使计算工作大大简化。

CFLP 法的基本思想:首先假设运输枢纽的场站布局方案已经确定,即给出一组初始场站位置的集合,根据该初始方案,利用运输规划模型求出各初始场站系统的发生、吸引范围,然后在各场站的服务范围内分别移动场站到其他备选地址,以寻找各服务范围内总成本最小的新场站位置,将新场站位置代替初始方案,重复上述过程直至整个综合运输枢纽的场站服务范围内的总成本不能再下降为止。

此方法是一个迭代寻优的过程，可以利用启发式算法对 CFLP 方法建立的数学模型求解。

复习思考题

5.1 运输港站与枢纽的布局的原则有哪些？

5.2 试比较重心法、微分法和效益成本分析法。

5.3 CFLP 的基本思想是什么？

5.4 进行运输枢纽规划时应遵循的指导思想有哪些？

6 公路运输港站与枢纽规划设计

6.1 公路客运场站

公路客运场站是公路运输部门重要的基层生产单位之一。公路客运站是旅客候车及办理售票、行包托运、寄存以及各种旅行手续的场所，是旅客与货物产生空间位移的起止点和集疏场所，是空间交通、立体网络的交叉点，是交通运输中的重要环节。公路客运场站的基本任务是：按照我国基本经济规律的要求，从一切为旅客服务的原则出发，尽最大可能满足人民群众日益增长的旅行需要，为工农业生产、经济发展、城乡交流和促进整个社会宏观经济效益的提高服务，保证安全、及时、方便、舒适、经济地完成运送旅客的任务。

6.1.1 基本概念

首先了解几个与公路客运场站密切相关的概念。

1) 旅客日发送折算量

旅客日发送折算量等于年平均日发送长途旅客的数量加年平均日发送短途旅客的折算量。

公路短途旅客日发送量每 2 人次折合 1 人次长途旅客日发送量。

2) 站务工作量

站务工作量等于旅客日发送折算量加行包换算量。

行包日发送量按每件 1 人次计入站务工作量。

3) 客运站最大容客量

客运站最大容客量是指客运站最多容许同时聚集的旅客人数，以控制客运站最大建设规模。

6.1.2 选址原则

为了最大限度地满足旅客的运输需求，合理规划和建设公路客运场站具有重要意义。建设好公路客运场站的重要前提之一就是选择合适的站址。在前面我们已经了解了运输港站与枢纽选址的原则与方法。而对于客运场站站址的选择,除了符合一般运输场站选址的基本原则外,还有一些更为细致的要求:

1) 客运场站站址的选择应当便于旅客的集散和换乘

客运场站站址的选择应当便于旅客的集散和换乘。中小城市和乡镇的车站应尽量靠近人口比较集中的居民区或城市公共交通枢纽处。大城市由于范围大,旅客多,客运站宜适当分散。当一个城市的旅客日发送量超过 1 万人次时,除建设一个主要车站外,还应根据城市的特点和旅客的主要流向,在适于旅客乘车的位置建设一个或几个客运站(又称分站或卫星站)。

2) 客运场站站址的选择应符合城市规划的要求

客运场站站址的选择应符合城市规划的要求。公路客运站的设置和建设是城市总体规划的一部分,其位置的选择和占地面积除应符合车站技术要求外,还要符合城市布局远景规划的要求。使客运站的位置既方便旅客乘车,又尽可能地避免或减少对城市居民生活造成干扰。

3) 客运场站站址的选择应注意与其他运输方式的衔接和配合

客运场站站址的选择应注意与其他运输方式的衔接和配合。车站的位置应处于交通便利地带,既要保证城市交通工具易于停靠,又要保证进出本站的客车行驶畅通,使车辆流向合理,方便旅客和车辆出入。因此,在站址选择时,既要考虑公路客运部门自身的方便,又要注意综合运输发展的需要,尽可能与铁路、水运、航空等交通方式相互衔接和开展联运。

4) 客运场站站址的选择应考虑土地的利用和限制

客运场站站址的选择应考虑土地的利用和限制。站址的预留面积应能满足车站建设及未来发展的需要。站址所需面积要有计算依据。首先要明确客运站的业务功能范围,其次选择站址时最好连同生活用房一起综合考虑。此外,选址时还要适当考虑今后改、扩建发展的需要。

6.1.3 公路客运场站工艺流程

1) 公路客运场站站务作业

公路客运场站一般由站前广场、站房和站内停车场三部分组成。客运站站前广场用于组织旅客流线,其组织原则为:避免旅客流线交叉和相互干扰,保证安全,适应旅客集散和乘车。站房是客运站的主体,通常由售票处、候车厅、行包房、站台、服务设施(包括问讯处、广播室、小件寄存处、小卖部、厕所等)、行政办公用房及司助人员食宿用房等组成。站内停车场主要停放客运车辆,并附设对车辆进行小修和一般维护作业的维修车间,保证客运车辆处于良好的技术状况。

公路客运站站务作业是客运工作的重要内容之一,它通过一系列的站务作业,保证旅客安全、及时、经济、方便、舒适地到达目的地。公路客运站站务作业包括发售客票、行包受理、候车服务、客车准备、组织乘车与发车、客车运送、客车到达、交付行包及其他服务等作业内容，如图 6.1 所示。

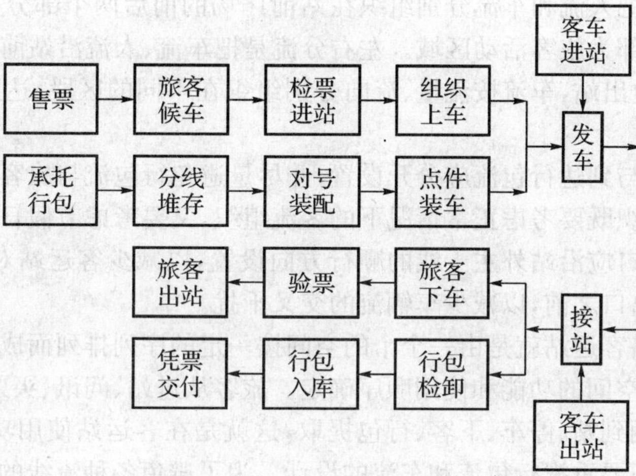

图 6.1　汽车客运站站务作业示意图

根据上述站务作业，客运站内的交通流可分为客流、行包流、车流三种。车辆流按照车辆在站内的流动方向可分为发送车辆流和到达车辆流。发送车辆流一般是客车从停车场驶入发车位，待旅客入座、行包装妥后按时驶离车位，经出站口出站。到达车辆流的情况比较复杂，具体操作如图 6.2 所示。

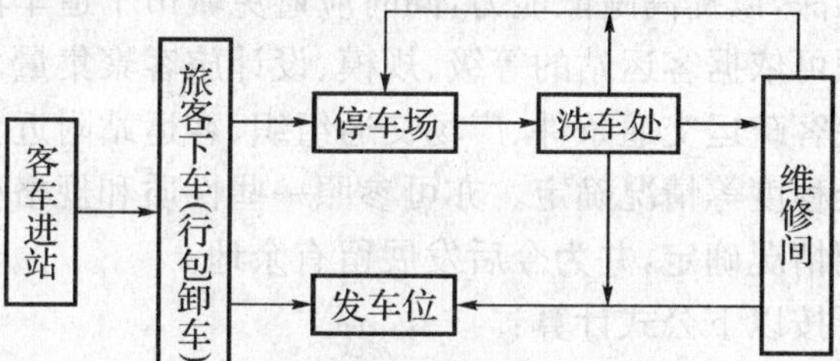

图 6.2　到达车辆流线图

合理组织与设计工艺流线，是客运站工艺设计与建筑设计的关键，也是评价客运站工艺与建筑设计优劣的主要因素。

2）公路客运站的工艺流程

公路客运站的工艺流程，是指在客运站的整个空间内，对客流、行包流和车流进行协调、组织，使得各种流线不发生相互交叉，统一协调运行。因此，在组织客运站工艺流线时，应满足以下要求：

①正确处理客流、车流、行包流三者关系，避免其相互交叉和干扰，保证分区明确。

②流线组织要简捷、通畅、不迂回，尽量缩短流线距离，尤其是售票处、候车厅、行包托运处和提取处等主要服务设施的布局要合理，并能使各种流线既自成体系，又与其他

流线有机地联系在一起。

③站前广场应对各种流线采取适当分流，分流的方式主要有两种：前后分流或左右分流。前后分流是把人流和车流分别组织在站前广场的前后两个部分，前部行驶停靠车辆、上下旅客，后部为旅客活动区域。左右分流是把车流、人流沿站前广场横向分布。人流右边进站，左边出站，车流按流量、流向分别组织在不同的区段，达到人车分流，互不干扰的目的。

④发送行包流与到达行包流应分开设置，并尽量避免行包流与旅客流的交叉。

⑤旅客流的组织既要考虑正常情况下的客流组织，又要考虑节假日的客流组织。

⑥车辆进出站口应沿站外主干线的顺行方向设置，以减少客运站对主干线交通的干扰；入口应位于出口之前，以减少车辆流的交叉干扰。

综上所述，公路客运站就是由一个个的空间按一定的序列排列而成，而空间的排列顺序则完全按照各空间的功能和使用顺序确定。旅客从进站、问讯、买票、托运行包、候车、检票上车到车辆到站、停车、下客、行包提取，这就是在客运站使用功能上的联系顺序。除了客流外，还要重视行包流和车流的设计。为了避免各种流线的交叉，最重要的是将旅客进、出站流分开。

6.1.4 公路客运站站场面积计算

1）站前广场面积计算

站前广场是公路干线运输与城市市内交通的衔接点，是旅客和行包的集散点。站前广场应有一定的纵深，以提高疏散能力，同时应避免城市干道车辆对广场上旅客的干扰。站前广场的面积可依据客运站的等级、规模、设计旅客聚集量、到发旅客人数、接客人数、预售票制度、旅客疏运交通条件、广场交通组织、客运站附近为旅客服务的商业和公用服务性设施齐全程度等情况确定。亦可参照一些性质和规格相近的客运站站前广场的大小和实际使用情况确定，并为今后发展留有余地。

站前广场面积可按以下公式计算：

$$S_1 = a \cdot h \tag{6.1}$$

式中：S_1——站前广场面积（平方米）；

a——单位人数应规划的面积，其中一、二级车站分别为 1.2 平方米/人～1.5 平方米/人；三、四级车站取 1.0 平方米/人；

h——最高聚集人数。

应当指出，一般不宜把站前广场面积定得过大，广场面积太大，不仅浪费城市用地，加长工程管线，同时亦增加旅客进出站步行距离，使用管理不便。但是广场面积也不宜太小，广场面积太小会造成广场上客流、车流拥挤，交通堵塞，灵活性差，不利于旅客、车辆集疏。

2）站房面积计算

旅客站房是办理售票、候车和行包邮件承运、交付及保管的地方。公路客运站站房主要由以下几个主要服务设施组成：候车厅、售票厅、行包托运处、行包提取处等。各组成部分的空间面积确定方法如下：

(1) 候车厅

候车厅是旅客活动的中心，是旅客停留时间较长的地方，其面积应保证在正常情况下，使旅客有一个安静、舒适的候车环境；候车厅面积的大小是公路客运站规模的一项具体指标。一般情况下，候车厅的面积以旅客最高聚集人数为基础计算，其计算公式如下：

$$S_2 = b \cdot h + a \cdot c \cdot h \tag{6.2}$$

式中：S_2——候车厅面积(平方米)；

b——候车厅单位人数应规划的面积，一般取 1.0 平方米/人；

a——修正系数，$0 < a \leqslant 0.08$；

h——旅客最高聚集人数；

c——母子候车厅单位人数应规划的面积，取 1.8 平方米/人。

(2) 售票厅

售票厅的使用面积是旅客办理购票手续所需的面积。根据《汽车客运站建筑设计规范》，售票厅的使用面积可按如下公式计算：

$$S_3 = S_{31} + S_{32} \tag{6.3}$$

式中：S_3——售票厅面积(平方米)；

S_{31}——购票室面积(平方米)；

S_{32}——售票室面积(平方米)。

其中，购票室面积，人工售票按每窗口 20.0 平方米计算，计算机售票按每窗口 15.0 平方米计算；售票室面积按每窗口 4.0 平方米计算；售票窗口数量的设计以旅客最高聚集人数作为依据，采用人工售票按 120 位旅客设计一个售票窗口，采用计算机售票则按 200 人设计一个售票窗口。

(3) 行包托运处

行包托运处是旅客办理行包托运、提取的场所。对于一级、二级客运站，行包进出量较大，须分别设置行包托运厅、托运仓库、行包提取厅和到达行包库。三级、四级站只需根据需要设置行包房，完成行包托运和提取。

行包托运处的面积包括托运厅、行包受理作业区和库房的面积。设计时，可按下式计算：

$$S_4 = S_{41} + S_{42} + S_{43} \tag{6.4}$$

式中：S_4——行包托运处面积(平方米)；

S_{41}——托运厅面积(平方米)；

S_{42}——行包受理作业室面积(平方米)；

S_{43}——行包库房面积(平方米)。

其中：托运厅面积 S_{41} = 20.00(平方米/托运单元)×托运单元数；

行包受理作业室面积 S_{42} = 20.00(平方米/托运单元)×托运单元数；

行包库房面积 S_{43} =0.5(平方米/件)×旅客最高聚集人数×0.2(件/人次)+15.0 平方米。

托运单元数:一级车站 2~3 个;二级车站 2 个;三级、四级车站 1 个。

(4) 行包提取处

行包提取处面积按托运处面积的 40%计算:

$$S_5 = 0.4S_4 \tag{6.5}$$

式中:S_5——行包提取处面积(平方米)。

3) 站内停车场面积计算

(1) 发车位

公路客运站应设置站台,以利于旅客上下车和行包的装卸,保证站内工作人员安全作业。站台净宽(指候车厅外墙突出部分至站台边缘的距离)不应小于 2.5 米,站台的长度应与发车位数及总长度相一致。

发车位是旅客上下车和客车始发停放的位置,其面积可按下述方法计算:

$$S_6 = 2S_{61} \cdot n \tag{6.6}$$

式中:S_6——发车位面积(平方米);

S_{61}——客车投影面积(平方米/个);

n——发车位数(个)。

其中:发车位数=旅客最高聚集人数÷每车位每小时发出旅客人数×(1+20%)。

(2) 停车场

停车场是公路客运场站中占地面积最大的一个部分,站内停车场面积包括客运车辆占用面积、行车通道和车间距以及辅助设施占用面积,一般占地约为整个站场的 70%~80%。公路客运停车场的最大容量按同期发车量的 6 倍考虑,每个车位占用面积按客车投影面积的 3 倍计算。即:

$$S_8 = 18S_{61} \cdot n \tag{6.7}$$

式中:S_8——停车场面积(平方米);

S_{61}——客车投影面积(平方米/个);

n——发车位数(个)。

(3) 车辆维修车间

一级、二级车站根据实际需要设立相应的维修车间。

(4) 车辆检验设备

一、二级车站应配备车辆例行检查、运行安全检验设施和相应的检验设备。

此外,车站其他附属建筑设施使用面积按实际需要确定,表 6.1 列出了公路客运站占地面积及主要设施使用面积参考值。

表 6.1 公路客运站占地面积及主要设施使用面积参考表(单位:平方米)

序号	平均旅客发送量	10 000 人次	8 000 人次	7 000 人次	5 000 人次	3 000 人次	1 000 人次
	旅客最高聚集人数	1 000 人次	880 人次	840 人次	620 人次	500 人次	200 人次
1	占地面积	18 000.0	14 400.0	12 600.0	9 000.0	6 400.0	1 800.0
2	站前广场	1 500.0	1 320.0	1 260.0	744.0	500.0	200.0
3	停车场	6 750.0	4 950.0	4 500.0	3 600.0	2 250.0	1 800.0
4	发车位	1 350.0	990.0	900.0	720.0	450.0	360.0
5	站务用房。其中:	2 660.0	2 112.8	1 963.6	1 515.2	1 005.5	450.8
	候车室	1 000.0	880.0	840.0	620.0	500.0	200.0
	重点旅客候车室	200.0	200.0	*	*	*	*
	售票厅	180.0	160.0	140.0	100.0	80.0	40.0
	售票室	51.0	47.0	43.0	35.0	31.0	23.0
	票据库	20.0	20.0	20.0	15.0	15.0	0.0
	行李托运	60.0	40.0	40.0	40.0	20.0	0.0
	行李库房	115.0	103.0	99.0	77.0	65.0	0.0
	发车站台和行包装卸平台	270.0	198.0	180.0	144.0	0.0	0.0
	行包提升室	20.0	20.0	20.0	20.0	0.0	0.0
	问讯处	10.0	10.0	10.0	10.0	8.0	8.0
	广播室	20.0	20.0	20.0	15.0	15.0	10.0
	小件寄存处	75.0	59.0	57.0	46.0	40.0	25.0
	失物招领处	20.0	20.0	20.0	15.0	10.0	0.0
	邮电服务处	25.0	25.0	25.0	20.0	0.0	0.0
	值班站长处	25.0	25.0	25.0	20.0	20.0	20.0
	调度室	30.0	25.0	25.0	20.0	20.0	20.0
	站务员室	105.0	90.0	68.0	57.0	39.0	25.0
	驾驶员休息室	105.0	90.0	68.0	57.0	39.0	25.0
	治安办公室	20.0	15.0	15.0	15.0	0.0	0.0
	联运办公室	20.0	15.0	15.0	15.0	0.0	0.0
	旅客厕所	175.2	155.8	148.6	104.2	83.5	54.8
	盥洗饮水室	60.0	50.0	45.0	30.0	0.0	0.0
6	行政用房	340.0	290.0	260.0	180.0	120.0	60.0
	其中:站务办公室	120.0	100.0	90.0	60.0	40.0	20.0
	党政工团办公室	120.0	100.0	90.0	60.0	40.0	20.0
	会议室	100.0	90.0	80.0	60.0	40.0	20.0

6.1.5 公路客运站的总平面布置及基本原则和要求

公路客运站总平面布置是车站设计的重要组成部分,必须服从工艺流程的要求。总平面布置应处理好人流、车流、行包流三者之间的关系。如果客运站总平面布置混乱,分区不明确,流线颠倒,各部分互相影响、干扰,将直接影响车站的正常使用。

客运站的工艺流程设计、各组成部分的使用功能及空间要求，是总平面布置的主要依据。为了合理布局，构成完整有效的统一体，在总平面布置时还必须遵循以下基本原则和要求：

①因地制宜，符合城市规划总体布局要求。在总平面布置时必须了解城建部门的总体规划意图，掌握建设港站枢纽在总体规划中的地位和作用，所在地段近远期的发展规划，以及对客运站的建筑要求等。

②布局合理，分区明确，流线简捷，满足客运站的使用功能。站前广场应处在车站总平面流线的最前端，并适当考虑站前各服务点和接送旅客交通工具的位置，将车、客流路线、停车区域、活动区域以及服务区域明确区分，保证流线简捷通畅。站内业务办公、营运作业、生活用房等分区明确、联系方便，互不交叉影响，保证站内营运正常。

③应组织好进出站旅客流线、车辆流线及行包流线，避免交叉。在总平面布置时，客运站的入口应设置在主要客流的来向，为旅客进站提供方便。旅客出入口和车辆的出入口应分别独立设置，且车辆进出站口距站房旅客主要入口的距离不宜小于 25 米，同时要增加车辆进出口的缓冲地段，以防止进出站车辆与城市干道车辆互相影响。此外，在站房平面布置时，要特别重视售票厅、行包托运处及候车厅三者之间的相互位置和联系，售票厅及行包托运处应单独设置出入口，并保证与候车厅有较好的联系。

④要进行建筑组合多方案比较与可行性分析，以选择最佳布置方案。根据具体条件，客运站的总平面布置可采用多种组合形式，然后根据调查资料进行具体分析计算，做出比选方案，从而确定出既经济，又合理的最佳布置方案。

⑤布置要紧凑，合理利用地形，节约用地和投资。公路客运站占地大，布置时应将室内外空间作为一个整体考虑。由于候车厅是客运站房中占地最多的组成部分，通常设置于地面层，当候车厅面积较大时，可根据实际情况将部分面积设于二层，以减少占地面积。

6.2 公路客运场站站房设计

6.2.1 客运场站站房设计的基本概念

1）客运场站站房分类

客运场站站房按照其与站内停车场、站前广场的相互位置，可有以下两种分类型式。

（1）按客运站房与站内停车场相互位置分类

按客运站房与站内停车场相互位置的不同，可有如图 6.3 所示四种基本形式：

①边侧式，客运站房位于通过式站内停车场一侧。

②端侧式，客运站房位于尽端式站内停车场场端部。

③场上式,客运站房位于站内停车场上部。

④场下式,客运站房位于站内停车场下部。

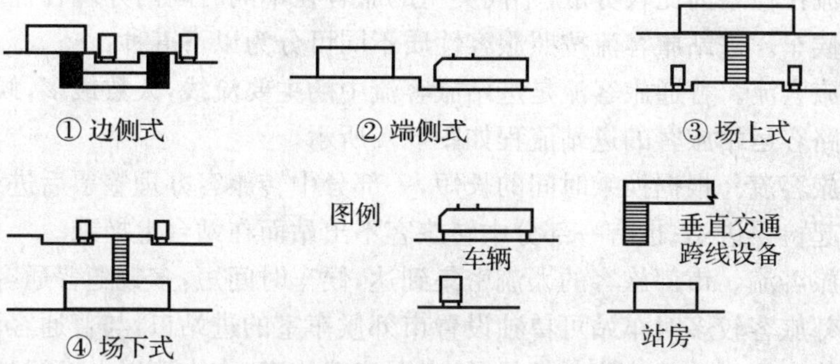

图 6.3 公路客运站房与站内停车场相互位置分类

(2) 按客运站房与站前广场相互位置分类

按客运站房与站前广场相互位置分类,可分为以下三种基本形式:

①水平式,客运站房一层地面高程与站前广场地面高程相同或相差很小。

②地上式,客运站房一层地面高程高于站前广场地面高程。

③地下式,客运站房一层地面高程低于站前广场地面高程。

2) 客运站房总体布置形式

公路客运站的主体建筑是客运楼,通常由站房和办公服务用房组成。根据站房的主要组成部分售票厅和候车厅的相互位置不同,站房的布置形式大致可分以下三种:

(1) "一"字形布置

其特点是候车厅、售票厅均沿城市主干道呈一字形排列,且两厅的大门朝向一致。此种车站布置,优点是车站立面雄伟、壮观,缺点是车站占据主要街道地段长,立面处理面积大,造价高;又因城市规划对车站临街建筑有一定高度要求,造成辅助工程过多。这种布置适应大、中型车站。

(2) "T"字形布置

其特点是售票厅与候车厅呈"T"字形排列,临街部分采用高层建筑,通常地面层作售票综合服务厅,二层以上作为办公及生活用房,将大跨度的单层候车厅布置在后面,候车厅的形状可以是矩形或半圆环形,这种布置占据临街地段短,造价较低。

(3) "L"字形布置

其特点是售票厅与候车厅的大门分别朝向两条相交的大街,呈"L"字形。这种布置形式适于客运站位于城市交叉路口,布置形式比较灵活,但两个临街部分都要做立面处理。为了满足城市规划对车站建筑高度的要求,朝向主要街道一侧可布置多层建筑,而朝向次要街道一侧可布置单层候车厅。

3) 旅客站房工艺流程

旅客站房工艺流程主要包括进站旅客流、出站旅客流、发送行包流、到达行包流和车辆流。

(1) 进站旅客流

进站客流在检票前比较分散，不同类型的旅客在不同时间内办理各种旅行手续，并在不同地点候车。进站旅客流按照旅客性质不同可分为以下五种：

①普通旅客流。普通旅客流是进站旅客流中的主要流线，人数最多，候车时间也最长。一般公路客运站旅客的进站流程如图 6.4 所示。

②中转旅客流。根据换乘时间的长短，一部分中转旅客办理签票后进入候车室，随普通旅客一起检票进站；也有一部分中转旅客不出站而在站台上换乘。

③市郊旅客流。市郊旅客的人流密集到达，候车时间短，多数随普通客流一起检票进站。当市郊旅客较多时车站可单独设置市郊候车室的进站口，与普通客流分开。

④特殊旅客流。特殊旅客包括母子、老弱病残旅客，在中型以上客运站应单辟候车室和检票口，保证优先进站。在大型客运站，团体或军人客流，也都另辟候车室，与普通旅客分开进站。

⑤贵宾流。进站的贵宾除能从贵宾室单独进站外，还设置汽车直驶站台的专门通道，其路线要求与普通旅客分开。

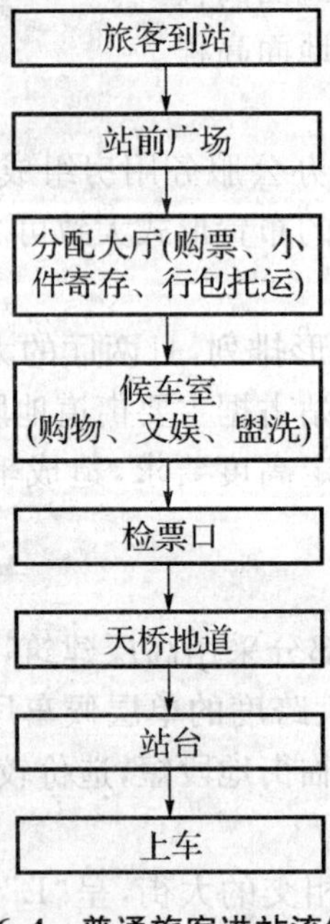

图 6.4　普通旅客进站流线图

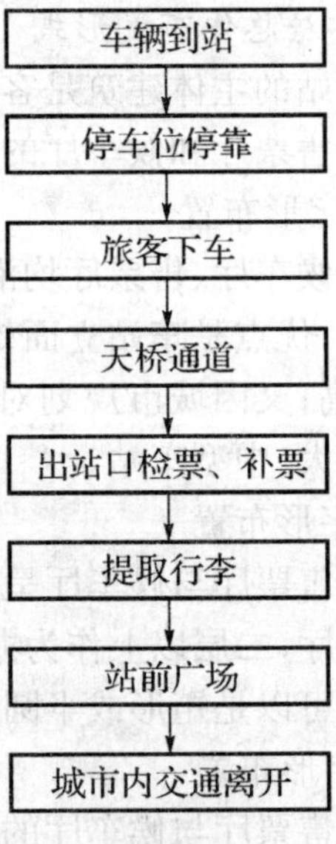

图 6.5　普通旅客出站流线图

(2) 出站旅客流

出站旅客的特点是人流集中，密度大，走行速度快，使用站房时间短。一般情况下，普通、市郊、中转旅客均汇聚在一起经出站口出站。当市郊旅客较多时，可单独设置市郊旅客出站口，与其他出站旅客分开。一般公路客运站旅客的出站流程如图 6.5 所示。

(3) 发送行包流

发送行包的作业流程是托运——→过磅——→保管——→搬运——→装车。这条流线应与到达行包流线分开。大型客运站行包托运处一般设在售票处附近,并在站台两端设置专用行包地道,以便搬运。

(4) 到达行包流

到达行包的作业流程是卸车——→搬运——→保管——→提取。大型客运站行包提取处设在出站口附近,并设置专用的行包地道与各中间站台相联结。

(5) 车辆流

车辆流是指到达和离开场站的营运车辆流线以及站前广场的公交车辆、出租汽车、自行车等车辆流线。站前广场应与城市交通相配合,合理组织各种车辆进出广场的路线,规划各种车辆的停靠位置和场所,使旅客乘车安全方便,迅速疏散。

6.2.2 客运站站房平面布置

客运站房根据其所在车站规模、处理旅客流量的不同,可以分为小型站房、大中型站房两大类。不同规模的站房其平面布置存在一定的差别。

1) 小型站房

对于客货运量小,作业简单的中间站,往往将站长室、行车运转室合并于旅客站房内。小型站房布局通常采用候车与营业合一的综合候车室形式。图 6.6 为一小型站房平面布置示例。

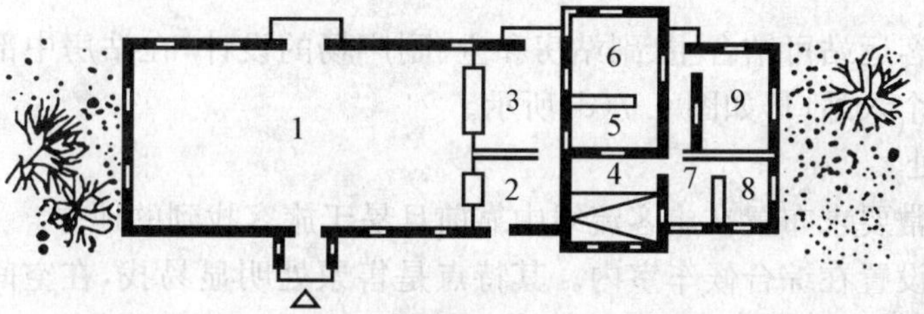

图 6.6 小型站房平面布置图

1—综合候车室;2—售票室;3—行包室;4—休息室;5—电源室;
6—运转室;7—开水间;8—仓库;9—站长室

2) 大、中型站房

大、中型以上站房一般应由以下两类房屋组成:

①客运用房。客运用房由候车部分(各种候车室)、营业部分(售票厅、行包房、小件寄存处、问询处、服务处等)、交通联系部分(广厅、过厅、进出站口)三部分组成。

②技术办公房屋。技术办公房屋包括运转室、信号楼、站长室、广播室、电视监督室、公安室以及各生产段办公室等。

(1) 站房的出口和入口

站房的出入口作为旅客流的起讫点,将站房与广场连接起来,根据站前广场道路的分布和交通组织来确定站房的布置位置。站房入口应朝向广场,并靠近公交车辆到站的停靠站,使旅客一进广场就能明显看到,方便乘客换乘市内公交。出站口也要朝向广场,并靠近公共车辆离站的停车场。入站口与出站口间要保持一定的距离,避免进出站人流相互干扰。站房出入口布置形式有以下几种:

① 出口设置在站房左侧,入口设置在站房中部或出口设置在站房偏左部、入口设置在站房偏右部,以便于交通车辆右侧行驶,如图 6.7(a)、图 6.7(b)所示。

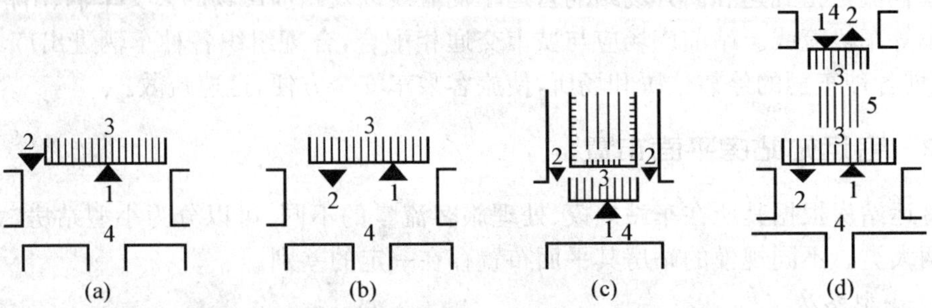

图 6.7 站房进、出口布置示意图

1—入口;2—出口;3—站房;4—广场;5—高架候车室

②结合城市交通组织和站前广场设计,在站房的正面或侧面分设两个出站口,如图 6.7(c)所示。

③特大型客运站可结合主、副站房和主、副广场的设计,在站房中部和左侧设置两个出站口和两个入站口,如图 6.7(d)所示。

(2) 售票处

售票处通常要求布置在旅客流线中靠前且易于旅客找到的地方。

①售票处设置在综合候车室内。其特点是售票处明显易找,在空间使用上具有较大的机动灵活性,旅客流程短,其缺点是购票旅客对候车旅客影响较大。此种布置适用于中小型客运站房,其具体布置形式如图 6.8(a)所示。

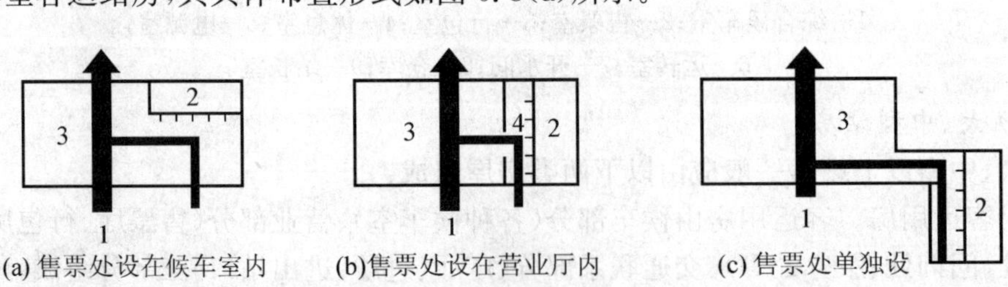

图 6.8 售票处在站房中的位置示意图

1—旅客进站流线;2—售票室;3—候车室;4—营业厅

②售票处设置在营业厅内。其特点是购票旅客与候车旅客不干扰。此种布置适用于中型站房。其具体布置形式如图 6.8(b)所示。

③售票处在站房外单独设置。售票处与候车室用通廊连接,旅客走行流程长,一般较少采用。一般在中转旅客较多的车站,可在站台上或出口处设中转签票处。其具体布置形式如图 6.8(c)所示。

(3) 行包房

行包房的位置应与旅客托、取行包的顺序及行包流线紧密结合,应尽量减少与其他流线的交叉。行包房的位置还应与站房的候车室、站台和站前广场相配合。

①设置一个行包房兼办托运和提取业务。根据其位置设置有以下两种:一种行包房设置在旅客进出站流线之间,如图 6.9(a)所示。其优点是旅客托运行包和提取行包的流程较短。但容易造成旅客出站流线、行包托取流线和行包专用车辆流线集中,造成堵塞,不利于安全运行,同时也不利于设置室外行包堆放场,故此布置方式只适用于中小型站房;另一种行包房设置在站房的右侧或左侧,如图 6.9(b)、(c)所示。其特点是旅客流线、行包流线和车辆流线间干扰较少,便于设置室外行包堆放场。

②设置两个行包房分别办理托运和提取业务,如图 6.9(d)所示。发送行包房布置在站房左侧,到达行包房布置在站房右侧。这种布置形式既方便了进出站旅客托取行包,又避免了旅客流线与行包流线的互相干扰。但这种布置对行包仓库利用不灵活,管理人员增加,行包搬运不便。这种布置适用于大型或特大型站房。

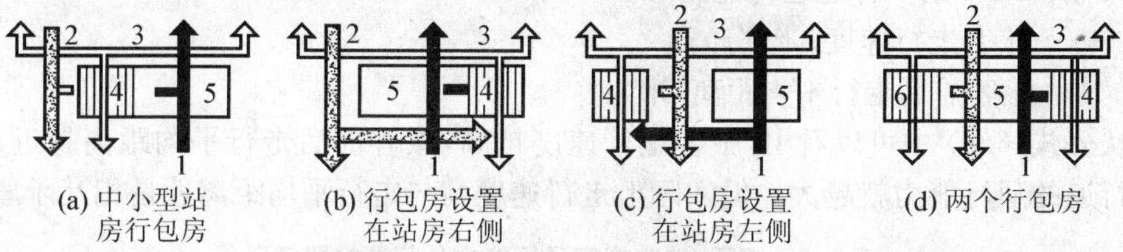

图 6.9　行包房在站房中位置示意图

1—进站旅客流线;2—出站旅客流线;3—行包流线;4—托取行包房;5—站房;6—到达行包房

大型或特大型站房的行包房宜设在地下或多层行包库内,各层间采用垂直升降机或皮带搬运设施搬运行李。中转行包量较大时,宜单独设置中转行包房。

(4) 候车室

候车室是旅客候车、休息和排队检票进站的场所,占用站房的面积最大。要求有一个安静、舒适、方便、卫生的环境,与站房的主要入口和检票口(出口)有较密切的联系,并尽量靠近客运场站的前沿,减少旅客步行距离。根据站房规模、客流量大小和布局不同,候车室的布置方式分为以下三种:

①集中候车方式,候车室与营业厅合设于一个统一的空间内,形成综合候车室。其优点是站房面积使用灵活,利用率高,旅客办理各种手续和候车地点一目了然。其缺点

是当候车人数过多时，售票、托运行包与候车流线交织，秩序容易混乱，不利于安全，此种形式只适用于中、小型站房。

②横向分线候车方式。其特点是候车室与营业厅横向分开布置。根据旅客的性质和客流方向等特点，分别设置普通候车室、母子候车室、软席候车室、贵宾候车室、市郊旅客候车室等。适用于客流量大、旅客性质复杂的大型及特大型站房。这种布置方式旅客候车分区明确，便于管理，易维持候车秩序，但旅客步行距离较长，当旅客聚集量大时采用。

③纵向分线候车方式。其特点是候车室与营业厅纵向分开布置。这种布置方式，旅客步行距离短，分区明确，旅客在候车室内无需往返走行，易维持候车秩序，旅客聚集量大时可以采用。

候车室的出入口、检票口的位置及大小应根据流线组织、站房总平面布置的要求安排。检票口前应留有一定面积供旅客检票时聚集停留。

3）天桥、地道旅客通行能力

天桥、地道是连接客运站房与客运站场的交通通道。设计要求同一通道处理同一方向客流，旅客在通道内通行不产生阻塞与拥堵。该项设备包括站台通道与跨线通道两部分，两者容量不等时，以其限制能力部分的宽度为计算依据。

一条步行通道的通行能力按下式计算：

$$C_{foot} = v/l \tag{6.8}$$

式中：C_{foot}——一条步行道通行能力（人/分）；

v——旅客走行速度（米/分）；

l——旅客前后走行平均距离（米）。

从公式(6.8)中可以看出，旅客走行速度越高，旅客前后走行平均距离越近，则一条步行道的通行能力就越大。但实际上走行速度高与走行平均距离近是相互矛盾的。

表 6.2　天桥、地道旅客通行能力计算参数取值表

计算参数	单位	进站		出站	
		取值范围	均值	取值范围	均值
走行速度 V	米/分	80～90	83	60～70	65
前后距离 l	米	1.5～3.0	2	1.0～2.5	1.5
每一步行道的宽度 b	米	0.85～1.0	0.9	0.75～0.9	0.8
一条步行道能力 $n_{步}$	人/分	27～61	42	25～71	44

天桥、地道旅客通行能力可按下式计算：

$$C_{通} = C_{foot} \times B/b \tag{6.9}$$

式中：B——跨线设备的宽度（米）；

b——每一步行通道的宽度（米）。

计算天桥、地道旅客通行能力时，各项参数取值可参考表 6.2。

4）进出站口旅客通行能力

进出站口旅客通行能力与旅客进出站查验内容、办理手续复杂程度有关。一般情况下，进出站口查验时间符合正态分布。进出站口旅客通行能力可利用单位时间内办理进出站的旅客数量来确定。

6.3 站内停车场(库)

站内停车场(库)不仅仅是供客运场站车辆停放的场地，又往往是一个客运服务站。因此，这类停车场(库)不仅要做好车辆的保管存放工作，而且还要进行营运组织和管理工作，并负责车辆的简易技术维护、小修以及运行材料的供应等工作。为了保证被保管存放车辆的安全可靠，停车场(库)必须满足以下要求：

①保持车辆原有的技术状况；

②车辆可以随时安全、顺利、方便、迅速地进出，以保证能及时参加营运工作；

③无火灾危险，并备有必要的消防设施及安全疏散的通道和大门；

④设置为停放车辆服务的技术性服务设施；

⑤在不降低上述基本要求的原则下，应尽量减少基建投资额和日常运营费用，力求减少占地面积。

站内停车场主要包括以下几个部分：停车场地、停车出入口通道、各种停车管理设施和其他附属设施。停车场(库)的布置与客运站旅客客流量以及车辆运输组织有着密切的关系。

6.3.1 车辆停发和停放方式

1）车辆停发方式

车辆停发方式是指车辆驶入和驶出停车位的方式。通常有以下三种方式，如图6.10所示。

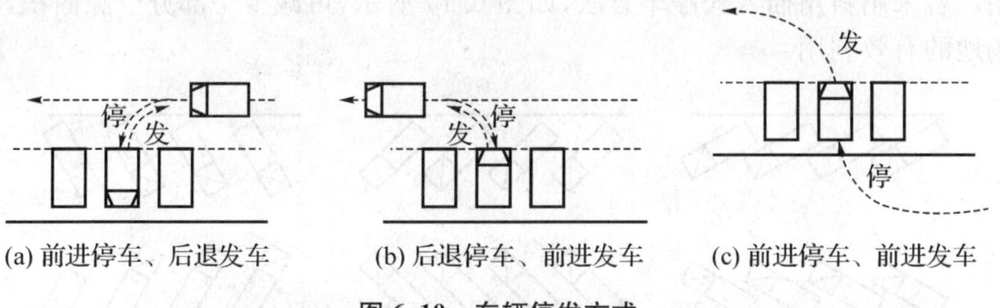

图 6.10 车辆停发方式

前两种进出车位的方式统称尽头式，第三种称贯通式。其中，由于后退停车、前进发车方式行驶方便、迅速，所需调车通道面积较小，且便于车辆的安全疏散，因此广为采用。而贯通式进出车位的方式，虽然都以前进式行驶，可避免车辆进出车位时的交叉和碰撞,调车安全性较好,但因占地面积较大,通常很少采用。

2) 车辆停放方式

车辆停放方式是指车辆在站内停车场的排列形式。车辆在停车场(库)内停放保管时,根据停车场地条件和车辆的停车要求,可以采用不同的停放方法。

(1) 按通道中心线与车辆纵轴线的相对位置关系分类

按通道中心线与车辆纵轴线的相对位置关系,可有三种停放方法:

①平行式,如图 6.11 所示。车辆纵轴线平行于通道方向停放。这种停放方式占用的停车带较窄,车辆驶出方便、迅速,但单位长度内停放的车辆数最少,一般在车型多、场地狭长、沿道路一侧或两侧布置停车时,采用此种形式。

②垂直式,如图 6.12 所示。车辆纵轴线垂直于通道方向停放。这种停放方式的特点是单位长度内停放的车辆数最多,用地比较紧凑,但所需通道较宽。布置时宜采用两边停车,合用中间一条通道,因此在场区整齐的情况下广泛采用。

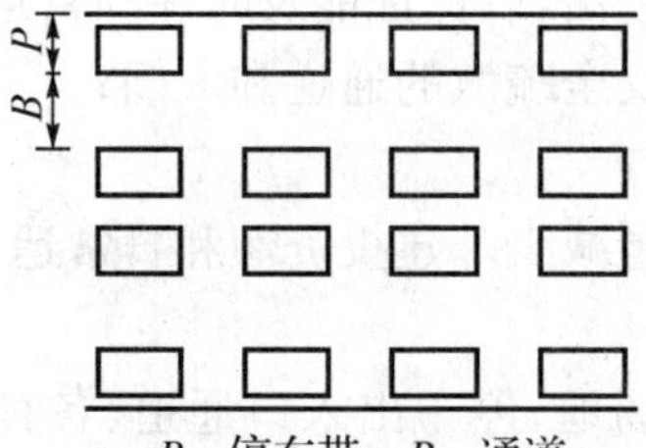

P—停车带;*B*—通道

图 6.11 平行式停车

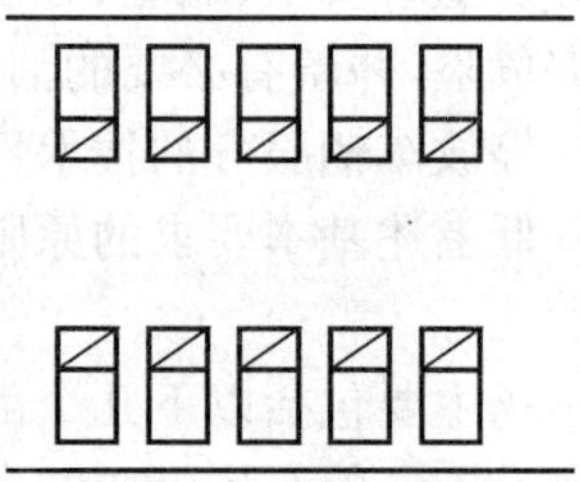

图 6.12 垂直式停车

③斜置式,如图 6.13 所示。车辆纵轴线一般与通道成 30°、45°、60°或其他锐角斜向布置的停放方式。这种停放方式的特点是停车带宽度随车身长度和停放角度而异,车辆停放灵活,驶出、驶入车位方便。但受通道宽度限制,车辆只能在通道内作单向前进行驶,单位停车面积比垂直式大,而且随着停放角度的减小,车辆前后不能利用的三角形面积增大。尤其是 30°停放,用地最不经济。所以适宜于停车处宽度有限的场合下采用。若采用斜角插入式停车方法,如图 6.14 所示,可减少一部分空隙面积,有利于停车场地的有效利用。

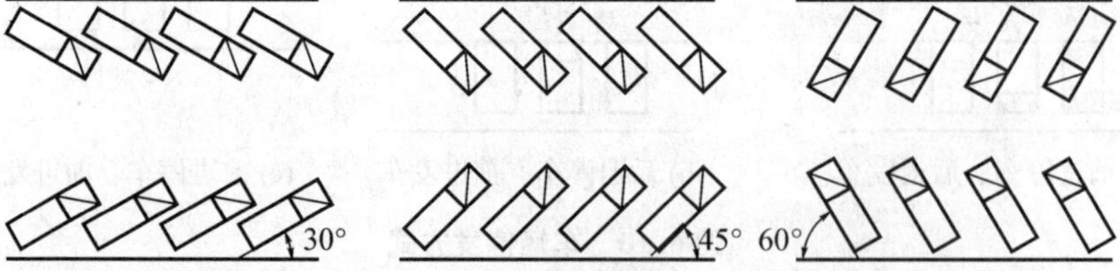

图 6.13 斜置式停车

(2) 按停放车辆的排列数分类

按停放车辆的排列数可分为单列和多列两种停放方法。尽头式的排列一般不宜超过两列，贯通式的排列一般不宜超过六列。

图 6.14 斜角插入式停车

6.3.2 停车场(库)的工艺计算

停车场(库)的工艺计算，主要是依据停放车辆的类型、数量和停放方式，计算停车带、调车通道的尺寸，确定单位车辆占地面积及停车处的总面积，以保证车辆进出迅速方便，停放安全可靠，用地经济合理。这里仅对停车容量、场区行车通道宽度计算作简要介绍。

1) 设计车型及停车容量的确定

对于公路客运运输枢纽的场内停车场(库)，一般选用大型客车作为停车场(库)的设计车型。停车容量是指停车场(库)同时能停放的最大车辆数，停车容量与所在客运场站的旅客发送量、停车场车辆停放类型有关。

2) 行车通道宽度的确定

为了保证车辆在停车场(库)内的安全行驶，停车场(库)内必须布置行车通道。通道宽度取决于汽车的外形尺寸，最小转弯半径以及必要的安全区带宽度。根据停车场(库)的类别、停车数量及行车组织方法的不同，行车通道可设单车道或双车道。

(1) 单车道宽度的确定

汽车在单车道上行驶时，除必须保证车辆本身宽度外，还应考虑安全行车的要求。如图 6.15 所示，单车道宽度 X_1 可按下式确定：

$$X_1 = b + 2Z_w \tag{6.10}$$

式中：b——汽车外形宽度(米)；

Z_w——安全区带宽度(米)。

由于 Z_w 一般不得小于 0.4 米，因此 $X_1 \geqslant (b+0.8)$ 米。

在正常情况下，大、中型客车使用的单车道宽度应不小于 3.0 米。

(2) 双车道宽度的确定

双车道的宽度取决于 2 倍的客车宽度及其附加安全区带的宽度，如图 6.16 所示。不论两辆汽车是相向行驶还是同向行驶，双车道宽度 X_2 均可按下式计算：

$$X_2 = 2(b + Z_w) + Z \tag{6.11}$$

式中：Z——两辆汽车之间的安全行驶距离，一般取 0.8～1.0 米。

在正常情况下，供大、中型客车使用的双车道行车通道总宽度应不小于 6 米。此外，如果设计时还需要考虑在行车道旁设置人行通道，设置的人行通道宽度应不小于 0.75 米。

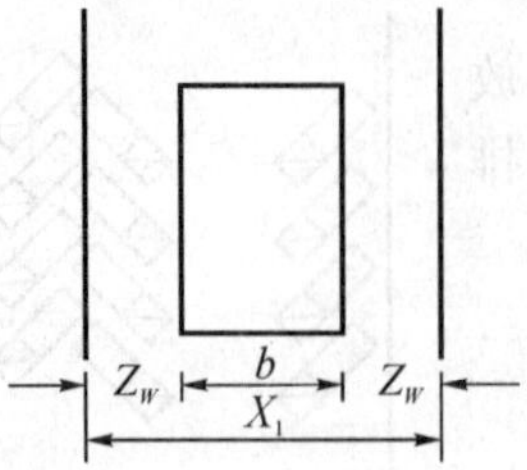

图 6.15　单车道宽度

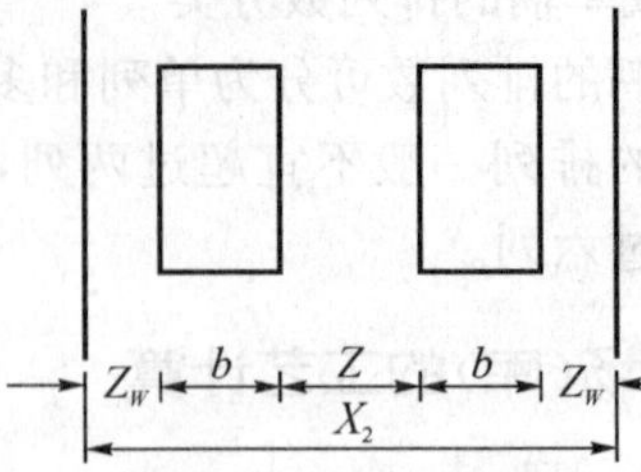

图 6.16　双车道宽度

6.4　站前广场

6.4.1　站前广场组成部分

站前广场是客运场站运输与城市市内交通的纽带，除了担负着安全、迅速集散旅客的任务之外，还应具有组织旅客在室外候车、为接运交通工具提供停车场地、满足旅客吃、住、商、娱等需要的功能。为了实现上述功能，站前广场主要由以下几个功能部分组成：

1）站房平台

站房平台是指站房室外向城市方向延伸一定宽度的平台，用于联系站房各部位并连接进出站口、旅客活动地带及人行通道。

2）旅客车站专用场地

旅客车站专用场地由旅客活动地带、人行通道、车行道、停车场及绿化、建筑小品等组成。

3）公交站点

公交站点包括公共汽车、电车、地下铁道等在站房附近设置的首末和中途站点。

4）停车场

停车场包括机动车如公共汽车、旅游车、出租车、机动三轮车、接送客车、团体专用车、摩托车、非机动车等的停车场地。

5）综合服务设施

站前广场的综合服务设施包括宾馆、餐厅、商场、邮电、银行等。

6）交通管理设施

站前广场的交通管理设施包括护栏、岗楼、车辆调度办公室、广播、宣传指示牌、信号灯以及各种交通标志。

6.4.2　站前广场的布置要求

站前广场的布置应充分考虑客运场站旅客流量、流向、站房规模、城市干道布局、公交车辆流线和停车场分布等因素。

①结合城市总体规划、站房规模、地形、土地利用状况等情况，合理确定广场的面积和布局，使广场内以及周围的各种设施与城市道路及站房出入口有机结合，保证旅客安全迅速疏散。

②合理地设计和组织广场内的各种流线，妥善地安排各种车辆的行驶路线和停车场地，尽量避免各种流线相互间的交叉干扰。

③广场周围做到环境优美，建筑物应当统一规划；在建筑形式上要求突出站房主体，周围建筑物要与站房协调一致。

④注意站前广场的绿化带设计，满足城市绿化的要求。

6.4.3 站前广场的流线组织

1）站前广场的流线分析

站前广场的交通流线主要是人流、车流和行包流。

①站前广场的人流中，最主要的是旅客流。进入广场之后，乘客去候车、购票、托运和提取行包、寄存、问询等，站前广场的设计应使旅客方便、安全地到达所要去的处所。在人流中还有一部分是接送旅客人员，该部分人流主要集中在进出站口处，亦可能进入候车厅，此外还有少数人通过站前广场去购预售票或办理托运和提取行包手续。

②站前广场的车流中公共汽车以一定频率发车、行车路线固定；出租车、机动行驶路线灵活；接送客车停留时间短，路线不固定；其他还有旅游车、机动与人力三轮车等。目前自行车比较多，灵活机动，进行站前广场设计时应当注意和行人与机动车辆分流。

③站前广场的行包流，主要是装运行包的机动与非机动车辆，还有运送邮件的邮政专用车。一般停车时间都较短。

2）站前广场的流线组织

站前广场流线组织的目的是保障站前广场上的人流、车流、行包流安全顺畅地运行。而影响站前广场交通流线组织的因素主要有：与广场联接的城市干道的交通状况，站房出入口的设置，各种商业服务设施的布局，广场地形，客流、车流的流量、流向等，广场流线组织的具体要求与方法如下：

①尽量使站前广场上的各种交通流线分流，各行其道，避免相互交叉干扰。

②应使车流尽量靠近旅客出入口，尽量缩短车辆在站前广场的行驶距离，即停车场与旅客出入口位置设置合理。

③行包流应靠近行包房，行包发送流线与行包到达流线应分开。

④各种流线分流的方法，可采用前后分流或左右分流。前后分流是把人流、车流分别组织在站前广场前后两个部分，前部行驶停靠车辆，上下旅客，后部为旅客活动区。旅客可安全进入站房，前后互不干扰，但车辆不能紧靠出入口，增加了旅客步行距离。左右分流是将车流、人流沿站前广场横向分布，人流右边进站，左边出站，车

流按流向、流量分别组织在不同的场地，从而使人车分流，互不干扰，这是比较常用的分流方式。

⑤流线组织既要考虑平时正常情况下的人流组织，亦要考虑节假日的人流组织，应有一定的灵活性。

6.5 公路货运场站设计

6.5.1 公路货运站的选址原则和步骤

根据《汽车货运站（场）级别划分和建设要求》(JT/T402－1999）标准，公路货运站选址原则首先应符合公路主枢纽总体布局规划和所在地区货运站（场）发展规划，若无上述规划，选址时则须遵循以下原则和步骤：

1）选址的原则

①符合城镇总体布局规划；

②与综合运输网合理衔接，便于组织多式联运；

③靠近较大货源点，并适应服务区域内的货运需求；

④尽量利用现有设施，并留有发展余地；

⑤具备良好的给排水、电力、道路、通讯等条件；

⑥具备良好的地质条件。

2）选址步骤

①收集城镇、路网、国土等有关规划和运输统计、站区内水文地质等有关资料；

②确定公路货运站的服务范围和功能；

③测算设计年度货运站的生产规模和占地面积；

④根据选址原则，提出若干货运站站址备选方案；

⑤对备选站址进行现场勘查；

⑥经方案比选，确定货运站站址。

公路货运场站和公路客运场站一样也是公路运输部门重要的基层生产单位之一。公路货运站的基本任务是：满足营运区域内社会对公路货运的需求，为公路货物合理运输创造良好条件，组织好城市间、城乡间的公路货运工作；组织好公路与其他运输方式的联运及相关业务；提高公路运输实载率，保证安全、及时、便捷、经济地完成货运任务。

6.5.2 公路货运站类型

公路货运场站为货物集散、车辆停放提供场所。对于较大规模的公路货运站，除具备以上基本功能外，还应具备运输生产组织管理、中转换装、通讯信息、多式联运、运输代理和综合服务等功能。当前，我国汽车运输企业的货运站，大致可分为零担货运站、集装箱货运站和整车货运站三类。

1）零担货运站

一批货物托运的重量在3吨以下或不满一整车装运时，并且单件货物质量不超过200千克，单件体积不超过1.5立方米，货物长度不超过3.5米，宽度不超过1.5米，高度不超过1.3米，此批货物就称为零担货物。

零担货运站就是专门从事零担货物运输的汽车站，简称零担站。其主要特点是：

①站务作业计划性差。零担货物可由托运单位或个人自行运抵货运站点，也可由车站指派业务人员上门代理托运手续。因此，难以采用合同运输等方式将其纳入计划运输的轨道。

②站务工作量大且复杂。作业主要程序是：受理托运、退运与变更、检货司磅；验收入库、开票收费、装车与卸车、货物交接、货物中转、到达与交付等环节。

③建站条件要求较高。车站必须满足零担货运的工艺要求，合理地设置零担货运站房、仓库、货棚、装卸场、停车场以及相关生产辅助设施，且各组成部分的相互位置应符合方便货主、便于作业、适应需要、优质服务的要求。

④设备条件要求较高。车站必须选择厢型车作为专用运输车辆，同时还应配置较高生产效率的站内运输机械和装卸设备。

2）整车货运站

整车货运站是调查并组织货源，办理货运商务作业的场所。商务作业包括托运、承运、受理业务、结算运费等工作。有的整车货运站也兼营零担货运。整车货运站的主要特点是：

①整车货运站是公路运输企业调查、组织货源，办理货运等商务作业的代表机构；

②承担汽车货运车辆的停放和保管；

③一般不提供仓储设施，只提供运力，从发货单位的仓库装车，负责运输过程的货物保管，直接运送到收货单位的仓库卸车；

④因运量大、地点较固定，所以适于采用大吨位载货车和较高生产效率的装卸机械。

3）集装箱货运站

集装箱货运站是以承担集装箱中转运输任务为主的货运站，又称集装箱公路中转站。其主要业务功能是：

①港口、车站与货主间的集装箱“门到门”运输与中转运输；

②集装箱货物的拆（掏）箱、装（拼）箱、仓储和接取、送达；

③空、重集装箱的装卸、堆存和集装箱的检查、清洗、消毒、维修；

④运输车辆、装卸机械与设备的检查、清洗、维修和保管；

⑤为货主代办报关、报检等货运代理业务。

由于零担和集装箱货运站的业务比整车业务复杂，本节仅就公路零担货运站与集装箱公路中转站做进一步介绍。

6.5.3 公路零担货运站

零担货物具有品种繁杂、流向分散、量小批多、质高价贵、时间性强等特点，零担货运量占公路运输总量的比重虽然不大，但随着经济的发展，零担货运增长速度显著。由于全国目前办理零担运输业务的站点，绝大部分是由过去的公路客运站行李房或企业的材料库、汽车库等改造而来，条件简陋，缺乏必要的设备和设施，远不能适应零担货运发展的需要。因此，加强对公路零担站的建设，逐步实现公路零担货运的标准化、规范化，为用户提供良好的零担运输条件，具有十分重要的现实意义。

1）零担货运站的组成及设置原则

零担货运站的各组成部分相互联系和协助，既分工明确，又有其作业程序的连续性。其主要组成部分和设置原则如下：

(1) 站房

站房主要由托运处、提货处组成。其中托运处由受理货物人员工作间和货主办理托运手续、货物临时堆放场所组成；提货处由办理提货手续人员的工作间和提货人办理提货手续的场所组成。

托运处、提货处的布置原则如下：

①托运处、提货处及工作间应设置在站房底层，并与所在地主干道有较方便的道路衔接，以方便货主送取货物。由于办理托运的高峰时间比较集中，托运处人流、货流容易发生交叉和干扰，因此必须组织好托运作业流程，并提供足够的用地面积。受理托运的工作间应按作业流程设置，便于货主办理托运手续。

②托运处与仓库间的距离力求短捷，便于受理托运后的货物入库保管存放。对于货物吞吐量较大的零担站，应设置货物传送装置。提货处应靠近到达仓库或货位布置，以利于货物的提取。有条件的零担站，还可由车站送货上门。

(2) 仓库、货棚

零担站的仓库、货棚由货位、操作通道、进出仓门、装卸站台等组成。仓库、货棚设置应当考虑以下两个原则：

①仓库作业是零担站务作业的关键环节，其位置和布局不仅应当方便货物的入库和提取，而且还应当有利于仓储生产的有序进行，货物的合理存放和充分利用库容，有利于提高零担车辆的装卸效率，有利于采用先进的装卸工艺和设备。还要配置必要的安全消防设施，保证仓库作业的安全和文明生产。

②进出仓门的设置，既要考虑车辆在比较集中到达时有可能同时进行装卸作业，又要考虑减少由于增设货门造成仓库有效堆放面积的损失。

(3) 装卸场、停车场及生产辅助设施

零担站的装卸场及停车场分别为车辆装卸货物和停放时所必需的场地。生产辅助设施由行政业务人员和后勤管理人员工作间、司乘公寓、食堂、浴室、装卸人员休息室等组成。对于装卸场的设置，我们应当考虑如下问题：

①装卸站台应设置在靠近装卸场的仓库一侧，其主要要求是满足同时可有较多车辆进行作业时的装卸方便性，并有利于采用装卸机械作业，以减轻装卸工人的劳动强度，并提高装卸作业效率。

②装卸站台上方应设防雨棚，以免装卸货物造成湿损。装卸站台一般有直线式和阶梯式两种。根据车辆进行作业时与站台的相互位置，直线式又可分为平行式和垂直式，当装卸场地条件受限制，又要保证有足够的装卸作业点时，可采用阶梯式站台，如图6.17所示。

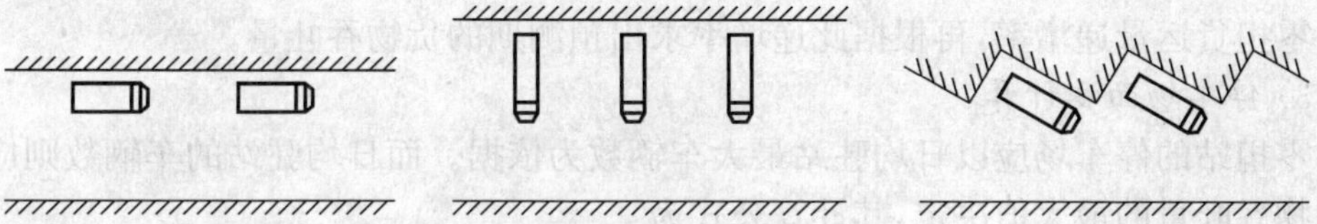

(a) 平行式　(b) 垂直式　(c) 阶梯式

图 6.17　装卸站台类型

③装卸作业场与停车场应与站内的车辆进出通道合理衔接，避免车流在站内发生交叉和相互干扰。场地的大小及宽度要与所采用的车型相适应，保证车辆行驶、停放和装卸作业的方便、安全，避免不必要的辅助调车。

④零担站停车场的面积与营运车辆的车型及驻站车辆数目有关，并且要适当考虑驻站车辆的维护、小修作业场地，以保持车辆技术状况的良好。

各组成部分按照生产工艺流程发挥各自作用，构成一个统一协调的整体，公路零担站货运生产工艺流程如图 6.18 所示。

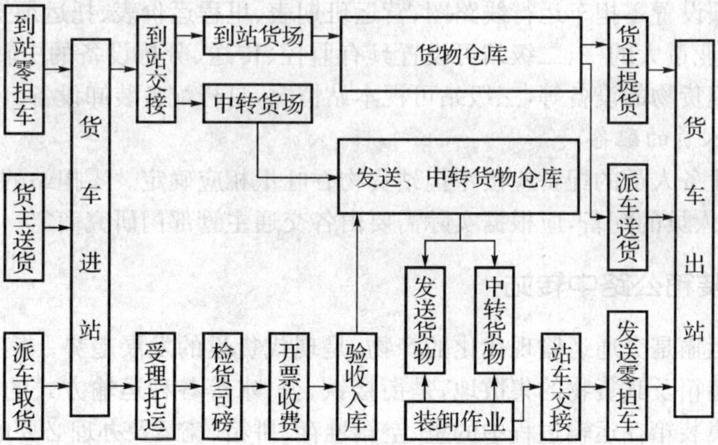

图 6.18　公路零担站货运生产工艺流程框图

2) 零担站设计年度货物吞吐量确定

零担站的设计年度是指零担站竣工投入使用后的适用年度。为了保证零担站有较长的适用时期，零担站设计年度至少与统计年度相隔 10 年。零担站的建设规模，要以设计年度的货运需求为依据，因此必须计算设计年度的货物吞吐量。

零担站设计年度货物吞吐量 T_D 可按下式计算：

$$T_D = T_0(1+\alpha_i)^n \tag{6.12}$$

式中：T_0——统计年度货物吞吐量(吨)；

α_i——货物吞吐量预计每年递增幅度；

n——统计年度至设计年度的间隔时间(年)。

采用此预测方法，必须以分析当地历年零担货运的统计资料为基础，以此确定预测期内零担货运量递增率，再根据此递增率求出预测期的货物吞吐量。

3) 停车场面积计算

零担站的停车场应以日均驻站最大车辆数为依据。而日均驻站的车辆数则应由日均货物吞吐量的最大值决定，其计算公式为

$$N = T_D/T \tag{6.13}$$

式中：T——货运场站车辆的平均载货量(吨)。

在新站建设中，每一驻站车辆所需停车面积，可以采用车辆最大投影面积的3倍确定。零担站停车场面积 A 可按下式计算：

$$A=3\times N\times F \tag{6.14}$$

式中：N——日均驻站最大车辆数(辆)；

F——车辆最大投影面积(平方米/辆)。

4) 零担站的设施、设备

为方便货主，提高服务质量，各级零担站必须结合企业实际，配置相应设施和设备。营业场所必须设置零担车运行线路图、营运班期表、里程运价表、托运须知等服务设施。中转、换装作业量大的一、二级站可设置具有监控、传送、分拣设备的中转库，还应配置装卸笨重零担货物的设备等，三级站可视本站情况，自行配备装卸设备。

5) 业务人员的配备

零担站业务人员的配备应按零担站货物吞吐量相应确定。零担站的机构设置和行政管理、后勤人员的配备，应根据实际需要由各交通主管部门研究商定。

6.5.4 集装箱公路中转站

集装箱运输是交通运输现代化的产物，是现代货运的发展趋势。集装箱公路中转站是公路集装箱及其货物的集散地，是衔接铁、公、水等各种运输方式的枢纽。其功能主要是完成集装箱在运输过程中的重、空箱堆存、拼箱、疏运及办理必要的运输手续。

1) 集装箱公路中转站站级划分

根据国家技术监督局颁布的《集装箱公路中转站站级划分及设备配备》(GB/T12419－90)国家标准，集装箱公路中转站站级划分如下：

(1) 一级站

①位于大型海港附近，年箱运量在 30×10^3 标准箱以上或年堆存量在 9×10^3 标准

箱以上的国际集装箱中转站；

②位于大型河港或主要陆运交通枢纽附近，年箱运量在 20×10^3 标准箱以上或年堆存量在 6×10^3 标准箱以上的国内集装箱中转站。

(2) 二级站

①位于中型海港或主要陆运交通枢纽附近，年箱运量在 $16\times10^3\sim30\times10^3$ 标准箱或年堆存量在 $6.5\times10^3\sim9\times10^3$ 标准箱的国际集装箱中转站；

②位于中型河港或主要陆运交通枢纽附近，年箱运量在 $10\times10^3\sim20\times10^3$ 标准箱或年堆存量在 $4\times10^3\sim6\times10^3$ 标准箱的国内集装箱中转站。

(3) 三级站

①位于中型海港或陆运交通枢纽附近，年箱运量在 $8\times10^3\sim16\times10^3$ 标准箱或年堆存量在 $4\times10^3\sim6.5\times10^3$ 标准箱的国际集装箱中转站；

②位于中型河港或陆运交通枢纽附近，年箱运量在 $5\times10^3\sim10\times10^3$ 标准箱或年堆存量在 $2.5\times10^3\sim4\times10^3$ 标准箱的国内集装箱中转站。

(4) 四级站

①位于小型海港或陆运交通枢纽附近，年箱运量在 $4\times10^3\sim8\times10^3$ 标准箱或年堆存量在 $2.5\times10^3\sim4\times10^3$ 标准箱的国际集装箱中转站；

②位于小型河港或陆运交通枢纽附近，年箱运量在 $2\times10^3\sim5\times10^3$ 标准箱或年堆存量在 $1\times10^3\sim2.5\times10^3$ 标准箱的国内集装箱中转站。

2) 集装箱公路中转站的各组成部分及设置要求

集装箱公路中转站的主要组成部分及其功能要求与零担站大致相同，同样也包括了站房、停车场以及生产辅助设施。但与零担站相比，集装箱站所不同的是，集装箱站的组成单元主要是集装箱堆场、拆装箱库和拆装箱作业区。其主要组成部分和设置要求如下所述：

(1) 站房

站房内主要布置业务办公用房，包括商务作业、生产调度、海关、检疫、理货、商检等部门。业务办公用房又包括商务作业人员工作间和收发货人办理托运、提货手续的场所等。

(2) 集装箱堆场

集装箱堆场是堆放集装箱的专用场地。集装箱堆场由重、空箱堆放区和操作通道组成。集装箱堆场的设置应满足不同功能集装箱(中转箱、拼装箱、周转和维修箱等)分区堆放的要求，设计应尽量缩短运距，避免作业交叉，能准确、便捷地运送所需集装箱。合理的集装箱堆场布置应符合下列基本原则：

①中转箱分区应布置在便于集装箱能顺利地由一辆车直接换装到另一辆车的交通便利处；

②拼装箱分区应尽量设置在仓库附近，作业干扰小、减少中间运输量；

③周转和维修箱分区应尽量布置在作业区外围，靠近维修车间一侧，便于取送和维修，并减少对正常作业区的干扰；

④合理采用集装箱运输机械，除保证机械顺畅进出场地的空间需求和足够的作业半径外，应尽量减少其行走距离，提高机械利用效率；

⑤合理布置箱位，既要考虑充分利用堆场面积，又要使箱距间发送安全方便；

⑥场区内要有一定坡度，以利于排水。

(3) 拆装箱库和拆装箱作业区

拆装箱库及其作业区是指对拼装箱进行拆箱和装箱的作业场所，也是拼装箱零担货物的集散地。其作业内容主要是把适箱零担货物装入集装箱，或从集装箱中取出，按类保管、存放和发放。拆装箱库和拆装箱作业区主要有仓库、作业平台和作业区三部分组成，拆装箱库及其作业区应满足下列功能要求：

①设置拆装箱平台，留有足够场地以便于进行拆、装箱作业；

②能满足机械装卸作业所需作业场地要求，避免相互干扰；

③留有适当理货空间，有利于货物的集结和疏运。

拆装箱平台通常设置在拆装箱库的两侧或四周，所需场地应保证车辆进出和人员操作互不干扰，拆装箱平台的工位数应满足进行拆装箱作业的需要。集装箱运输虽是以集装箱作为基本工具，但实质上是成组运输的一种高级形式，同时也为适箱零担货物提高运输质量提供了新的运输方式。因此，集装箱运输实际上也是零担货物运输发展的方向。

(4) 集装箱站的停车场及生产辅助设施

集装箱站的停车场及生产辅助设施，其设置原则与零担货运站大致相同，此处不再赘述。

集装箱站内的主要流线是货流(含箱流)和车流。根据集装箱型号，发、收货人及货流的特点，可把集装箱分为整装箱和拼装箱两类，且它们在站内的作业工艺也有很大区别。整装箱的接取、送达作业是以“箱”为单位的，它在站内只作临时停放，应及时组织中转，其装箱与拆箱作业由货主自理。拼装箱的接取、送达作业是以普通货物形态完成的，其作业方式与零担站相仿，拼装箱的装箱或拆箱作业，均由集装箱站负责在站内作业区完成。图 6.19 为集装箱货运站工艺流程图。

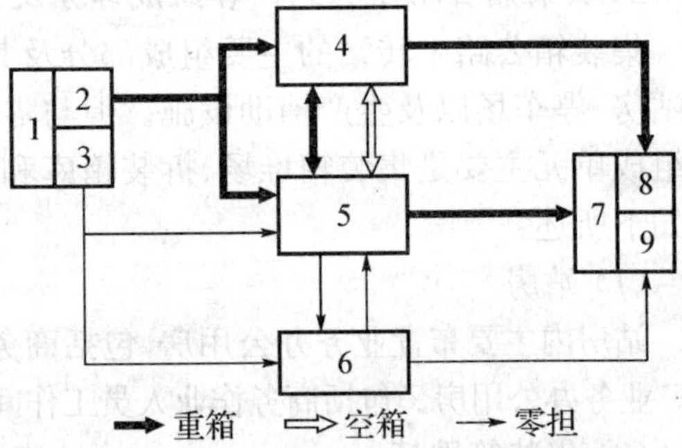

图 6.19　集装箱货运站工艺流程框图

1—进站口；2—重箱；3—零担货；4—集装箱堆场；5—拆装箱平台；6—拆装箱仓库；7—出站口；8—车站；9—货主

6.5.5　公路货运站的平面布置

对于公路货运站的建设，必须重视工艺流程研究，不断完善并形成各级货运站的典型布置方案，这对于促进公路货运站的进一步发展，尤其是零担和集装箱运输的发展将具有十分重要的意义。

1）平面布置的基本原则

总平面图的布置是货运站设计中的一个重要组成部分，也是货运站细节设计和规划的前提和基础。其主要任务是根据工艺计算的要求、选定的站址和地形特点、生产工艺流程等，对建筑物、构筑物、运输道路以及站区绿化等组成部分的相互关系和位置进行合理布置，并获得工艺上和经济上的合理性。具体布置原则如下：

①将分区按照工作性质的不同进行合理布置和划分，使得分区的布置满足生产工艺要求和良好的生产联系。

②仓库是货运站生产作业的中心区和关键环节，必须合理规划仓库的位置及其与各作业区的相互配合，使之满足生产工艺要求。

③车辆及货物在站内行驶路线要短捷，避免发生相互交叉和拥挤，保证正常的秩序和运输安全。

④货运场站应考虑货主的需求，尽可能为货主提供方便。货运站的办公楼一般面向城市主干道布置，托运和提货处一般设置在进、出站口附近，通常在办公楼底层营业。

⑤因地制宜，重视技术经济论证，既考虑占地面积经济，又要适当留有发展余地。

例如货运站仓库近几年逐渐向立体仓库发展，但应做好技术经济论证工作，以获得工艺合理、经济可行的最佳方案，并解决好立体仓库货物的垂直运输问题。

2）货运站平面布置的基本类型

通常货运站的办公楼与仓库分开建造，办公楼一般布置在临主干道一侧。而仓库是货运站生产作业的中心环节，其位置对零担站和集装箱站的总体布置有重要影响，因此，下面将以仓库为基础来说明货运站的基本布置类型。

（1）按照仓库的外形可分为“一”字形、“L”形及“T”字形

在生产实践中，“一”字形仓库对货物的装卸作业比较便利，所以零担仓库多采用此类型。由于集装箱的拆装箱作业库房一般分设装箱库房和拆箱库房。因此，集装箱的拆装箱作业库房宜采用“L”形及“T”形仓库，以保证分区明确和联系方便。

（2）按仓库高度可分平地式、高台式两种

高台式仓库地面一般高出路面 1.2～1.3 米，与运输车辆车箱底板相平。当集装箱的仓库为平地式时，其周围可不设置拆装箱平台。当其仓库为高台式时，仓库的拆装箱作业区侧面应设置作业平台，为拆装箱作业提供方便。新建的零担货运站宜采用高台式仓库，并设置相应的作业平台，便于货物装卸和采用叉车作业。对于利用原有建筑物作为零担站平地式仓库，可在仓库附近的合适位置，专门设置装卸站台，以便于货物的装卸作业。

（3）按仓库建筑层数不同可分为单层和双层两种

在建造双层仓库时，应同时考虑由于停电或发生设备故障时货物纵向移动的措施，以免对正常生产造成严重影响。

(4) 按仓库存放货物的类型,可分为综合仓库和专用仓库两种

零担货运站大多数采用综合仓库保管方法,即将发送、中转或到达交付的各类货物在同一仓库内分区、分线保管存放。对于日均货物吞吐量较大的零担站,也可按上述不同货物类型,分别设置专用仓库,以免发生货差。对于承运危险品的零担站,必须单独设置危险品仓库。

集装箱站的拆装箱库,多数采用综合式仓库。由于集装箱堆场也可作为露天仓库,一般应按中转箱、拆装箱,周转箱、维修箱分区堆放。各种集装箱的堆码层数应与选用的起重设备相适应。根据集装箱能承受动载荷作用下的强度设计,重箱堆码最多不得超过六层。

复习思考题

6.1 客运站布置形式有哪些分类方法,各种形式有何优缺点?试分析其适用的条件。

6.2 站房的布局应考虑哪些影响因素,试举例说明。

6.3 站房出、入口布置有几种形式,各有何优缺点?试分析其适用的条件。

6.4 售票处布置有几种形式,各有何优缺点?试分析其适用的条件。

6.5 站前广场由哪几部分组成?应怎样规划好广场的流线组织?

6.6 试分析影响旅客进出站通道(天桥、地道)能力的有关因素。

7 铁路运输港站与枢纽规划设计

铁路运输是一种适宜于担负中远距离的大宗客、货运输的重要运输方式，此运输方式具有巨大的运送能力、廉价的运输成本等优点。在我国这样一个幅员辽阔、人口众多、资源丰富的大国，铁路运输不论在目前还是在可以预见的未来，都是综合运输网络中的骨干和中坚。铁路运输由铁路固定运输设备和移动运输设备共同配合完成。而铁路的固定运输设备主要是指铁路线路与轨道、铁路车站与枢纽。

铁路车站与枢纽是铁路运输的基本生产单位，它集中了和运输有关的各项技术设备，并参与了整个运输过程的各个作业环节。合理设置铁路运输场站的位置、规模，配备适当的设施和设备，对于提高铁路运输质量和效率都有着至关重要的作用。

7.1 铁路运输枢纽概述

7.1.1 铁路运输枢纽场站的功能

铁路运输场站——车站既是铁路运输部门对外联系的纽带和服务窗口，又是铁路运输的基本生产单位，它集中了与运输相关的各项技术设备，如客、货运转设备、机务、车辆检修设备和通信设备等。它参与运输过程的主要作业环节，例如旅客上下车、售票，货物承运、保管、装卸、交付，列车接发，车列解体、编组，机车换挂、整备，机车和列车乘务组更换，车辆检修以及货运检查等作业都必须在车站上办理。

7.1.2 铁路运输枢纽场站的分类

1）铁路车站按其技术作业性质分类

按技术作业性质分成五类：会让站、越行站、中间站、区段站和编组站。

①会让站设在单线铁路上，主要办理列车的到发和会让，也办理少量的客货运业务。会让站应铺设到发线并设置通信、信号设备及旅客乘降、办公房屋等设备。

②越行站设置在双线铁路上，主要办理同方向列车的越行，必要时办理反方向列车的转线，也办理少量客、货运业务。因此，越行站应铺设到发线并设置通信、信号设备及

旅客乘降、办公房屋等设备。

③中间站办理的作业主要有:列车的通过、会让和越行。在双线铁路上还办理调整反方向运行列车的转线作业;旅客乘降和行包的收发与保管;货物的承运、装卸、保管与交付;摘挂列车向货场甩挂车辆的调车作业。

中间站如有工业企业线接轨或者是加力牵引起终点以及机车折返站时,还需办理工业企业线的取送车、补机的摘挂、待班和机车整备、转向等作业。在客货运量较大的个别中间站,还有始发、终到旅客列车及编组始发货物列车的作业。

④区段站的主要任务是为邻接的铁路区段供应及整备机车或更换机车乘务组,并为无改编中转货物列车办理规定的技术作业。此外,还办理一定数量的列车解编作业及客、货运业务。在设备条件具备时,还要进行机车、车辆的检修业务。

⑤编组站是在铁路网上办理货物列车解体、编组作业,并为此设有比较完善的调车设备的车站。编组站以处理改编中转货物列车为主,负责路网上和枢纽中车流的组织,同时还供应列车动力,对机车进行整备和检修,并对车辆进行日常维修和定期检修,作业数量和设备规模均较大。

2) 按照业务性质分类

按照业务性质可以分成三类:客运站,货运站和客货运站

①客运站:专门办理客运作业的车站称为客运站。客运站的主要任务是组织旅客安全、迅速、准确、方便地上、下车,办理行包、邮件的装卸搬运;组织旅客列车安全、正点到发和客车车底取送;为旅客提供舒适的服务条件。

②货运站:凡专门办理货物装卸作业的车站,以及专门办理货物联运或换装的车站,均称为货运站。以办理货物装卸作业为主并办理少量的客运或货车中转作业的车站也属于货运站。

③客货运站:同时办理客运作业和货运作业的车站。

3) 按车站等级分类

为衡量车站客货运量和技术作业量大小,以及在政治上,经济上和铁路网上的地位所划分的不同等级,称为车站等级。按照车站的地位、作用、办理运输业务和技术作业量等综合指标将车站分为六级:特等站、一级站、二级站、三级站、四级站、五级站。

对以单项业务为主的客运站或货运站及编组站,根据铁道部文件,按下列条件划分车站等级。

(1) 具备下列三项条件之一者为特等站

①日均上下车及换乘旅客在 6 万人以上,并办理到达,中转行包在 2 万件以上的客运站。

②日均装卸车在 750 辆以上的货运站。

③日均办理有调作业车在 6 500 辆以上的编组站。

(2) 具备下列三项条件之一者为一等站

①日均上下车及换乘旅客在 1.5 万人以上,并办理到达,中转行包在 1 500 件以上

的客运站。

②日均装卸车在350辆以上的货运站。

③日均办理有调作业车在3 000辆以上的编组站。

(3) 具备下列三项条件之一者为二等站

①日均上下车及换乘旅客在5 000人以上，并办理到达，中转行包在500件以上的客运站。

②日均装卸车在200辆以上的货运站。

③日均办理有调作业车在1 500辆以上的编组站。

对办理客、货业务及货物列车编解等技术作业的综合性车站，以下列条件划分。

(4) 具备下列三项条件之二者为三等站

①日均上下车及换乘旅客在2 000人以上，并办理到达，中转行包在100件以上的。

②日均装卸车在50辆以上的车站。

③日均办理有调作业车在500辆以上的车站。

(5) 办理综合业务，但按核定条件，不具备三等站条件者为四等站

(6) 只办理列车会让，越行的会让站与越行站，均为五等站

上述数字，均应为上年度全年实际日均数字。

核定车站等级可考虑车站所在地的政治，经济，文化，外交和运输布局的需要，如首都，中央直辖市及个别省府所在地的车站，可酌定为特等站；省府所在车站及重要的国境站、口岸站，可酌定为一等站或二等站；工矿企业比较集中地区的车站及位于三个方向以上并担当机车更换，列车技术作业的车站，可酌定为二等站或三等站。另外，一等站是和车务段平级的，不受车务段管。

7.1.3 基本概念介绍

铁路线路分为正线、站线、段管线、岔线及特别用途线。

①正线是指连接车站并贯穿或直接伸入车站的线路。

②站线包括：办理接发客货列车的到发线；办理解体或编组货物列车的调车线、牵出线、驼峰推送线、溜放线、迂回线、禁溜线等；办理装卸作业的货物线；办理其他作业的机走线、存车线、检修线等。

③段管线是指机务、工务、车辆、电务等段专用并由其管理的线路。

④岔线是指在区间或站内接轨，通向路内外单位的专用线路。

⑤特别用途线是指为保证行车安全而设置的安全线和避难线。

7.2 会让站、越行站、中间站、区段站、编组站

7.2.1 会让站、越行站、中间站

会让站、越行站和中间站是为提高铁路区段通过能力，保证行车安全，并为沿线城乡及工农业生产提供服务而设的车站，它们的主要任务是办理列车会让、越行及运行调整和一些客货运业务。

会让站、越行站和中间站的分布应考虑地形、地质、水文和铁路运营条件，考虑区间通过能力的均衡性，满足国家年输送能力和客车对数的要求。办理客货运业务的中间站应根据日均客货运量，考虑货物作业集中化的要求，结合该地区其他运输工具的发展情况，并与城市或地区规划相配合。

1）会让站

会让站布置图按其到发线的相互位置主要可分为以下两类。

(1) 横列式会让站

图 7.1 所示为《铁路车站及枢纽设计规范》中横列式会让站的推荐图型。横列式会让站具有站坪长度短，工程费用小，在紧迫导线地段可缩短线路；车站值班员对两端咽喉有较好的了望条件，便于管理；无中部咽喉，减少扳道人员；到发线使用灵活，站场布置紧凑等优点。一般情况下，会让站应采用横列式布置。

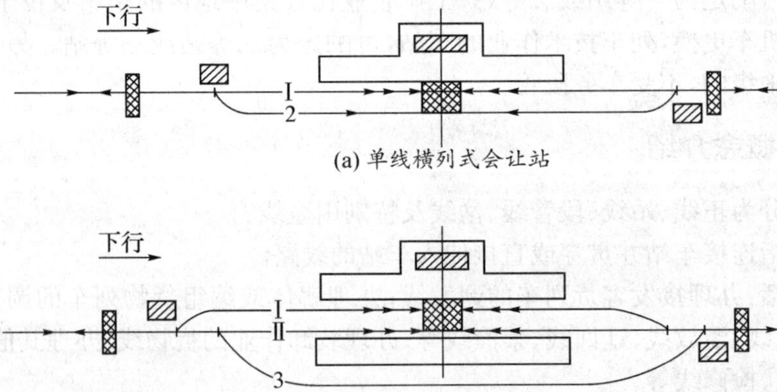

(a) 单线横列式会让站

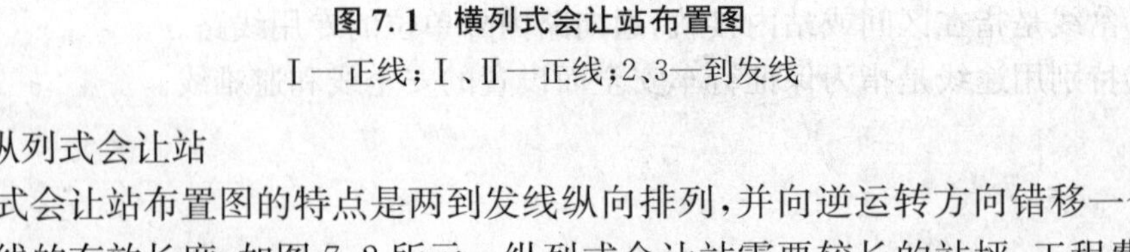

(b) 双线横列式会让站

图 7.1 横列式会让站布置图

Ⅰ—正线；Ⅰ、Ⅱ—正线；2、3—到发线

(2) 纵列式会让站

纵列式会让站布置图的特点是两到发线纵向排列，并向逆运转方向错移一个货物列车到发线的有效长度，如图 7.2 所示。纵列式会让站需要较长的站坪，工程费用大；

车长与值班员联系时，走行距离长；列车在站会车不灵活；在人工扳道非集中联锁的情况下，车站值班员不方便了望信号，确认进路较困难，道岔分设在三处，增加了车站定员，运营管理不方便。其优点是：在山区地形陡峻狭窄的情况下，可以减少工程量；便于车站值班员与司机交接行车凭证；适应重载列车会车的需要。

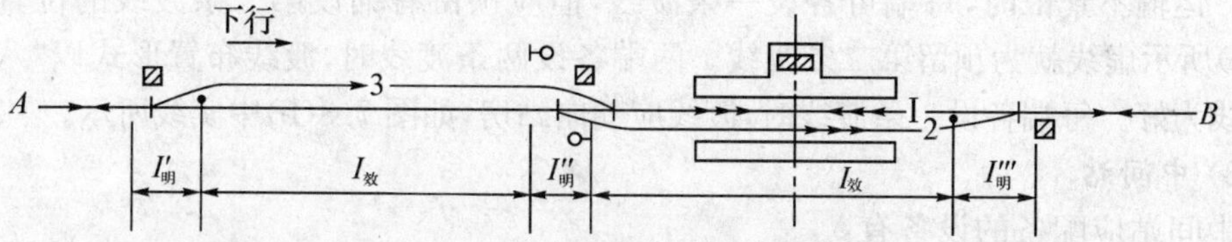

图 7.2　纵列式会让站布置图

2）越行站

越行站一般应采用横列式布置，如图 7.3 所示。

横列式越行站设一条到发线时，到发线一般应设于两正线中间，如图 7.3(a)。设两条到发线时，到发线一般分设于正线两侧，图 7.3(c)。

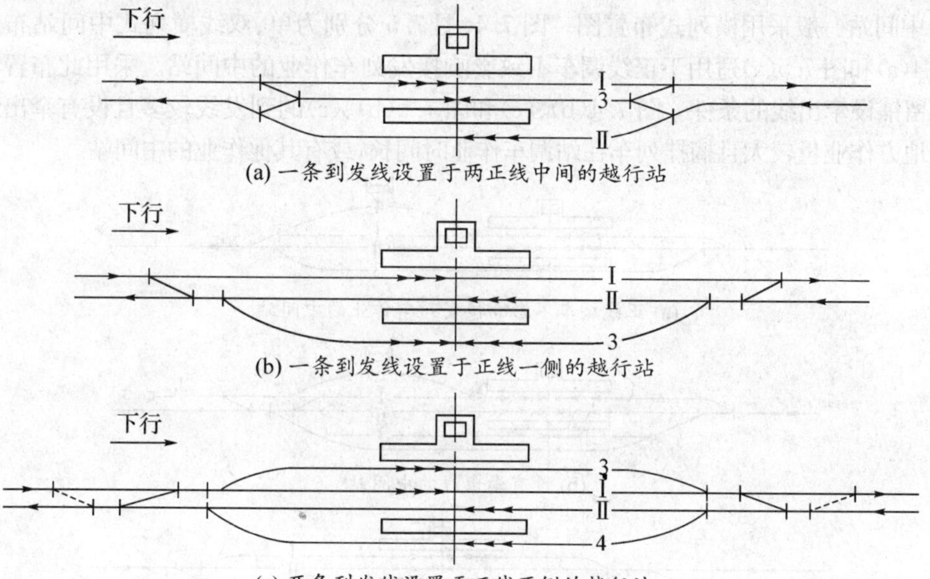

(a) 一条到发线设置于两正线中间的越行站

(b) 一条到发线设置于正线一侧的越行站

(c) 两条到发线设置于正线两侧的越行站

图 7.3　横列式越行站布置图

Ⅰ、Ⅱ—正线；3、4—到发线

越行站的行车作业是按上、下行分开运行的，为保证上、下行旅客列车分别停靠站台，应设置中间站台。越行站的中间站台一般应设在站房对侧的正线和到发线之间，如图 7.3 所示。这种布置具有旅客在中间站台上候车较安全；列车待避条件好；正线顺直以及中间站台加宽时改、扩建工程少等优点。只有在改建有困难时，为充分利用既有设备，个别车站可采用中间站台设在两正线间或到发线外侧的布置形式。

在越行站上为满足转线和反方向接发列车的需要，或因区间线路施工、线路临时发生故障及其他情况下采取运行调整措施，必须使一条线路上运行的列车转入另一条线上运行，因此在车站两端咽喉区的正线间应设置渡线。在一般的越行站上，两端应各设两条渡线。运输不繁忙时，每端可各设一条渡线，但应预留有铺设第二条渡线的位置，如图7.3(c)所示虚线就为预留第二条渡线。两端各设两条渡线时，渡线布置形式以“八”字形的渡线为好。每端各设一条渡线时，渡线应朝向站房，如图 7.3(b)中实线所示。

3）中间站

中间站应配备的设备有：

①列车到发线和货物装卸线，必要时还应设有调车用的牵出线和安全线；

②为旅客服务的站房、站台、站台间的跨越设备（天桥、地道或平过道）和雨棚等；

③为货运服务的货物堆放场、货物站台、仓库、雨棚、装卸设备及货运办公房屋等；

④信号及通信设备；

⑤个别车站为机车整备、转向、给水作业而设置的有关设备等；

⑥必要时还设有存车线和调车线。

中间站一般采用横列式布置图。图 7.4、图 7.5 分别为单、双线横列式中间站布置图。图 7.4(a)和图 7.5(a)适用于正线调车不致影响接发列车作业的中间站。采用此布置，应考虑预留铺设牵出线的条件。图 7.4(b)、(c)和图 7.5(b)、(c)的到发线较多且设有牵出线，适用于地方作业量较大且摘挂列车在站调车作业时间长，或有其他作业的中间站。

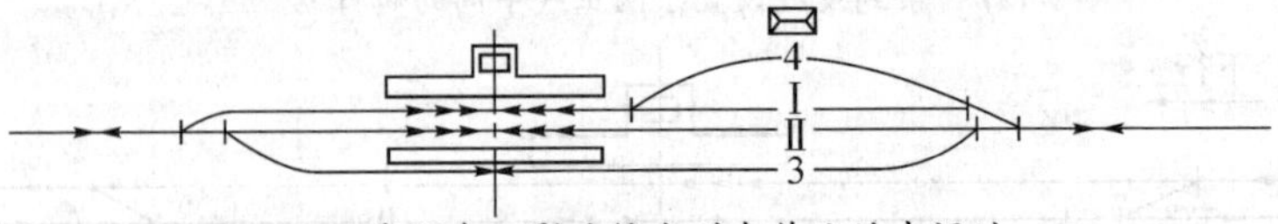

(a) 正线调车不影响接发列车作业的中间站

(b) 设有牵出线的中间站

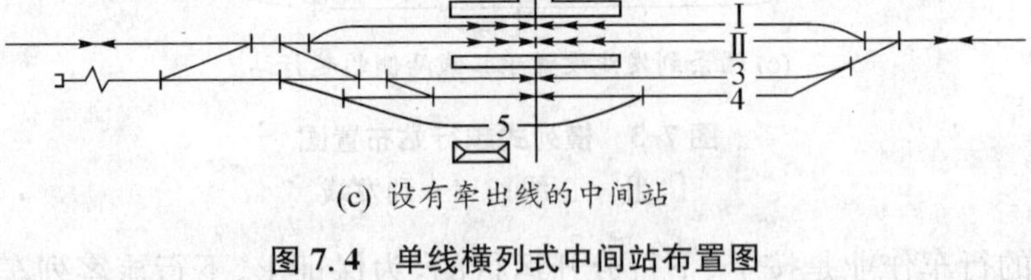

(c) 设有牵出线的中间站

图 7.4 单线横列式中间站布置图

Ⅰ、Ⅱ—正线　3—到发线

中间站的货场位置应根据货源、货流方向、环境保护、城市规划、当地地形、地质条件、有无工业企业线或支线引入、地方交通系统及既有设备利用等因素予以选定。为便于调车作业，货场应尽量设在到发线顺运转方向的前端，如图 7.4 和 7.5 所示。

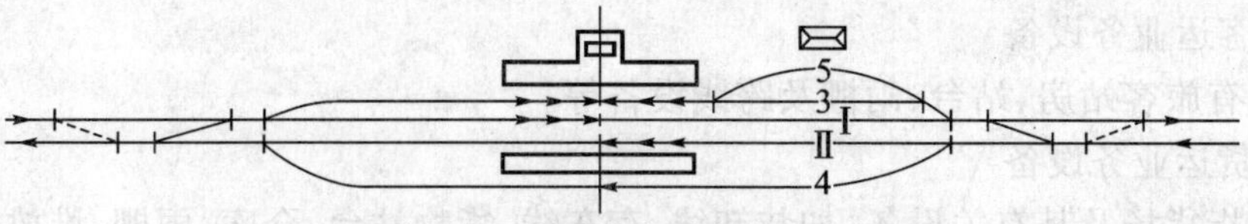

(a) 正线调车不影响接发列车作业的中间站

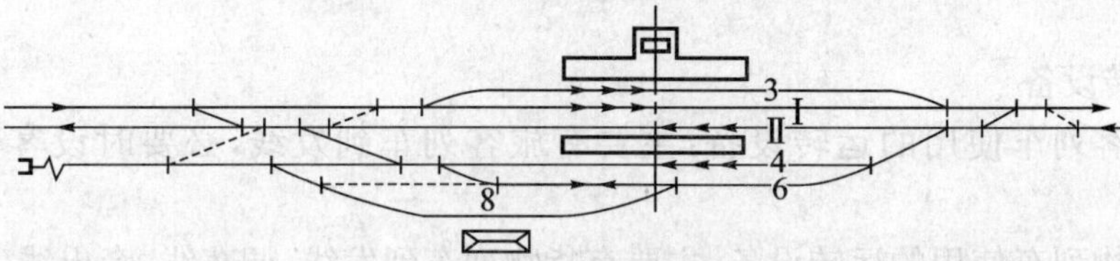

(b) 设有牵出线的中间站

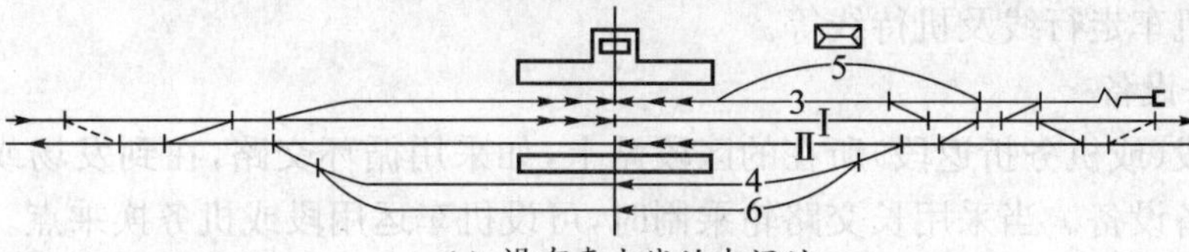

(c) 设有牵出线的中间站

图 7.5　双线横列式中间站布置图

Ⅰ、Ⅱ—正线　3、4、5、6、8—到发线

在有大宗散堆货物或季节性货物装卸，并经常组织整列或成组列车到发的车站上，应考虑在站房对侧布置连通两端咽喉区的长货物线。

中间站的到发线数量不仅与列车对数有关，而且与车站性质和本站作业量密切相关。单线铁路中间站应设两条到发线，以使车站具有三线交会的条件，从而保持良好的运行秩序，提高作业效率和加速车辆周转。

双线铁路中间站应设两条到发线，以使双向列车有同时待避的机会；但作业量大的车站，摘挂列车的作业时间一般较长，可采用三条。

7.2.2　区段站

影响区段站在铁路网上的分布因素主要有：牵引区段的长度、路网上技术作业的要求以及地区及城镇发展规划等。此外，在区段站分布时，应适当考虑我国铁路运营的特点及车流集散的规律。

1）区段站作业及设备

从区段站作业的数量和性质以及设备的种类和规模来看，各类专业车站的主要作业及基本设备在区段站上都有不同程度的体现。

区段站一般办理的作业包括：客、货运业务、通过旅客列车的接发作业、无改编中转列车的接发和有关作业、机车业务、列车的技术检查和车辆的检修。

在区段站所办理作业，无论从数量还是种类，都较中间站复杂。在所办理的各类列车中，又以无改编中转列车所占比重为最大，成为区段站行车组织工作的重要环节。

为了保证上述作业的完成，在区段站上应设有以下各项设备。

(1) 客运业务设备

主要有旅客站房、站台、雨棚及跨线设备等。

(2) 货运业务设备

主要指货场及其有关设备，如装卸线、存车线、货物站台、仓库、雨棚、堆放场及装卸机械等。

(3) 运转设备

①供旅客列车使用的运转设备：主要有旅客列车到发线，必要时设客车车底停留线。

②供货物列车使用的运转设备：主要有货物列车到发线、调车线、牵出线(有时设小能力驼峰)、机车走行线及机待线等。

(4) 机务设备

在机务段(或机务折返段)所在的区段站上，如采用循环交路，在到发场或其附近，设有机车整备设备。当采用长交路轮乘制时，可设机车运用段或机务换乘点。

(5) 车辆设备

主要指列车检修所(简称列检所)、站修所。在规模较大的区段站上还设有车辆段。

除上述各项设备外，还有信号、通信、给水、排水、电力、照明、技术办公房屋以及城镇道路的平(立)交设备等。

2) 区段站主要设备的相互位置及相互联系

区段站是为相邻牵引区段服务的，主要办理无改编中转列车的作业，因而缩短中转列车的停站时间及提高车站的通过能力就成为研究区段站设备配置的主要任务。

(1) 客运业务设备及客运运转设备的配置

客运设备均应设在靠近城镇的一侧，以方便客运业务的组织和旅客的出入车站。旅客列车到发线要靠近站房并直接连通正线，一端接通机务段，以便必要时更换机车；另一端与牵出线直接联通，以方便调车机车自牵出线往到发线摘挂客车车辆。到发线与旅客站房之间要留有适当距离，以便将来发展。

到发线与旅客站台的合理布置形式的选择，主要需考虑正线布置要顺直；客、货列车能便捷到发，站内交叉少；旅客跨越线路少，横越线路设备建筑费用小；便于货场设置、支线引入及工业企业线接轨；便于线路保养维修以及便于进一步发展。图 7.6(a)、(b)分别为单线和双线铁路区段站应优先采用的到发线与旅客站台的布置方案。

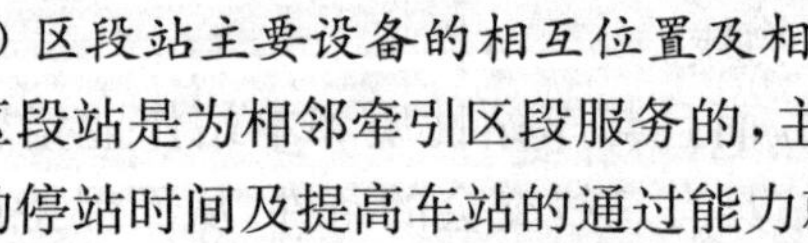

(a) 单线铁路区段站布置方案

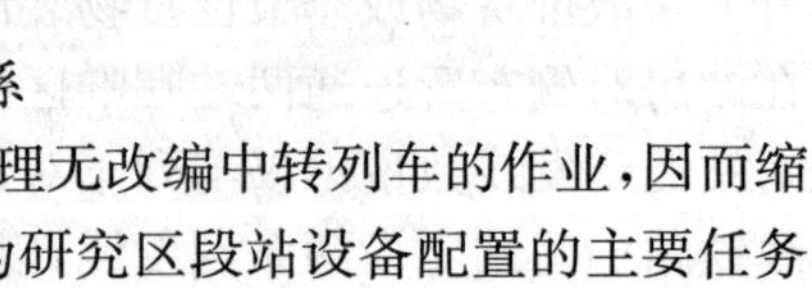

(b) 双线铁路区段站布置方案

图 7.6 区段站旅客站台与线路布置方式图

(2) 货运运转设备的配置

货物列车到发线设在与旅客列车到发线相对应的正线的另一侧并与正线接通，使列车到发有顺直及便捷的进路。由于到站改编的区段列车和摘挂列车要从到发场经由牵出线在调车场内进行解体，自站编组的区段列车和摘挂列车要进行编组并经由牵出线送往到发场发车，因此调车场应尽量靠近到发场。调车场与两端的牵出线(有时设有小能力驼峰)组成整套调车设备，如图 7.7 所示。

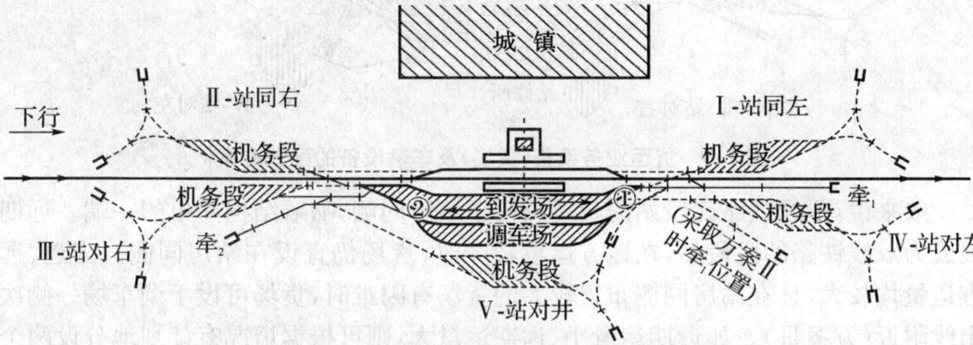

图 7.7　货运运转设备及机务设备配置方案

(3) 机务设备的配置

合理配置机务设备能够加速机车车辆周转、提高车站通过能力及节省基建投资。区段站机务设备的设置位置与机车在区段站进行的作业密切相关。机务段应靠近到发场，并且要有便捷的通路，以利机车及时出入段。另外，应保证在咽喉区有足够的平行进路，以使列车到发、机车出入段以及调车作业可以同时进行。

在区段站上，机务段的位置可以有如图 7.7 所示五种方案：

第Ⅰ方案：机务段设在站房同侧左端，简称站同左；

第Ⅱ方案：机务段设在站房同侧右端，简称站同右；

第Ⅲ方案：机务段设于站房对侧右端，简称站对右；

第Ⅳ方案：机务段设于站房对侧左端，简称站对左；

第Ⅴ方案：机务段设在调车场外侧与调车场并列，简称站对并。

(4) 货运业务设备(即货场)的配置

货场的设置位置既要根据地方货源、货流情况，靠近收发货单位，又要考虑地形条件，节省造价；既要便利装卸车辆取送作业，又要考虑地方运输的便捷。

货场在站内的位置，可归纳为以下两类，如图 7.8 所示：

一类设置在站房同侧(方案Ⅰ、Ⅱ)，其优点为货场设在站房同侧，也就是设在城镇主要货源、货流的同侧，便于货物集散，货主搬运车辆无需跨越正线。其缺点是货场作业车取送必须跨越正线，干扰正线行车，在货场规模大、占地多时，布置上也有一定困难。

一类设置在站房对侧(方案Ⅲ、Ⅳ),其优缺点正好与货场在站房同侧时相反。

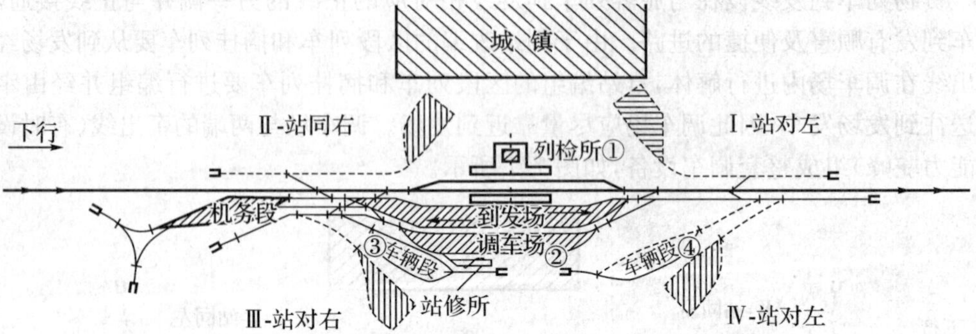

图 7.8 货运业务设备(货场)及车辆设备的配置方案

一般来说,单线铁路区段站的货场宜设于站房同侧,咽喉结构简单的一端。远期将发展成为双线铁路的区段站,在地方运量较少时,货场仍宜设在站房同侧。当近、远期地方运量均较大,且在站房同侧布置较大的货场有困难时,货场可设于调车场一侧次要牵出线附近(方案Ⅲ)。如近期运量小、远期运量大,则可根据情况有计划地分设两个货场。对某些品种特殊的专业性货场,如危险品、有毒品、有碍卫生的粉末状货物,则应远离城镇居民区,设在城镇的下风方向。

当正线列车对数较多,货场装卸量较大时,站房同侧的货场应设货场牵出线,避免占用正线调车。设在调车场同侧的货场,如调车场的牵出线作业量大,也可预留或设置货场牵出线。如货场与城市不在正线的同一侧,且正线行车量、调车作业量和货物装卸作业量均较大时,在工程不很困难的情况下,城市通往货场道路与铁路的交叉应采用立体交叉。

(5) 车辆设备

列检所应根据保证车辆运行安全、提高运输效率的要求,结合机车道路、站型及线路特点等进行设置。一般设在到发场一侧,靠近运转室,在区段站上往往设在站房附近,以便于列检值班员与车站调度员或值班员的工作联系,如图 7.8 中①所示位置。

站修所是铁路货车日常维修的主要基地,承担车辆辅修、摘车轴箱检查和摘车临修工作。站修所在车站的位置应根据取送车辆方便、减少与列车运行或调车作业干扰,不妨碍站、所发展等因素确定,一般可设在调车场(线)最外侧或尾部远期发展的范围以外,如图 7.8 中②所示位置。当站修所所在站设有货车车辆段时,站修所宜与车辆段合设。

设置车辆段时,其位置应便于检修车辆的取送,而且不妨碍调车场扩建及车辆段本身的发展。图 7.8 中方案③、④均靠近调车场,取送车同样便利。但当机务段位于站对右位置时,则方案③较优。它既不影响调车场的纵向发展,而且还可以充分发挥次要牵出线上较空闲的调车机车的作用,使检修车辆能及时取送。

3) 区段站的布置

区段站的布置主要是合理确定车站各项设备的总体布局。布局选择是否合理对铁路运营、工程投资、城镇规划和工农业的发展都有很大影响。

区段站的布置图形，主要根据正线、旅客列车到发线（场）及上、下行货物列车到发线（场）的相互位置确定的。其布置形式主要包括以下三种：

(1) 横列式区段站布置

①单线铁路横列式区段站布置。单线铁路横列式区段站布置，全部到发线均为双进路，线路按作业要求进行适当分组。靠近正线的线路，应尽可能用来接发无改编中转列车；靠近调车场的线路，则主要作为接发改编列车之用上、下行货物列车到发线共用一个到发场，调车场设于到发场外侧，在车站B端主要牵出线上预留了小能力驼峰及驼峰迂回线的位置，如图7.9所示。

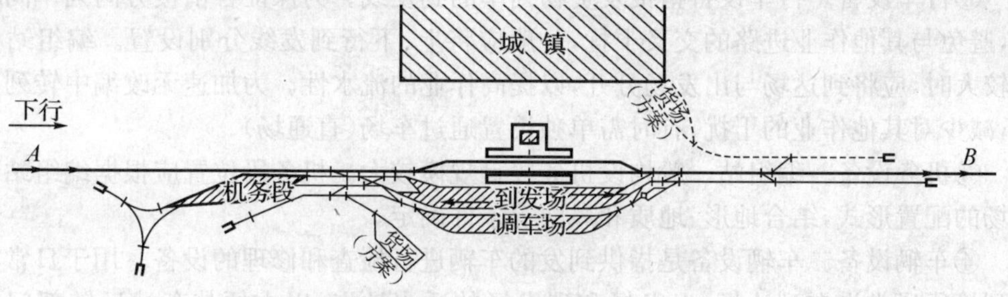

图7.9　单线铁路横列式区段站布置图

②双线铁路横列式区段站布置。双线横列式区段站布置，各项主要设备的相互位置和单线横列式区段站大体相似。

(2) 双线铁路纵列式区段布置图

双线纵列式区段站布置图，上、下行两个方向的到发场1、2分设于正线两侧，并逆行车方向全部错移，形成到发场在正线两侧纵向配置的布局，如图7.10所示。

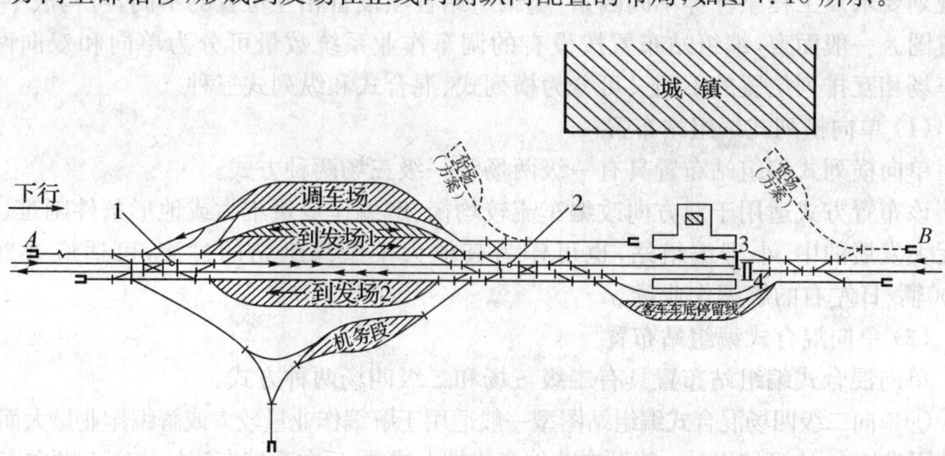

图7.10　双线铁路客货纵列式区段站布置图

7.2.3 编组站

1）编组站的作业及设备

根据编组站在路网和枢纽内的作用和所承担的任务以及其作业对象，编组站主要办理以下作业：改编中转货物列车作业、无改编中转货物列车作业、本站作业车的作业、机务作业、车辆检修作业等。

为完成以上各项作业，编组站应设置以下设备。

①调车设备。调车设备是编组站的核心设备，包括调车驼峰、调车场（线）、牵出线、调车机车等。当区段车流较大时，还可设置专门的辅助调车场。

②行车设备。行车设备指接发货物列车的到发线。为保证各衔接方向列车同时到发，避免与其他作业进路的交叉干扰，一般应将上、下行到发线分别设置。编组站作业量较大时，应将到达场与出发场分开，以提高作业的流水性。为加速无改编中转列车作业，减少对其他作业的干扰，有时需单独设置通过车场（直通场）。

③机务设备。编组站一般均设机务段且规模较大。机务段位置应根据编组站主要车场的配置形式，结合地形、地质和风向等条件确定。

④车辆设备。车辆设备是指供到发的车辆进行检查和修理的设备。用于日常检修的列检所通常设在到达场、出发场和到发场的适当地点，以方便与车站运转部门的联系。站修所一般设在调车场的最外侧。

⑤货运设备。主要包括整倒装设备、加冰设备、牲畜、鱼苗车的上水换水设备和货场。

此外，编组站还具有客运设备、信、联、闭、通讯和照明等设备。

2）编组站布置

根据编组站所处路网位置、衔接干支线的数目、运量及车流性质、车站作业特点、城市规划要求及工程条件等不同因素，随编组站各项设备相互位置的不同，可构成不同的配置图。一般而言，编组站布置按设有的调车作业系统数量可分为单向和双向两类。按车场相互排列位置的不同又可分为横列式、混合式和纵列式三种。

(1) 单向横列式编组站布置

单向横列式编组站布置具有一级两场和一级三场两种方式。

该布置方式适用于双方向改编车流较均衡、解编作业量不大或地形条件困难、远期又无大发展的中、小型编组站，也可作为其他大中型编组站的过渡，可适应 3 200～4 700辆/日左右的解编作业量。

(2) 单向混合式编组站布置

单向混合式编组站布置具有二级三场和二级四场两种方式。

①单向二级四场混合式编组站图型一般适用于解编作业量较大或解编作业量大而地形条件困难的大、中型编组站。当顺向改编车流较大或顺、反向改编车流较均衡而顺向车流为重车流时，在运营上是有利的。该图型一般可适应 4 500～5 200 辆/日的解编作业量。

②单向二级三场编组站适用于改编作业量在 3 500 辆/日左右的中型编组站。由

于顺向改编车流全部利用编发线发车，因此，当顺向车流具有车流量大且组号简单或小运转车流大的特点时适合采用二级三场编组站图型。

由于采用编发线需要增加调车场的线路数量，相应增加调速设备的投资，尤其在编组站驼峰设置自动化、半自动化控制设备时，需经技术经济比较确定是否采用编发线。

(3) 单向纵列式编组站布置

单向三级三场纵列式编组站布置图的各衔接方向共用的到达场、调车场、出发场依次纵列配置。该布置图适用于顺驼峰方向改编车流较强，解编作业量大(6 500～8 000 辆/日)，衔接方向较多，要求车站具有较大的机动灵活性，而且地形条件允许采用 6～8 公里站坪或近期运量虽然不大，但远期又有较大发展的大型编组站。

(4) 双向三级六场纵列式编组站布置图

双向三级六场纵列式编组站布置，上、下行各有一套独立的调车作业系统，驼峰方向相对，车场配置均按到达场、调车场、出发场顺序排列。一般情况下可担任 14 000～16 000 辆/日的解编作业量(包括折角车流重复作业量)。如果采取增设辅助调车场等提高尾部能力的措施，可承担 18 000～22 000 辆/日的解编作业量(包括折角车流重复作业量)。当路网性编组站衔接方向较多，解编作业量较大(其他图型无法承担)而且上、下行改编车流量比较均衡，而折角改编车流量比重不大，地形条件又不受限制时，可采用双向三级六场布置图型。

(5) 双向混合式编组站布置图

双向混合式编组站布置图是指两个调车系统的车场数目和相互位置不同而组成的图型。主要包括：双向二级六场混合式、双向三级五场混合式。

双向二级六场是双向布置图中两系统均采用二级式布置的代表图型。其基本特征是双方向均为到达场与调车场纵列、出发场及通过车场在调车场外侧横列。若一个方向的改编车流量较小，根据实际需要，次要的调车系统也可采用到发场与调车场横列的配置作为过渡，构成双向二级四场混合式或双向二级五场混合式布置图型。

双向三级五场混合式编组站布置图型大多数是由原有单向三级四场编组站扩建而形成的。这种图型次要调车系统的到发场与调车场横列布置，调车场头部设小能力驼峰。如果次要方向改编车流增多，也可增设峰前到达场，调车场内设置编发线，变为二级二场，以提高效率。

7.3 客运站

7.3.1 客运站的作业及设备

1) 客运站作业

(1) 客运服务作业

客运服务作业包括旅客上下车、候车、问询、小件寄存，以及对旅客文化、饮食、住宿、购物和卫生方面的服务等。

(2) 客运业务

客运业务包括客票发售,行包承运、装卸、保管和交付,邮件装卸和搬运等。

(3) 技术作业

按列车种类不同,客运站办理下述技术作业。

①始发、终到列车:包括列车接发、机车摘挂、列车技术检查、车底取送、个别客车甩挂以及餐车整备等。

②通过列车:包括列车接发、机车换挂或整备、列车技术检查、客车上水。个别情况下还办理个别客车甩挂,变更列车运行方向,办理餐车供应及上燃料等作业。

③市郊(通勤)列车:包括列车接发、机车摘挂、列车技术检查及车底取送等。

④在某些客运站还办理少量货物列车的到发和通过作业。

2) 客运站的设备

(1) 站房

站房是客运站的主体,包括为旅客服务的各种房屋(广厅、售票厅、候车厅、问询室等)、技术办公房屋(运转室、站长室、公安室等)以及职工生活用房等。

(2) 站场

站场是办理客运技术作业的地方,包括线路(到发线、机车走行线、车辆停留线等)、站台、雨棚、跨线设备等。

(3) 站前广场

站前广场是客运站与城市的结合部,包括旅客活动地带、停车场、旅客服务设施、绿化带等。

7.3.2 客运站布局

客运站的布局按线路配置的不同分为通过式、尽头式和混合式三种。

1) 通过式客运站布局

通过式客运,全部旅客列车到发线为贯通式,站房设置在正线一侧,高架候车室为跨线式,基本站台与中间站台用地道相联,客运站与整备所和机务段纵列布置,如图7.11所示。图7.11(a)所示为整备所和机务段布置在正线一侧,而图7.11(b)所示为整备所和机务段布置在两正线之间。

通过式客运站的优点是车站有两个咽喉区,能分别办理接发车作业,减少旅客列车到发与车底取送和机车出入段之间的交叉干扰,通过能力较大,运营条件较好;通过式旅客列车到发线能接入和通过较多方向的列车,除折角列车外,不必变更列车运行方向,到发线使用机动灵活,互换性大;便于设计为跨线式高架候车室,便于组织旅客进出站,缩短旅客进出站走行距离;旅客进出站与行包搬运流线交叉干扰少。其缺点是与城市干扰较大,由于有两个咽喉区,站坪较尽头式长,占用城市用地要多。新建客运站应按通过式布局设计。

2）尽头式客运站布置图

尽头式客运站如图 7.12 所示，其全部旅客列车到发线为尽头式，站房设在到发线一端或一侧，中间站台用分配站台相连接，机务段和整备所与客运站纵列布置。

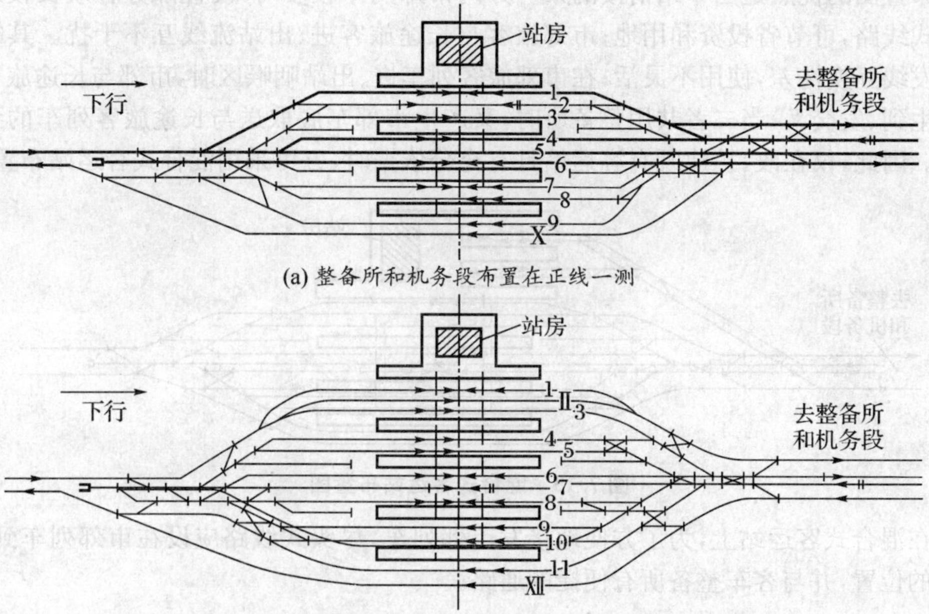

(a) 整备所和机务段布置在正线一测

(b) 整备所和机务段布置在两正线之间

图 7.11　通过式客运站布置图

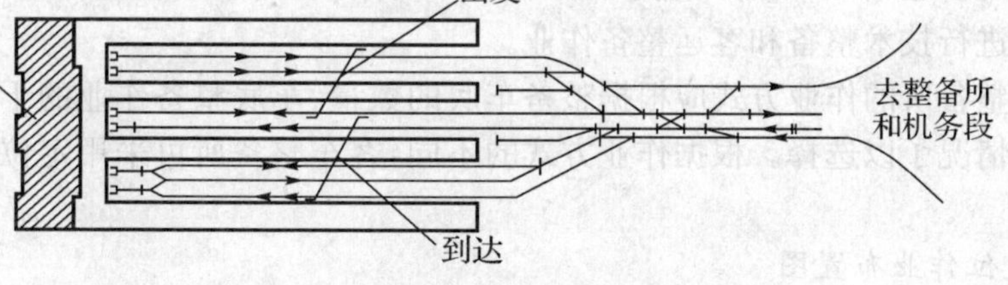

图 7.12　尽头式客运站布置图

尽头式客运站的优点是车站容易伸入市区中心，旅客出行乘车方便，可缩短出行时间，与城市道路交叉干扰较少；站坪较短，占地少；旅客出入站可不必跨越线路。它的缺点较多，主要有：车站作业集中在一端咽喉区进行，进路交叉干扰大，车站通过能力小；对通过列车的换挂机车和变更运行方向等作业均不方便；列车进站速度低，占用咽喉时间长；旅客进、出站和行包搬运都要经过靠近站房一端的分配站台，人流与行包流互相交叉；旅客进、出站走行距离长。因此，新建客运站一般不采用尽头式客运站。只有在以始发、终到旅客列车为主的客运站，当采用通过式客运站将引起巨大工程或当地条件不允许时，方可采用。

3) 混合式客运站布置图

混合式客运站布置图的特点是一部分线路为贯通式，另一部分线路为尽头式，如图7.13所示。贯通式线路供接发长途旅客列车用，尽头式线路供接发市郊旅客列车用。这种布置图的优点是当车站衔接的某一方向市郊列车较多时，设置部分有效长较短的尽头式线路，可节省投资和用地；市郊旅客与长途旅客进、出站流线互不干扰。其缺点是到发线互换性差，使用不灵活；在市郊旅客列车进、出站咽喉区时，市郊与长途旅客列车产生到、发交叉；当二者共用整备所时，又产生市郊车底取送与长途旅客列车的到达交叉。因此，仅在改、扩建既有客运站且有充分依据时，方可采用混合式客运站布置图。

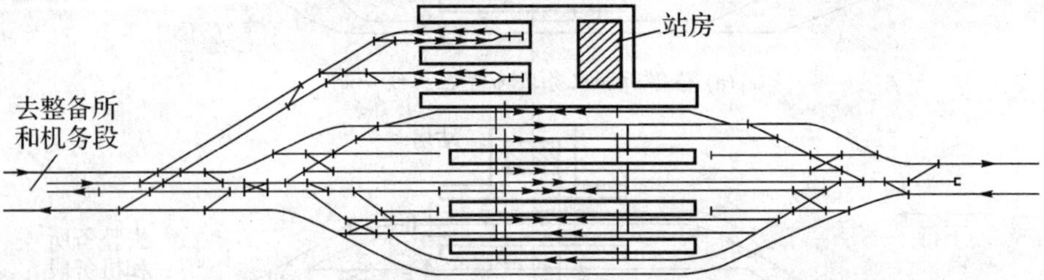

图 7.13 混合式客运站布置图

在混合式客运站上，为了方便地接发市郊列车，尽头式线路应设在市郊列车到、发较多的位置，并与客车整备所有便捷的通路。

7.3.3 客车整备所

为保持客车技术状态，在配属有大量旅客列车车底的始发、终到站，或有大量长途旅客列车的折返站，以及有大量市郊旅客列车的始发、终到站上应设置客车整备所，以便对客车进行技术整备和客运整备作业。

客车整备所的作业方式应根据整备车底的数量、车底整备作业的干扰情况以及当地地形等情况予以选择。根据作业方式的不同，客车整备所可采用定位作业或移位作业布置图。

1) 定位作业布置图

采用定位作业方式时，客车车底送到后，除改编作业外的技术整备、客运整备及等待送往客运站等作业都在一条整备线上进行。

图7.14(a)所示的定位作业布置图的车场为横列式布置，在到发兼整备场的一侧设有备用车停留场，另一侧设车辆段，对个别车的摘挂作业比较方便。洗车机设在整备所入口处，可为检修车底创造良好的卫生条件。

2) 移位作业布置图

采用移位作业方式时，客车车底送到后，按照作业顺序，分别在到发场进行客运整备，在整备场(库)进行技术整备。

图7.14(b)所示的移位作业布置图的到达、出发场与整备场纵列布置，可保证车底

整备作业流水进行。

客车整备所布置图的选择决定于整备车底的数量、用地及其他条件。当整备工作量较小时，可采用定位作业布置图；当整备工作量较大且用地允许时，可采用移位作业布置图。

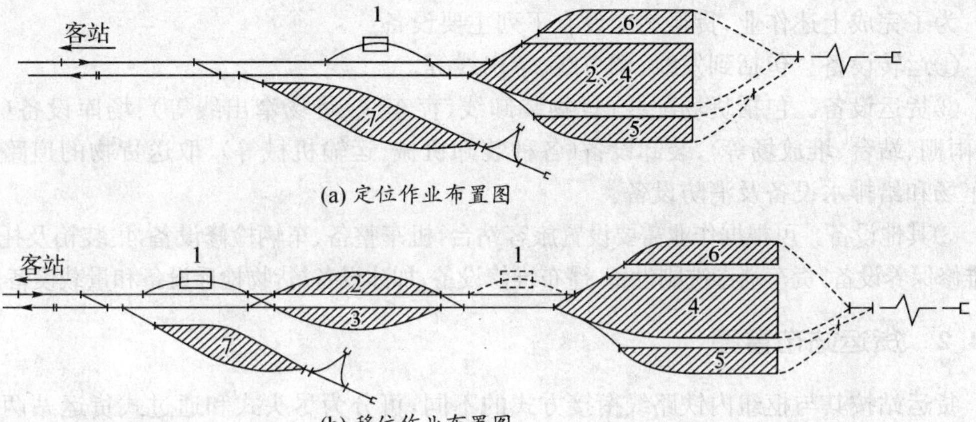

(a) 定位作业布置图

(b) 移位作业布置图

图 7.14　客车整备所布置图

7.4　货运站

货运站按其工作性质分为装车站、卸车站和装卸站。装车站以办理货物的装车为主，需接入大量空车，发出大量重车。卸车站以办理货物的卸车为主，需接入大量重车，排出大量空车。装卸站的装车和卸车工作量大致平衡，可大量组织车辆的双重作业。

货运站按其办理货物的种类又可以分为综合性货运站和专业性货运站。凡办理多种不同种类货物作业的车站称为综合性货运站；而办理单一品类（如粮食、木材、煤、矿建材料、石油及其制品等）大宗货物及危险货物作业的车站称为专业性货运站。

货运站也可按其服务对象分成为城市企业、居民和仓库区服务的公共货运站，为不同铁路轨距之间货物换装服务的换装站，为某一工矿企业或工业区生产服务的工业站，为港口服务的港湾站等。

7.4.1　货运站作业及设备

综合性货运站（以下简称货运站）是铁路枢纽内为城市居民和企业服务并办理多种货物作业的车站。主要办理以下作业：

（1）运转作业

办理从编组站开来的小运转列车或从衔接区间开来的直达列车的接车作业；按装卸点选编车组、调送车组及按货位配置车辆；收集各装卸点装卸完毕的车组，并在调车线上进行集结；编组小运转列车或直达列车，向编组站或衔接区间发车。

(2) 货物作业

包括货物的托运和交付、装卸和保管；货运票据的编制；货物的过磅、分类、搬运、堆码以及换装、加固、检查装载；并办理铁路与其他运输部门的联运。有时还兼办部分客、货列车的接发、通过和交会；不良车的修理；调车机车的整备以及车辆的清扫、洗刷等项作业。

为了完成上述作业，货运站应设有下列主要设备：

①运转设备。包括到发线、调车线、牵出线等。

②货运设备。包括货场配线（货物装卸线、存车线、货场牵出线等）、场库设备（仓库、雨棚、站台、堆放场等）、装卸设备（各种装卸机械、运输机械等）、取送货物的道路及停车场和给排水设备及消防设备。

③其他设备。可根据作业需要设置旅客站台，机车整备、车辆检修设备，集装箱及托盘的维修保养设备，货车消毒洗刷设备，篷布维修设备，加冰设备，货物检斤设备和量载设备。

7.4.2 货运站布置图

货运站按其与枢纽内铁路线衔接方式的不同，可分为尽头式和通过式货运站两种类型。这两种货运站图形按车场与货场的布置形式均可分为横列式和纵列式两种。

1) 尽头式货运站

图 7.15 为车场与货场横列的尽头式货运站布置图。图 7.15(a)为车场与货场横列布置，调车线与到发线合并为一个车场，货场在进口一端的咽喉衔接。这种布置图的接发车与调车作业集中在车站一端咽喉，部分线路调车转线与接发车进路有交叉，因而车站的通过能力及作业能力较低。图 7.15(b)为车场与货场横列布置，货场与牵出线设在车站尽端咽喉一端，接发车与调车作业分别在车站两端咽喉进行，平衡了车站两端咽喉的负担，通过能力及作业能力均较图 7.15(a)所示有所提高。但车站尽端设置牵出线会增加对城市交通的干扰。

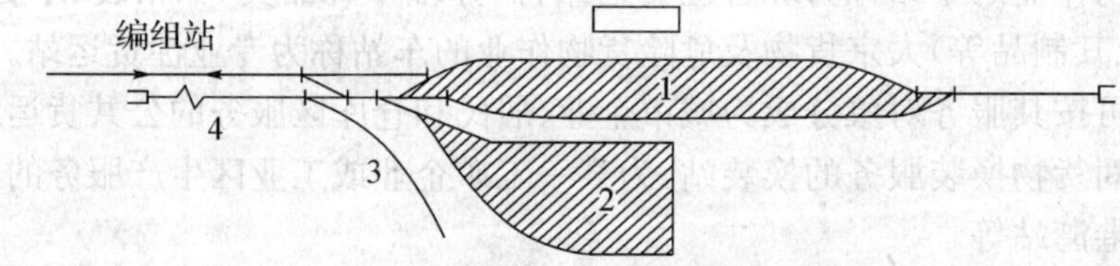

(a) 货场在进口一端的咽喉衔接

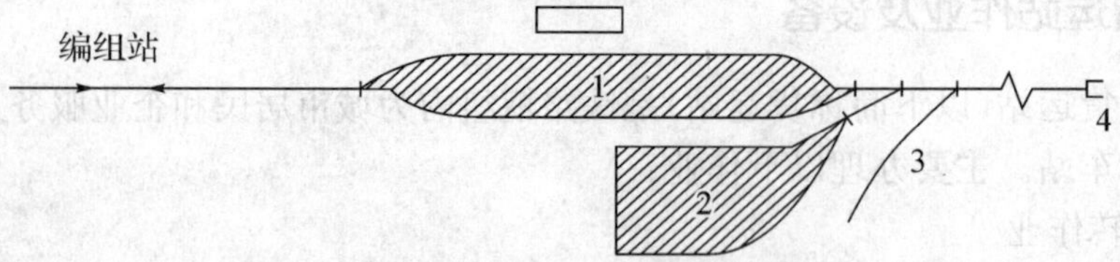

(b) 货场与牵出线设在车站尽端咽喉一端

图 7.15 车场与货场横列的尽头式货运站布置图

1—到发及调车场；2—货场；3—专用线；4—牵出线

车场与货场横列的尽头式布置图的优点是站坪长度短，用地经济。搬运机具的走行跨越铁路线较少。其缺点是转线、调车与取送作业都有折返行程，增加了车辆的走行距离。

图7.16为车场与货场纵列的尽头式货运站布置图。这种布置图的优点是保证了向货场取送车的流水性，缩短了车辆的转线时间，货场与城市联系方便。缺点是当有两台调车机车作业时，货场取送车与列车解编作业互相干扰，调车机车的走行距离较长，到发及调车场出口咽喉区作业干扰严重，占用地面较长。

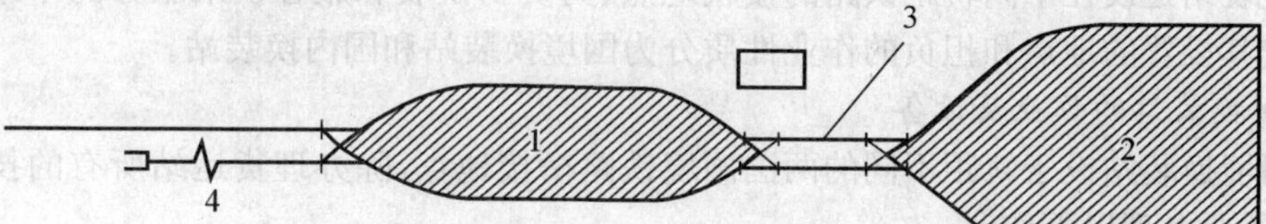

图7.16　车场与货场纵列的尽头式货运站布置图

1—到发及调车场；2—货场；3—专用线；4—牵出线

2) 通过式货运站

图7.17为作业量较大的通过式货运站布置图。其正线是贯通的，货场和车场均设在正线的一侧，可减少站内作业对正线的干扰，保证通过货物列车顺利通行。图7.17(a)的主要车场为横列，图7.17(b)所示的主要车场为纵列，二者的货场均设在调车场一旁，以便利货物作业车的取送。

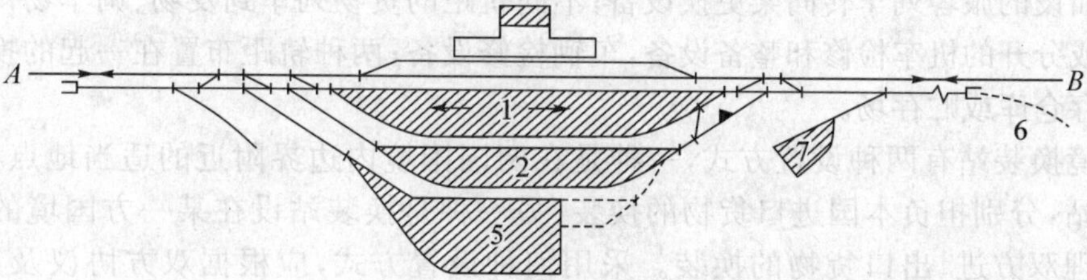

(a) 车场横列

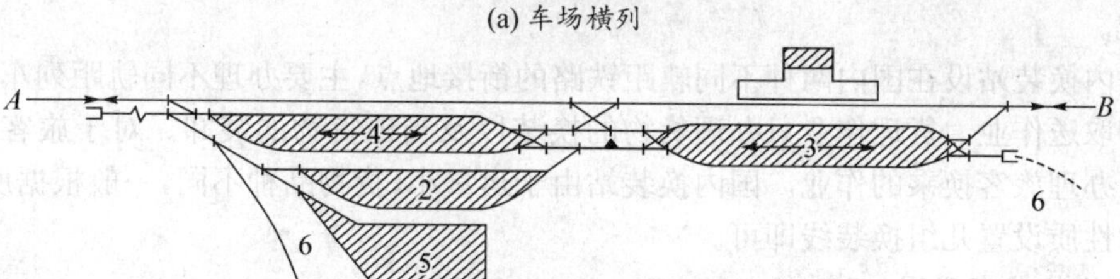

(b) 车场纵列

图7.17　通过式货运站布置图

1—到发场；2—调车场；3—到达场；4—编发场；

5—货场；6—专用场；7—车辆检修设备

与尽头式货运站相比较，通过式货运站的优点是车站作业分别在两端咽喉进行，作业能力较大。其缺点是与城市干道交叉干扰大，且不易深入城市中心。通过式货运站一般都和枢纽内的中间站、区段站合并设置，并有许多工业企业线与之接轨。因此在车站设计中要保证干线列车运行或小运转列车向工业企业线的取送车进路与调车进路隔开。作业量大的工业企业线要保证与到发场间有独立的通路。

7.4.3 换装站

换装站是设在不同轨距铁路的接轨地点、为货物换装和旅客换乘服务的车站。换装站按其设置的地点和担负的作业性质分为国境换装站和国内换装站。

1）换装站的作业及设备

国境换装站设于轨距不同的两国国境铁路衔接地点，除办理货运站所有的技术作业外，还要办理以下作业：

①旅客列车作业。包括有关边防的检查作业；餐车和邮政车的摘挂作业；行李的交接与邮政的换装作业；全部客车转向架的更换或旅客的换乘作业。

②货物列车作业。包括边防部门对进、出口货物列车的验收；外运代理部门对进、出口货物的报关检验；海关、商检、卫生防疫检查、动植物检疫等部门对进、出口货物的检疫、检验；货物和车辆的交接、检斤和验收作业；货运票据的翻译、签封，各种费用（如换装费、验关费等）的核收；货物的换装，必要时还办理个别特大货物车辆更换转向架的作业。

国境换装站应设置下列主要设备：不同轨距铁路共用的旅客列车到发场；为客车车底过轨而设的旅客列车转向架更换设备；不同轨距的货物列车到发场、调车场；两种轨距共用或分开的机车检修和整备设备，车辆检修设备；两种轨距布置在一起的换装场、货物贮存仓库或贮存场。

国境换装站有两种设置方式，一种是在两国国境内边界附近的适当地点各设一个换装站，分别担负本国进口货物的换装；另一种是换装站设在某一方国境的附近，集中办理双方进、出口货物的换装。采用何种设置方式，应根据双方协议及当地条件而定。

国内换装站设在国内两种不同轨距铁路的衔接地点，主要办理不同轨距列车到发、调车和取送作业。货运作业只办理货物的换装以及当地货物的装卸。对于旅客列车，一般只办理旅客换乘的作业。国内换装站由于运量小，货物品种不同，一般根据所办理货物的性质设置几组换装线即可。

2）换装站布置图

（1）换装站布置图要求

换装站布置图除应遵守一般车站的布置原则以外，还应满足下列要求：

①两种不同轨距的线路应最大限度地避免互相交叉；

②换装站与铁路区间应有直接通路，以便必要时列车能直接向区间发车；

③大型换装场内各换装区的布置应保证作业安全便利、节省场地面积；

④换装线的布置要考虑能互相调剂、长短线配合，同时设有一定的贮备线，以便停放车辆；

⑤换装设备应尽可能采用机械化、半机械化设备，以提高作业效率；

⑥两种轨距的客车到发线和客运设备，一般应集中设于一处，以便利旅客的换乘；

⑦两种轨距的机车整备设备可以合设也可以分设，机车检修设备则应合并设置，库内可有混轨线或分设台位两种布置形式，车辆检修设备一般均共用。

(2) 换装站布置图分类

根据两种轨距的到发场、调车场与换装场的相互位置，国境换装站布置图可分为横列式、纵列式和混合式三种。

①横列式国境换装站布置是将两种轨距的到发场、调车场与换装场平行横列布置；两种轨距的客运设备合设在一起，与货运设备横列布置；机务设备也是两种轨距共用，设在换装场的外侧。

②纵列式换装站布置是将两种轨距的到发场、调车场均与换装场纵向布置。

③混合式换装站布置图，其换装场与一种轨距的到发、调车场横列，而与另一种轨距的到发、调车场纵列。

7.4.4 工业站

工业站是设在工业企业专用铁道的接轨点或铁路枢纽内的工业区附近，主要为工业企业外部运输服务的车站。

1) 工业站的分类和设置位置

(1) 工业站分类

工业站按服务对象可分为以下三类：

①为采掘工业服务的工业站。采掘工业是大量货流的发源地，其发送量超过到达量，运输特点是以装车为主，装车大于卸车。

②为加工工业服务的工业站。加工工业是大量货流的消失地，一般到达量超过发送量，运输特点是以卸车为主，卸车大于装车。

③多企业共用的工业站。设在工业企业比较集中的工业区，衔接多条专用线，为几个不同性质的企业服务。这种车站的车流往往比较零散，货物品种较多，到发方向也多，车站取送调车工作量也较大。

(2) 工业站设置位置

工业站的位置设置应靠近大量货流入口或出口的地点，以使企业的原材料来源和产品流向与总布置图生产流程相适应，尽量避免车流在铁路线上或厂(矿)内部的折角和迂回运输。

2) 工业站布置图

工业站布置图应根据企业的性质和规模、交接作业方式、工业站与企业站的分设或联设以及其在铁路网和枢纽内的作业分工等因素选定。

(1) 工业站与企业站分设的布置图

工业站与企业站分设时，两站往往相隔一定的距离，而路、厂（矿）双方车辆交接需根据重、空车流的接续分阶段进行。为了缩短车辆在到发线或调车线上的占用时间并考虑作业安全，一般应设置专门办理车辆交接作业的交接线（场）。交接线（场）可以设在工业站（如图 7.18 所示）、设在工业站与企业站之间（如图 7.18 中的 6 所示）或设在企业站。

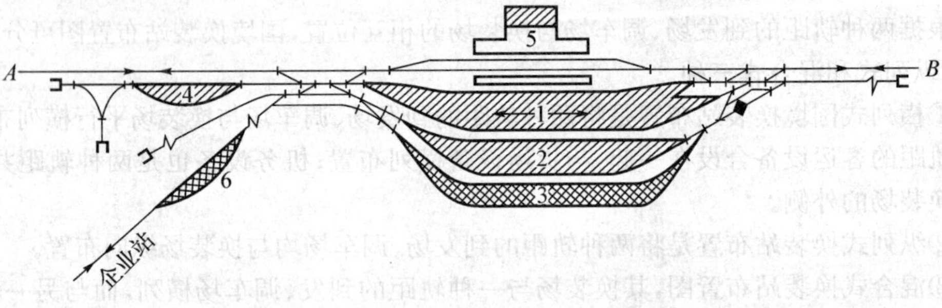

图 7.18　分设的横列式工业站布置图

1—铁路到发场；2—铁路调车场；3—交接场；4—机务段；5—客运设备；6—交接场方案

(2) 工业站与企业站联设的布置图

工业站与企业站联设的特点是设有分别属于铁路和企业的两套车场。根据这两套车场的相互位置，有横列联设（如图 7.19 所示）、纵列联设（如图 7.20 所示）及混合联设（如图 7.21 所示）三种类型。工业站与企业站联设时，一般应采用横列式布置图。少数为特大型企业服务的车站，当出入企业大部分车流集中在一站办理时，为了提高车站的能力，可考虑采用纵列联设或混合联设布置图。

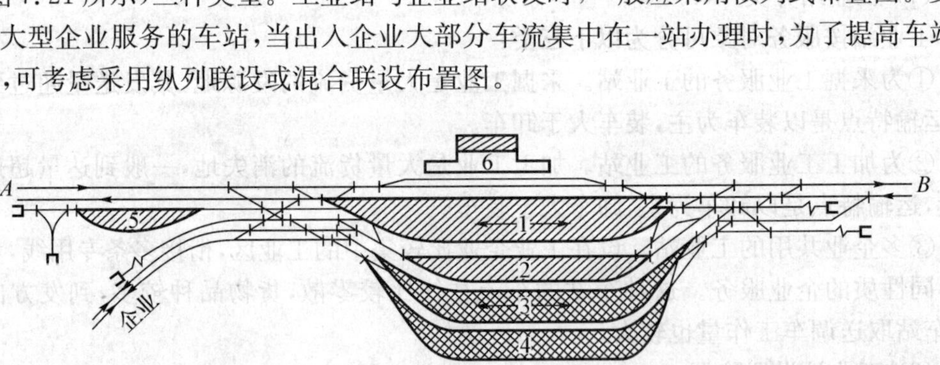

图 7.19　工业站与企业站横列联设布置图

1—铁路到发场；2—铁路调车场；3—企业到发场；4—企业调车场；5—机务段；6—客运设备

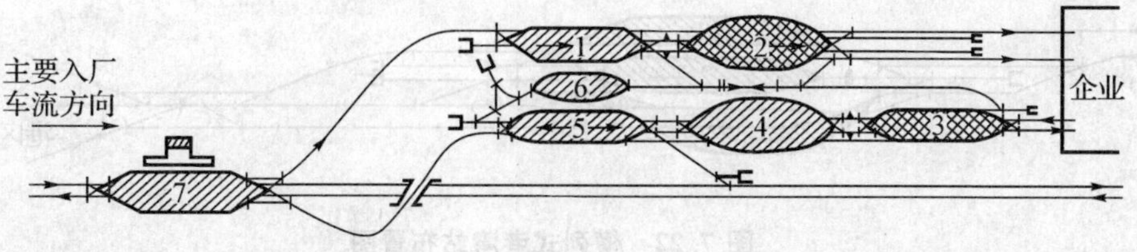

图 7.20　工业站与企业站纵列联设布置图

1—铁路到达场；2—企业编发场；3—企业到达场；4—铁路调车场；
5—铁路出发场；6—机务段；7—铁路接轨站

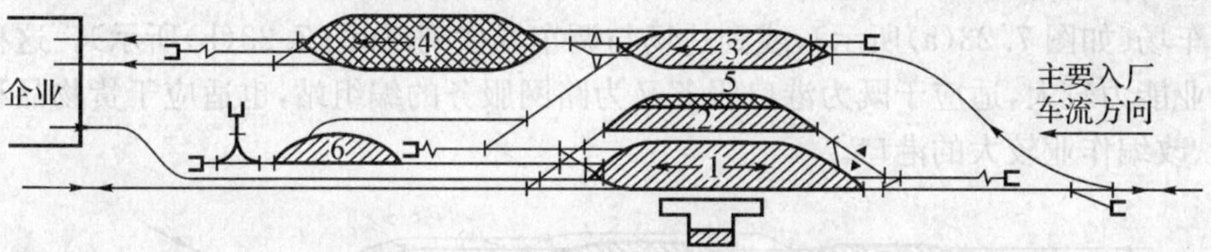

图 7.21　工业站与企业站混合联设布置图

1—铁路到发场；2—铁路调车场；3—铁路到达场；4—企业编发场；5—交接场；6—机务段

7.4.5　港湾站

港湾站是专为港口服务的车站，办理列车的到发、解编及向港区车场或装卸地点取送车辆等作业。港湾站距码头、仓库作业区不宜太远，主要是为便于取送车作业及与编组站间有方便的通路，并考虑港口联络线（指港湾站和港口之间的联络线）接轨的合理性，及便于地方运输。

港湾站按其主要车场的位置分为横列式和混合式两种。其共同点是向港内码头线方向不设单独的出发场，通往各港区车场根据需要设单独的进路。

1）横列式港湾站（见图 7.22）

横列式港湾站的作业程序为：自路网的编组站到达港口的列车，在接入到发场（到达场）后，按港区车场或装卸码头解体选编后，由编发场以小运转列车或取送调车方式送入港内。由港口发往路网的车辆，在接入到发场后，经牵出线或驼峰解体编组后，以直达列车或小运转列车方式，由到发场发往路网的编组站。

这种布置图的优点是占地少，车站定员少，管理方便。但如作业量大时，将会出现作业交叉干扰大等缺点。当港口吞吐量不大，且大宗货物较多、直达和坐编列车比重较大时，可采用横列式布置图。

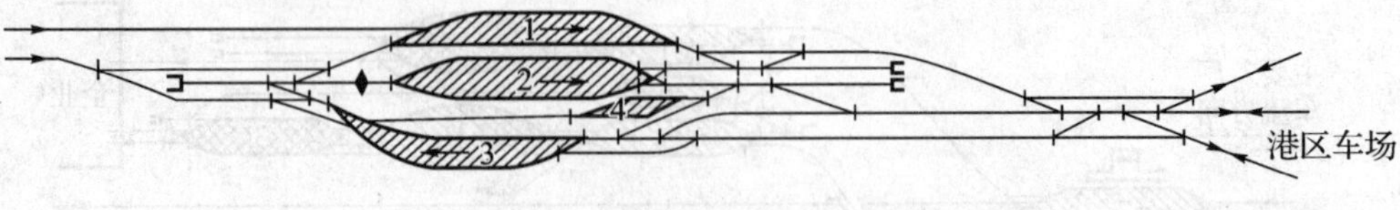

图 7.22　横列式港湾站布置图

1—到达场；2—调发场；3—到发场；4—机车整备设备

2) 混合式港湾站(如图 7.23 所示)

混合式港湾站布置图的特点是面向港口方向的到达场与编发场纵列，以满足入港车流改编作业的要求。出港方向车流的改编作业大部分系由路网的编组站担当，故不设调车场〔如图 7.23(a)所示〕，或到达场与调车场横列〔如图 7.23(b)所示〕。这种布置图作业能力较大，适应于既为港口服务又为路网服务的编组站，也适应于货物品种比较复杂、改编作业较大的港口。

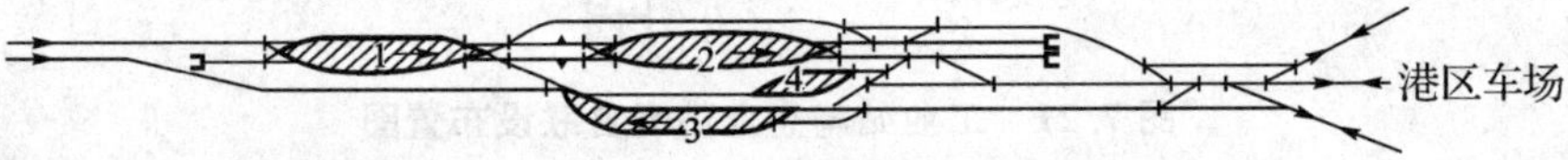

(a) 不设调车场

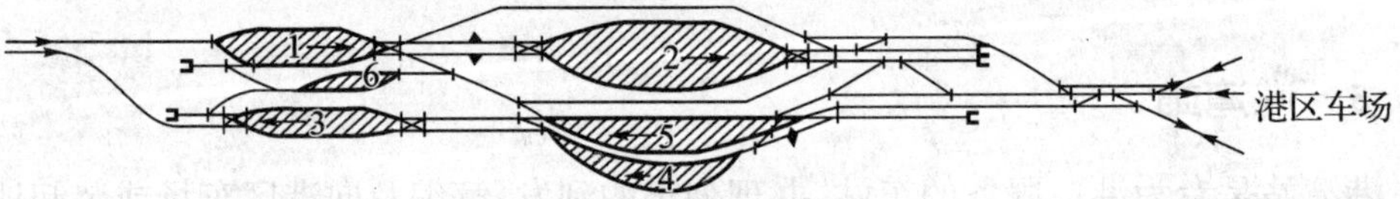

(b) 到达场与调车场横列

图 7.23　混合式港湾站布置图

1—到达场；2—调车(编发)场；3—出发场；4—调车场；5—到达场；6—机车整备设备

3) 路港车场联设的港湾站(如图 7.24 所示)

图 7.24 为路、港双方车场联设的双向二级四场港湾站布置图。港湾站的车场分别由铁路、港口双方管理。港湾站可不设交接场，直达列车和大组车宜在各自的到发场或到达场向对方交接，有条件时也可在对方到发场或到达场交接。其他车辆的交接地点应根据车站布置形式和作业方式确定。这种布置图的优点是作业能力大，但由于路、港双方车场及机务、车辆等设备分设两套，占地多、投资大、运营成本高。

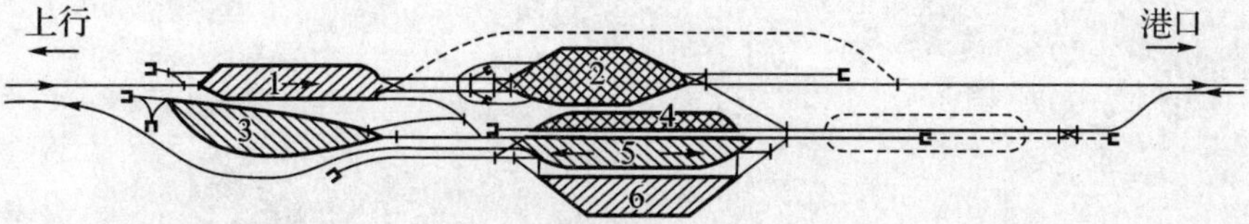

图 7.24 双方车场联设双向二级混合式港湾站布置图

1—铁路到达场;2—港口编发场;3—机务段;4—港口到达场;5—铁路到发场;6—铁路调车场

复习思考题

7.1 中间站与会让站、越行站在作业上的区别是什么?

7.2 区段站在路网上的分布决定于哪些因素?

7.3 区段站主要设备应如何合理配置?

7.4 横列式、纵列式、客货纵列式区段站布置图各存在哪些主要优缺点,采用条件是什么?

7.5 编组站在作业上与区段站有何异同点?

7.6 编组站布置图形采用的主要依据是什么?

7.7 通过式、尽头式、混合式客运站布置图各存在哪些主要优缺点,采用条件是什么?

8 港口规划设计

8.1 港口概述

8.1.1 港口的基本概念

港口就其功能而言，是交通运输枢纽、水陆联运的咽喉；是水陆运输工具的衔接点和货物、旅客的集散地；港口就其工程内容而言，是各种工程建筑物（水土、房建、铁路、道路、桥梁和给排水等）、设备以及信息基础设施所组成的综合体，而港口水上建筑物是这个综合体的主要组成部分。

港口是水陆运输乃至交通运输大动脉中的枢纽，是各种货物换装和集散的中心，是各种运输工具的衔接点，旅客在此上下，货物在此集散、暂存、换装并改变运输方式。

随着世界经济的持续发展和科学技术的突飞猛进，现代物流作为现代经济的重要组成部分和先进的综合服务模式，正在全球范围内迅速发展。与此相适应，现代港口将不再是一个简单的货物装卸和换装场所，而是国际物流链上的一个重要环节。因此，现代港口的概念也被赋予了新的内涵，使港口功能有了新的拓展，增加了临港工业、保税、贸易信息服务与咨询等多种功能。

8.1.2 港口的基本组成

从范围上讲，港口主要包括水域和陆域两部分，如图 8.1 所示大连港。

港口水域是指与船舶进出港、停靠及港口作业相关的水上区域，其主要设施一般包括航道、港池、锚地、船舶调头水域和码头前水域，防护建筑物及导航、助航标志设施等。

图 8.1 大连港

港口陆域是指从事与港口功能相

关服务的陆上区域,其主要设施包括各种生产设施,即:码头、仓库、堆场、铁路、公路、港区道路、装卸机械和运输机械等;各类生产辅助设施及信息控制系统,即:给排水系统、供电照明系统、通信导航系统,为生产提供直接服务的场所如现场办公室、候工室、机械库、工具库及维修车间、燃料供应站、港内工作船基地、港口设施维修基地等;另外还包括有关的生活设施、服务设施、环保设施、文化与教育设施以及为满足现代物流服务的相关设施等。

现代港口生产作业及主要设施可归结如表 8.1。港口生产作业是系统化生产,各部分必须相互适应,只有五大系统能力协调、配合才能形成港口的综合生产能力。

表 8.1 港口作业系统及主要设施

序号	作业系统	主要设施
1	船舶航行作业系统	航道、通讯导航设施、助航拖船、锚地、回旋水域、港池、航修设施、船舶供水、供油、船舶废弃物收集
2	乘降、装卸作业系统	码头、装卸作业锚地、装卸机械、运输机械、旅客上下船设施、防波堤、控制中心、计算机中心
3	存储、分运作业系统	港内各种仓库、堆场、库内机械、分运中心(分拨中心)、客运站、宾馆
4	集疏运作业系统	铁路、公路(进港高速路)、水网、管道
5	信息与商务系统	港口 EDI 商务中心(电子数据交换系统)、贸易服务中心(世界贸易中心)
6	环境保护	港区各种绿地、各种污水(含油、含煤、洗箱)处理、废弃物处理、油回收船、海面清扫船

8.1.3 港口的功能

港口的功能具有多元性和发展性两大特征。多元性是指港口在社会经济运行过程中的许多方面都或多或少地发挥着一些作用;发展性是指港口所具有功能不是一成不变的。随着经济运行方式的日趋复杂和世界科学技术水平的不断提高,港口的功能也由少变多,由简单变复杂。

随着经济快速发展和科学技术水平的提高,特别是全球经济和运输一体化步伐的加快,对港口的要求越来越高,因而港口功能也在不断拓宽和延伸。港口功能依据用途、分类不同而不尽相同,这里只介绍商港或贸易港的主要功能。

1) 装卸和仓储功能

装卸和仓储是港口最基本的功能。主要包括对各种货物的装卸、搬运、储存、保管、分拨、配送等。

2) 运输组织管理功能

港口作为综合运输体系中的重要枢纽,需要以满足客户要求为目标,通过有效的运输组织管理，把各种运输方式有机地联系起来，从而使物流供应全过程快速、经济、合理。

3）贸易功能

随着市场经济的发展，港口逐步发展为对外交往和贸易的窗口。越来越多的贸易机构在港口或港口附近开辟专门的区域，从事商品贸易活动。港口不仅自身要具备这种功能，而且要为这种贸易活动创造良好的条件。

4）信息功能

通信及信息服务系统是港口现代化的重要组成部分，也是形成物流服务中心及管理中心的重要基础。现代港口是多种信息的汇集中心，同时也是各种信息的服务平台，其主要信息包括：

①船舶与航线、货源与车源、车辆调度、货与车跟踪、仓储与库存控制、运输与配送计划、物流作业统计以及物流成本分析与控制等物流供应链上的各种信息；

②国内和国际商贸有关信息；

③“一关三检”（即：海关、动植物检疫、卫生检疫和船舶检验）所需的服务信息；

④多式联运有关资料信息；

⑤信息服务与咨询。

5）服务功能

作为大量车、船等交通工具的集散地和大量人流活动的聚集地，港口特别是现代化的主枢纽港必须能够提供优质的口岸服务及生产、生活服务。除边防检查、“一关三检”及维修、海事服务外，还包括船、车燃物料供应，船员、客商及与港口服务相关的各类从业人员能够在港口得到良好的餐饮、娱乐、居住及其他生活服务等。

6）生产加工功能

生产加工功能主要表现为两个层次，一是属于流通领域的货物加工，即分选、换装、包装等；二是随着贸易自由化及现代物流的发展，国际和国内许多制造商或生产企业，为了降低原材料运输成本，充分利用港口的综合优势，常常在港区或附近建立产品加工厂或装配厂，进行产品加工制造，然后通过港口外运或在当地销售。这种情况在建有港口保税区和开发区的港口已经十分普遍。

7）辐射功能

随着港口功能的不断完善和现代物流业的发展，港口对其海外和内陆腹地辐射作用逐渐扩大和加深，而且对周边地区的带动作用也不断增强，不仅促进了腹地经济的发展和对外交流，也使港口功能得以拓展和完善。

8）现代物流功能

现代物流作为一种先进的组织方式和管理技术受到世界各国政府的高度重视，现代物流产业已在全球范围内迅速发展成为一个极具发展空间和潜力的新兴产业。为了充分发挥现代物流供应链的重要的节点作用，越来越多的港口正在向现代物流中心发展。

除上述功能外，随着海洋石油、海洋渔业以及海洋资源的开发，现代港口正在向航运和海洋产业的服务中心和后勤基地转化。港口功能的多样性还带动了其他诸多的贸易与产业活动，使港口的城市功能逐渐扩大。

港口就其功能而言，是交通运输枢纽、水陆联运的咽喉；是水陆运输工具的衔接点和货物、旅客的集散地。在世界经济一体化发展的新形势下，港口正向国际贸易的综合运输中心和国际贸易后勤基地的多功能方向发展。

8.1.4 港口的分类

由于港口与港口之间在功能、位置、规模、能力、自然条件等方面的差异，不同的港口对国家国民经济发展的影响是不一样的。因此世界上很多国家都根据地理位置、用途功能、自然条件和层次地位对港口进行了分类。

1）按港口所在的地理位置分类

①海港，位于有掩护的海湾内或位于开敞的海岸上的港口。海港利用海湾、岬角等天然掩护，可避开或减少风浪、潮汐、沿岸输沙的影响。当天然掩护不能满足要求时可修建防波堤。如中国的大连港、青岛港，日本的神户港和横滨港等。

②河口港，位于江、河入海口处的港口。河口港一般建在河流下游潮区界内，有通海的航道，可满足河、海船舶停泊需要。由于河口港所处的地域通常都具有经济发达、交通便利的优势，所以往往是国际上重要的国际贸易港。由于受潮汐和河道径流影响，进港航道一般容易出现泥沙淤积，形成拦门沙，因此航道的维护和治理往往是影响河口港发展的重要问题。如中国的上海港、荷兰的鹿特丹港等均为典型的河口港。

③河港，位于江、河、湖沿岸的港口。河道上游河港的特点是易受洪汛影响，不同季节水位落差很大，给船舶停靠和装卸带来困难。中、下游的港口受潮差和洪汛的双重影响，容易产生泥沙淤积问题。如中国的重庆港、德国的汉堡港等均为典型的河港。

④水库港。位于运河上的港口。如我国徐州港、扬州港和万寨港等。

2）按港口用途分类

①商港，又称贸易港，是以一般商船和货物运输为服务对象的港口。作为商港，一般兼运各类货物，设有不同货种的作业区；它不但要有优良的自然条件，还必须具备工商业比较集中、经济比较发达、交通便利等条件，并具有从事海、陆、空联运的各种设施。如上海港、香港港、鹿特丹港、神户港、汉堡港和纽约港等，都是世界上著名的商港。

②工业港，主要是供大型工矿企业输入原材料和输出产品而专门设置的港口，又称业主码头。如上海宝钢码头和武汉工业港即属此类。

③军港，是为军用舰艇驻泊、给养、训练和作战设置的专用港口。它在港口选址、总体布置和陆域设施等方面均有特殊要求。如美国的珍珠港和中国的旅顺港。

④渔港，供渔船停泊、修理、给养和渔货装卸、冷藏加工及保鲜储运的港口，需具有生产、贸易和分运的功能。如中国的舟山港、大连渔港。

⑤旅游港，是专为游艇停泊和保管而设计的特定形式的港池、码头及陆域设施的港

口，常称为游艇基地。如日本大阪港游艇基地，布置有防波堤、港池、码头艇库、停车场、俱乐部和绿地等；无锡太湖灵山大佛旅游区的旅游客运码头，码头平面为船锚型布置，且在大佛的视线上。

⑥避风港，指专为船舶遇到突发性风暴时避风用的港口。如日本琉球群岛中的奄美大岛港。

3）按港口所在地自然条件分类

①天然港，具有天然的船舶停靠和避风条件，有足够的水域面积和天然水深条件，底质适于锚泊的港湾。如中国的大连港、宁波港（北仑港区）、香港港、美国的旧金山港和日本的东京港等。

②人工港，经人工开的航道和港池，并建有防波堤的港口。如法国的勒阿弗尔港和中国的天津港等。

4）按港口的层次地位分类

这种分类是根据港口布局和港口在国民经济及综合运输体系中的地位、作用以及所处的地理位置与功能进行的，主要有：

①航运中心港，是港口高度集约化的产物，这类港口所在城市的经济、金融与贸易十分发达，有广阔的经济腹地，有众多的固定航线通往国内和世界各主要港口。航运中心港一般都是集装箱枢纽港。

②主枢纽港，是地理位置优越，辐射面广、货源充足、有较多的固定航线，设施与设备先进，功能齐全的重要港口。这类港口一般位于综合运输主骨架的交汇点，是客货集散中枢和各种运输方式的相互衔接处。

③地区性枢纽港，这类港口的服务范围主要是某个地区，其航线数量、服务功能及服务设施与设备等方面都不如主枢纽港；但它具有优越的地理位置、较先进的服务设施与设备以及较齐全的服务功能，是地区客、货集散中枢和综合运输的枢纽。

④地区性重要港口，是在地区经济发展及对外开放中发挥重要作用的港口。依托所在地区的重要城市，具有良好的陆路运输条件，对周边地区有一定辐射作用。

⑤其他中小港口，是指除上述以外的大量沿海中小港口，作为沿海地区交通基础设施的一部分，对所在地区经济发展起到了积极的促进和保证作用，也是完善沿海港口布局的重要补充。

5）按集装箱运输份额分类

随着集装箱运输的发展，港口按集装箱吞吐量、服务范围、服务功能、服务设施与设备及现代化管理水平可分为：

①国际集装箱枢纽港，是国际集装箱运输主干航线的起始港、终点港或主要挂靠港，是所在地区集装箱及货物集散的枢纽。

②区域性枢纽港，是国际集装箱运输主干航线挂靠港或区域性国际航线起始港、终点港，本地区及邻近地区集装箱货源较充足，并有一定数量的支线港（喂给港）。

③支线港（喂给港），是区域性集装箱国际航线或分支航线的挂靠港，或是少数区域

性国际航线及国内集装箱航线的起始港、终点港。

此外，港口根据装卸货物的不同还可分为综合性港口和专业性港口。综合性港口是指能够装卸多种货物的港口。专业性港口是指专门或者主要从事某种货物装卸作业的港口，其特点是某种货物在其港口吞吐量中占有很大的比重，并具备装卸该种货物的先进专用装卸设备设施，如中国的黄骅港、八所港等。

8.1.5 港口的规模和腹地

1）港口腹地

港口腹地是指港口货物吞吐和旅客集散所及的地区范围。现代化的港口一般具有双向腹地，即面向内陆的陆向腹地和面向海洋的海向腹地。港口与腹地是互相依存，相辅相成的。港口的发展建设必须以腹地范围的开拓和腹地经济的发展为后盾，腹地是港口赖以生存和发展的基础；另一方面，港口是腹地的门户，港口的建设也对腹地经济发展产生重要影响。

(1) 陆向腹地

港口的陆向腹地是指以某种运输方式与港口相连，为港口产生货源或消耗经由该港口进出口货物的地域范围。港口陆向腹地的大小不仅与港口所在的区位有关，同时也与港口同内地之间的贸易和运输联系的紧密程度相关。

有关研究认为，从地理位置上来看，港口的陆向腹地可分为近处腹地和远处腹地。而港口吞吐量的大小则主要取决于该港相对于这两种腹地的区位属性：既取决于该港相对于其近处腹地的向心性或集中性，也取决于该港相对于其远处腹地的中间化程度。世界上一些大的港口大都具有这两种区位属性，因而具有较为广阔的经济腹地。如位于长江入海口的上海港，直接依托长江三角洲地区，不仅担负着江、浙、沪等地大部分货物的进出口，而且其腹地范围通过各种运输方式延伸到几乎整个长江流域。而一些国际性的港口，其腹地甚至可以覆盖几个国家，如位于莱茵河和马斯河入海口的世界著名港口鹿特丹港属于国际性港口，其陆向腹地不仅覆盖了荷兰、比利时、卢森堡，而且还延伸到德国，尤其是德国的鲁尔工业区，其处理的进出德国的货物量比德国最大的港口汉堡港还要多，经过鹿特丹港运往德国的货物占该港进口货物的七成。

港口陆向腹地的大小，主要取决于该地区与其他地区是否存在贸易关系以及贸易量的大小。而这种贸易关系又取决于该地区经济发展水平和规模，同时该地区人口密度大小也是决定腹地进出口需求的重要因素。影响港口陆向腹地范围大小的另一个重要因素是该地区与该港口之间的运输联系。目前世界多数港口与腹地间的联系主要是通过内河、铁路和公路来连接的。

当然，港口的陆向腹地是有限的，它不可能无限制地扩大。这主要是因为在其他条件不变的情况下，随着腹地范围的扩大，腹地与港口之间运输距离延长，运输成本增加。更重要的原因还在于其他港口的竞争。货主在选择港口时，通常要比较运输线路、运输工具、运输费用、运输时间以及中转次数、港口班轮密度等因素。此外，货主与承运人之间的某些协议也会影响货主对港口的选择。

(2) 海向腹地

港口的海向腹地是相对于港口的陆向腹地而言的。所谓港口的海向腹地是指通过海运船舶与某海港相连接的其他国家或地区。它可以是某一个国家或地区，也可以是几个国家或地区，甚至可以是几个大洲。如中国的上海港与世界上 160 多个国家和地区的 400 多个港口通航。从上海港始发的国际定期班轮航线有 20 余条，每月有 100 多个航班直达北美、欧洲、澳洲、波斯湾、地中海、东南亚及东北亚等地区。因而对于上海港这样一个国际港口而言，这些地区都成了其港口的海向腹地。

如果把陆向腹地看成是港口发展初期的传统条件，海向腹地的开拓则为港口的发展注入了新的活力，随着世界经济一体化的发展，今后海向腹地对港口的作用和影响将逐步加强。港口与海向腹地各国(地区)的联系的紧密程度主要有：一是港口海向腹地与陆向腹地的互补程度；二是港口与其海向腹地之间的距离以及与国际航线间的距离；三是传统联系的影响，远不如港口与其陆向腹地的联系那样稳定。

2) 港口吞吐量

港口吞吐量也称为货物流量，是一年之中经由港口进行装卸的货物总量。吞吐量是确定港口规模的决定性指标，对于指导港口进行规划建设具有重要意义。吞吐量预测结果的可靠与否直接关系到港口未来的营运效果，预测量过大，而实际货源不足，将造成基础设施的浪费；预测量过于保守影响港口建设进度，则会造成货物滞留港内，压船、压港，也会给港口运输造成被动局面。同时，城市围绕港口进行配套设施建设，也要求对港口吞吐量进行科学预测。因此，正确地预测未来港口吞吐量，为水运发展提供可靠依据，是港口规划工作的基础性内容。

港口是为腹地服务的基础设施，影响港口吞吐量的因素很多，主要包括腹地的经济发展水平、发展目标，腹地的经济结构，综合运输交通体系的状况以及周边港口间的竞争等因素。受自然条件和历史发展过程的影响，各地区间的生产力发展水平是不同的，港口的吞吐量预测应立足于腹地的经济发展现状，根据地区的发展规划，合理确定港口货运量的发展趋势。

8.2 港口规划与布局

8.2.1 港口布局与总体规划

港口规划在层次范围内可分为港口布局规划、港口总体规划、港口港区规划三个层次。

1) 港口布局规划

港口布局规划是根据国家或地区资源、生产力布局和港口自身特点以及未来的发展战略，对港口的建设地点、类型、规模及建设时间做出的宏观安排，以充分满足国民经济长远发展的需要。港口布局规划是构成国家或地区经济发展规划，特别是国际贸易发展以及国家综合运输网规划的重要组成部分，是确保港口持续、稳定、协调、有序发展的重要依据。

港口布局规划针对主要货运，如集装箱、能源、粮食、矿石、钢铁等大宗货流，结合国际航运网络发展趋势进行综合平衡，提出各类港口的数量及其发展方向；再依据地区的社会、工业、农业、自然条件、环境条件和城市条件进行实际的工程研究，提出重点港口的改建、扩建和新建港口位置的地区性安排。

(1) 港口布局规划内容

港口布局规划的内容主要包括：

①全国范围内的运输市场调查和预测；

②全国范围的港口、岸线资源的调查分析；

③货源分配，大宗货物运输的综合平衡；

④提出各类港口的合理布局、功能及发展方向；

⑤提出重点港口的建设安排纲要；

⑥提出投资规模及有关的政策、措施建议。

(2) 港口规划布局应注意问题

编制港口规划布局，应充分考虑地区经济发展水平、岸线资源、港口功能和规模等因素，并应注意以下几个问题：

①港口规划布局应以国家和地区国民经济的发展规律和要求为基础，配合、支持和促进经济的发展。在新世纪和新经济的发展过程中，港口不仅是服务于区域内既有经济发展的基础设施，而且是一个国家、一个地区或者一个城市在全球范围内进行资源配置的重要场所，这一点已经成为各国发展本国经济的共识。日本临海地区重工业及化工业的发展，新加坡、韩国及台湾地区经济的腾飞以及中国沿海深圳、宁波、厦门等港口城市多年来经济发展的经验，均表明了港口对地区经济的巨大贡献。

②港口布局规划应注意与综合运输体系的协调和衔接。公路、铁路、水运、航空及管道等多种运输方式共同构成综合交通运输体系，港口是其中的枢纽。港口的发展与其他运输系统的发展紧密联系。港口布局规划应充分考虑大的交通环境，注意与其他部门发展规划的衔接。

③港口布局规划应注意合理使用岸线资源。深水岸线和水域是国家的宝贵资源。随着船舶大型化的发展，深水资源显得更为珍贵，“深水深用、浅水浅用”是港口规划建设中一贯强调遵守的原则。港口的布局规划应在全国范围内的岸线资源调查分析的基础上，合理安排使用岸线，优先保证深水岸线的有效利用。

④港口建设安排应与国家、地区经济发展相协调，适度超前发展。港口作为重要的运输枢纽，其建设发展与国家和地区的经济发展水平密切相关。在进行港口建设的同时，也应搞好与之相关的城建、市政、电力等配套设施建设。港口建设的投资较大，建设周期较长，因此应根据国民经济的发展预测，适度超前建设。

⑤港口布局应遵循综合平衡的原则，合理规划，避免重复建设。国家或地区的港口布局应以其对内、对外贸易的运输量为依据，考虑自然条件的影响，有重点地建设一批大型港口，发挥枢纽港的作用。同时，还应建设一些满足地方经济发展和大港疏运需求的中、小港口。各类港口应结合建设，以避免无序竞争和重复建设。

2）港口总体规划

（1）港口总体规划注意事项

港口总体规划是对一个具体港口建设发展的总体安排，是解决今后一定时间内的发展方向和分期、分阶段的发展计划。

港口总体规划要在深入调查研究的基础上，对港口的现状进行评估，找出制约港口发展的主要问题，通过定量分析论证港口的经济腹地，预测规划期内吞吐量能达到的水平，据此确定港口在未来一定时期内的发展目标、方向，根据“深水深用、浅水浅用”的原则，划定港区水、陆域界限，提出港口的合理布局，明确不同港区的具体功能，根据发展预测提出分期实施的建设序列。

（2）港口总体规划涉及的主要内容

①对港口现状的分析评价，包括港口的地理位置和自然条件，港口状况的描述和评价，港口主要货类的构成分析，港口集疏运条件分析以及港口存在的主要问题分析等内容；

②港口经济腹地的发展分析和港口吞吐量发展水平预测；

③确定港口的基本性质和主要功能；

④到港船型发展及货流预测；

⑤确定主要港区港址；

⑥港口岸线利用规划；

⑦港口陆域布局规划；

⑧港口水域布局规划；

⑨港口的集疏运规划；

⑩港口配套设施规划；

⑪港口环境保护规划；

⑫建设资金筹措方案计划；

⑬提出规划的分期实施安排；

⑭港口信息与商务系统规划方案；

⑮绘制港口总体规划及各专项规划布置图；

⑯编写港口总体规划文件；

⑰其他有关问题和建议。

从上述内容可以看出，港口总体规划是为本港未来的发展方向、发展规模、发展模式、发展路线进行定位；为港口的发展进程把握好节拍，寻找发展动力；是一个既立足于现实，又有一定前瞻性的规划蓝本。在充分调查分析的基础上，科学地提出港口发展的战略步骤，明确近远期的建设发展计划。

编制港口总体布局规划，应当与城市总体规划、水域功能区划及其他相关规划相协调，充分考虑城市发展对港口的要求，同时根据所依托城市的特点，对港区进行合理布局。

3）港口港区规划

通常大中型港口都由若干个港区或作业区组成。港口港区规划是对港口总体规划中涉及的组成部分进行深入规划，是实施港口总体规划的一个步骤。

港口港区规划涉及的主要内容包括：

①详细地分析预测运量、船型和船舶周转量；

②就已预测的各类货种运量，研究可选用的装卸工艺及其对未来生产效率的影响；

③确定泊位组，提出恰当的水域、陆域尺度及相应的位置方案；

④对③所确定的每一方案的海岸段进行较深入地勘测，以利于调整泊位组位置和选择合理的布置方案；

⑤仓储系统、分运中心方案布置；

⑥集疏运系统能力与布置方案；

⑦港区配套设施规划与配置；

⑧投资估算和资金筹措方案选择，有弹性的建设时间表；

⑨经济效益初步分析、经营思路调整；

⑩环境评价与规划；

⑪港口港区未来发展向自由贸易区（保税区）转变的规划方案（如有这种客观条件）；

⑫港区规划布置图；

⑬编制港区规划文件报上级有关部门。

港口远景规划和中期规划都要求进行港口总体规划，两者涉及的面是一致的，但深度要求有差异。水域、海岸线和岸上土地使用，是远景规划所要求的总体规划中最主要的方面。这三点都必须根据可望增加的远景运量加以预留。

我国国民经济发展计划以 5 年为一周期，因此港口发展规划的时间阶段亦应以 5 年为一个阶段，以便于与国家计划协调配合。

8.2.2 港口建设条件调查与分析

在港口规划工作中，只有对港口现状做出客观、真实的评价，对未来吞吐量发展趋势进行科学的预测，才能提出切实可行、符合实际的规划方案，发挥投资的最大效益。

港口现状调查和吞吐量预测工作，不但是提出切实可行而又有一定前瞻性规划方案的前提条件和出发点，而且在港口规划的前期工作中，还将为港口的定位直接提供论证依据。港口的定位应依据港口依托城市的规模及其经济结构、腹地大小及经济发达程度来综合确定。

港口现状的调查工作应包括腹地的经济、交通状况、港口的地理位置、港口的自然条件等多方面条件，涉及面十分广泛。港口现状调查工作进行得越细致、越深入，获得的资料越丰富，提出的规划方案就越有可能切合实际。

1）经济和社会条件调查与分析

港口规划首先涉及对腹地内经济发展、运输设施能力等方面的经济调查与分析，其次是相关的社会调查，经济社会条件调查项目可参考表8.2。对拟建港区的自然条件调查(勘测)是规划调查的另一个方面，是港口规划所依据的基础。

表8.2　经济社会条件调查项目

<table>
<tr><th colspan="2">分类</th><th>调查项目</th></tr>
<tr><td rowspan="4">港口及城市现况</td><td>旅客、货运</td><td>公路、铁路、航空客运量，国内、国际货运量，各种运输工具运价比较</td></tr>
<tr><td>主要企业</td><td>企业产值、原材料、成品运输量、流向，对各种运输工具依赖程度，发展规划</td></tr>
<tr><td>港口现状</td><td>设施能力、利用现况，客货吞吐量，船舶周转量，企业财务效益</td></tr>
<tr><td>主要问题</td><td>港址扩建可能性，与城市关系，港口能力薄弱环节，社会发展对港口的需求</td></tr>
<tr><td rowspan="3">相关设施</td><td>土地利用</td><td>土地利用规划，地价，城市用地布局</td></tr>
<tr><td>主要设施</td><td>铁路线路、站场通过能力及扩大可能性，公路通过能力及发展规划，机场，仓储面积及能力，供电，供水，城市国际通信网条件</td></tr>
<tr><td>设施规划</td><td>腹地重点建设项目布局规划，运输网规划与多式联运，港口城市规划</td></tr>
<tr><td rowspan="4">水面利用</td><td>水产</td><td>人工养殖设施，搬迁与赔偿，近岸渔业捕获量，小型渔港</td></tr>
<tr><td>海滨旅游</td><td>海滨(沿江)公园，浴场，生活岸线，游艇基地</td></tr>
<tr><td>航道</td><td>海损事故，船舶航行状况，航道拓宽浚深可能性</td></tr>
<tr><td>临海沿江工业</td><td>原材料、成品运输，业主码头</td></tr>
<tr><td colspan="2">与港口发展有利害关系的企业</td><td>远洋运输公司，地方航运公司，外贸有关部门、企业，仓储公司，集装箱公司，各种代理公司，主要货主，各部门EDI系统状况</td></tr>
</table>

2）港口自然条件的调查与分析

自然条件调查应包括地理位置、地形地质、气象、水文、环境等在内的自然条件，这是港口建设发展的先决条件。有些港口是天然良港，而有些港口则建设成本巨大。随着科学技术的发展，自然条件对港口影响的重要程度可能会有所变化，但不管怎样，认真调查研究港口的自然条件都是港口规划所依据的基础。自然条件调查项目可参考表8.3中所列项目。

自然条件是影响港口建设发展的基本条件，主要包括气象、水文、海岸动力、泥沙、地质地貌和地震等情况。港口建设必须充分了解、掌握自然规律，按照客观规律去适应并改造自然。自然条件的规律应通过长年的数据积累，经归纳和总结得出结论。对潮汐而言宜在18年以上，有些数据需要时间更长，如地震等资料的统计。

表8.3 自然条件调查项目

分类		调查项目
地形	陆上地形	1∶5 000～1∶2 000地形图，局部1∶500地形图，海岸稳定性
	水下地形	1∶5 000～1∶2 000水深图，海区海图
	河流	流量、流速、含沙量，河流变迁、沙洲及其稳定性，季节变化
地质	土壤类别	沙土类、粘土类，海相、河相沉积土，
	基岩埋深	基岩标高、基岩性质
	土壤性质	贯入击数，物理力学指标
气象	风	风速风向玫瑰图，最大风速
	台风	通过频率、路径、大小，海岸设施破坏情况
	其他	气温、月最高、最低平均气温，降水量、日数，雾日及能见度，降水
海象	潮汐	潮汐类型、特征潮位，河流潮区界，增减水
	海流	潮流椭圆、余流、流路
	波浪	波浪玫瑰图，特征波要素、台风期波要素
	泥沙	含沙量、粒径、泥沙运动特性、主要方向、输沙量
地震		震级、烈度鉴定
环境条件		水质、绿地植被、海岸侵蚀、污染

①风。根据工程上的需要，把风记录资料分别按季度、年度、多年统计，绘制成风速、风向频率图，这个图称为风玫瑰图，如图8.2所示。借助风玫瑰图可方便地确定该区域的常风向和强风向，便于在港口总平面布置、建筑物施工和港口营运中考虑风的影响。

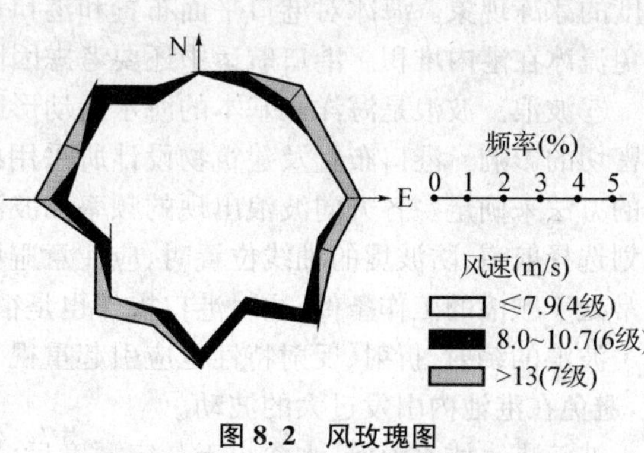

图8.2 风玫瑰图

最大风速是在港口规划设计中的一项重要参数，中国沿海受台风袭击的地区，南起中国南海，北到辽东半岛，发生时间多在7～12月份。强风常伴随着高潮、巨浪，对港口设施的破坏力巨大。此外台风对潮位的影响也很大。因此，对台风的发生规律及路径的调查，也是规划的一项基础工作。

风对船舶运行及装卸作业都有较大影响，按照行业规范，各种作业所允许的风速参考值见表 8.4。

在计算港口作业天数时，应扣除风力超过允许值的天数。在统计中大风持续时间不足 24 小时，大于 12 小时按 1 天计；不足 12 小时，但大于 6 小时按半天计。

表 8.4　港口作业的风标准

作业项目	允许风级(风速 m/s)
门机作业	<7 级，13.9—17.1
船舶靠离	<6—7 级，13.9
拖轮引水	<6 级，10.8—13.8
外海疏浚(自航式)	<7 级，15.0
打桩船、起重船作业	<5 级，10.7

②降水。降水统计中，着重统计降水量、降水强度和降水日数等数据，对于日降水量大于 0.1 毫米的，即称为 1 个雨日，据此可统计出全年的降水日数、不同降水量等级的降水日数。

降水对装卸作业的影响视货种和包装形式不同具有很大差别。通常对煤炭、矿石等散货和集装箱的装卸影响较小，一般情况下，日降水量超过 25 毫米作为停止作业的条件。

中国沿海降水量的分布特征主要表现为北部少，南部多，降水量多集中于夏季。

③雾。雾是影响船舶航行的因素之一，通常能见度小于 1 000 米时，船舶就不宜在港内及航道上航行，其出现的日数称为有雾日数。中国沿海平均有雾日数分布，黄海和东海沿岸较多，渤海和南海沿岸较少。

④海冰。海冰可分为固定冰和流冰两大类。在中国北方海域，每年冬季都有不同程度的冰冻现象。海冰对港口平面布置和港口航运有一定的影响，港口口门的布置要避免流冰在港内堆积。港口航运中还要考虑因固定冰影响造成不能通航的天数。

⑤波浪。波浪是海洋最基本的海水运动形式，对港口的选址、平面布置和工程设计有密切的影响。港口布置及建筑物设计所采用的波浪要素，通常采用观测与统计相结合的方法来确定。各方向波浪出现的频率和波浪大小可以用波浪玫瑰图表示。在港口规划选择航道、防波堤的轴线位置时，应注意避免港池内产生过大的波浪，同时，使船舶经常处于顺浪的工作条件，这对港口操作也是很有意义的。

波浪的绕射、折射、反射特性也应引起重视。在港口平面布置中应分别进行计算分析，避免在港池内引发过大的波动。

波浪进入浅水海滩，水深小于一定深度后波浪破碎，从破碎点向岸波能逐渐耗散，产生大量紊动旋涡，底床受到较强烈的扰动，如果海底泥沙颗粒较细将会出现高含沙量。从波浪破碎点开始至岸边这一地带常称为破碎带。破碎水深与海滩坡度等因素有关，为简化起见，波浪的破碎水深一般按波高的 1.28 倍考虑，依据具体条件下波高水深比可大致估算出破碎波带的范围。

⑥潮汐。潮汐是海水受月球和太阳引力的作用而产生的一种规律性升降运动，是港口规划、设计和建设中的一个重要因素。与港口相关的潮汐特征主要有潮位和潮流流速。潮位对确定码头、防波堤高程以及港池、航道水深具有重要意义，在港口水工建筑物设计和施工中也是一个重要因素。潮流对船舶的航行有一定的影响。对于潮位、流速特征应设观测站进行观测。对潮汐给港口规划、设计和建设可能带来的影响应通过数学模型或物理模型进行深入分析和研究。研究前通常应针对大、中、小潮选择典型潮时，在较大海域上进行完整的一个潮周期的潮流、潮位同步观测，为进一步研究潮流运动规律以及潮流运动对泥沙运动造成的影响提供必要的资料。

中国现行规范规定特征潮位取值方法，是通过绘制潮峰，潮谷，累积频率曲线，即把完整的 1 年或多年实测高、低潮位，按大小次序排列起来做出高潮和低潮累积频率曲线。假设取潮峰累积频率 10％的潮位为设计高水位，低潮累积频率 90％的潮位为设计低水位。

如有潮位历时累积频率统计资料，设计高、低水位也可分别取历时累积频率 1％的高潮位和历时累积频率 98％的低潮位。

新建港区往往缺乏长期完整的潮位资料。如果邻近老港地理位置较近时，一般有 1～3 个月的短期验潮资料，利用邻近港口长期验潮资料，通过同步差比法求得各设计水位。

中国地面高程的基准面，即陆地测量零点通常采用 85 高程基准面（黄海平均海平面），海图零点采用理论最低潮面。

1980 年后国家规定港口工程零点亦采用上述基准面。一些老港口历史上都有各自的筑港零点，各港筑港零点与理论最低潮面相差可达数十厘米。在实际工作中，应注意各种起算零点之间的换算关系。

中国绝大多数港口为不规则半日潮，即 24 小时 50 分内分别出现两次高潮和两次低潮，为了节省航道建设投资，在船舶密度不大的情况下，航道设计水位可选取所谓的乘潮水位，即船舶在高于乘潮水位的时段通过。

强烈风暴除形成很大波浪外，也使海岸或河口水位壅高或下降，称为增水或减水。增水如与高潮同步，可能会淹没港口陆域设施；减水如与低潮同步，会造成水位降低，影响船舶安全。港口规划设计要注意到这一不利现象。

⑦近岸海流。近岸海流除了潮流外，还包括波浪破碎引起的沿岸流，由于盐度差异引起的密度流以及风引起的风生流。其中潮流的大小和方向呈周期性，其他流属单向流。这些流合成相当复杂的水流系统。目前对于这些海流一般采用数学模型方法结合实测资料进行分析。

在选择港址、抛泥区选划和确定船舶系揽力等问题上，都需要对海流情况进行深入研究。

随着港口建设的发展，建设地点愈来愈走向开阔的、掩护条件差的外海。海流的作用力常常会超过风力的影响。因此,在布置航道、防波堤及码头,分析沿岸泥沙运动规律方面,都必须认真研究港址处沿岸海流的分布规律。

在规划阶段应对港址进行大面积流路测验,对可能布置航道、口门和码头的地点应进行单站(船)定点连续观测(13 小时或 25 小时),必要时可多站(船)同步连续观测。测流工作必须与潮位、风、浪同步进行。在泥沙活跃的海岸还需与含沙量测验同步进行,这样综合观测有利于对海区条件进行综合分析。

(8) 海岸泥沙运动。海岸泥沙运动是指在波浪、海流作用下沿岸区的泥沙运动,包括横向输沙和纵向输沙。沿岸泥沙运动是泥沙运动最剧烈的地区,通常在淤泥质海岸,波浪掀沙,潮流输沙是泥沙运移的主要形态。在港口规划中应搞清泥沙的主要来源极其特性,了解泥沙运移形态,分析港口建筑物建成后导致的周围地区冲淤变化情况。

此外,港口自然条件调查分析还包括地质、地貌情况,地形调查,地震调查以及环境条件调查等方面的内容。

8.2.3 港址选择的基本要求

1) 港址选择的总体要求

港址选择工作属于港口布局规划的一部分。港口布局规划侧重于从宏观经济发展考虑,对港口选址做出的地区性合理安排。港址选择是一项重要而复杂的工作,好的港址是一个港口合理发展的基础,将直接影响港口各发展阶段的建设投资大小、建设速度、营运效益和船舶安全运行,对城市发展也会产生一定的影响。一个成功的港口选址工作应至少满足以下要求。

①港址选择必须符合国家港口布局的要求,符合国家和地区经济发展的需要。

②一个好的港址既要适应眼前的需要,又必须着眼于未来。规划至少要为港口提供 30 年的合理发展基础,随市场运量陆续安排建设项目,好的港址选择应有利于起步工程的实施。

③新港址应与原有港区相协调,并有利于原港区改造,使之适应新的需要。新港址应有利于发挥新老港区的综合功能,使老港区在原港口的基础上,经过调整,改造发挥更大的作用。

④以往港口大多依城而建,城市则围绕港口而发展,造成港城之间相互干扰,港口的发展受到限制。现代港口中的大多数港区均采用远离城区的布置方案。甚至原有的老港区也主动搬出城区,寻求新的更大发展空间。促使港区远离城区的另一个原因是现代港口装卸效率大大提高,库场及疏运设施所需的陆域面积越来越大,并且依港而发展的工业区、商贸区、金融区、各种代理以及现代物流也将占用大量陆域面积。

⑤港口的现代物流和商贸功能将吸引跨国公司进入港区,扩充转口贸易量、发展分运业务。因此,在条件许可时,港址与物流园区、自由贸易区、出口加工区宜同步规划。

⑥港址选择要考虑吸引工业区等的建立,使港口具有更多地为促进城市和区域经济发展创造机会和条件。

⑦根据港口的性质和规模，合理利用拟选港址的自然条件，注意从全局出发，适度开发利用海岸资源。

⑧港口应有足够的岸线布置不同的作业区域，对危险品和污染严重的货种，应设立专门区域并与其他区域保持足够的距离。

⑨随着技术进步、装卸效率提高和船舶吨位增大，对大量岸上土地的需要越来越迫切，因而港区纵深越来越大，否则将会限制港口效率的发挥。综合港区的陆域平均纵深应大于1 000米，一般要求达到1 000～3 000米。

⑩港口运输系统应与港外交通运输系统紧密衔接。

⑪港口的配套设施应保证满足港口生产及未来发展的要求。

⑫应满足国家安全的要求。

2）港址选择的一般规定

①港址选择应符合国民经济发展和沿海经济开发的需要，并应满足港口合理布局的要求。港口的性质和规模应根据腹地经济、客货流量及集疏运条件确定。

②选址应根据港口性质、规模及船型，按照深水深用的原则，合理利用海岸资源，适当留有发展余地，并应进行多方案比选。

③选址应统筹兼顾和正确处理商港、渔港、军港、临海工业、旅游以及其他部门之间的关系，并与城市及交通运输规划互相协调。

④选址时宜利用荒地、劣地，原则上不占或少占良田，避免大量拆迁，确有困难时应进行论证。有条件时可充分利用疏浚土方或就近取土造陆。

⑤港址选择应充分注意保护环境，遵守国家现行有关规定。对环境影响大的项目，应根据国家现行有关规定经论证后确定。

3）港口的选址原则

①所选港址应满足建港任务要求，并应做到技术上可行，经济效益、社会效益和环境效益良好。

②选址阶段应对拟选地区的地形、地貌、地质、气象、水文、地震等自然条件和城市依托、供电、供水、通信、施工条件以及社会、人文情况等进行调查分析和必要的勘测。

③对拟选港址的铁路、公路、水运现状和发展规划、集疏运方式和能力以及引接条件等，应进行充分的调查分析和比较，因地制宜地选择集疏运方式，优先考虑水运及原有集疏运设施，有条件时，可采用多种集疏运方式。

④老港改建、扩建时，应妥善处理同一地区新港与老港之间的关系，以及综合性港区与各种专业性港区或码头之间的关系；应充分利用原有设施，并避免重复建设和互相之间的干扰。

⑤港址的天然水深应适当，不宜在地形、地质变化大和水深过深以及水文条件复杂的地段建造港址建筑物，也不宜在水深太浅而使疏浚和维护挖泥量过大的场所选址。

⑥港址宜选在地质条件较好的地区。对岩石海岸，应查明岩层分布和岩面起伏状况，应避开活动性断裂带、软弱夹层和炸礁工程量较大的地区；对软土地区，应避免在软

土层较厚的地区选址。必要时,应经充分论证后确定。

⑦港址应选在对抗震相对有利的地段,未经充分论证,不得在危险地段选择港址。

⑧对深水区贴近海岸的港址,当陆上有大面积的滩地或低洼地可资开挖港池时,选址中可考虑建设挖入式港区的可能性。

⑨地方中、小型港口的选址,应注意因地制宜便于起步的原则,可利用河口、泻湖和浅水海湾建港。当船型尺度较大而泊位较少时,港址宜选在天然海湾无明显泥沙堆积的湾口岬角或利用泻湖口深槽建设泊位,但须对深槽的稳定性,进行充分论证后确定。

⑩港口应有足够的水域和陆域面积。港口水域宜选在有天然掩护,浪、流作用小,泥沙运动较弱的地区;宜利用天然深槽,减少疏浚和助航设施的工程量。在冰冻地区,应考虑冰凌对港口的影响。港口陆域纵深应满足拟建码头装卸工艺、生产及管理对陆域的要求,有条件时,应留有一定的发展余地。

⑪应充分考虑港口工程与泥沙运动间的相互影响,避免导致港口严重淤积和海岸或河口的剧烈演变。

⑫当港址不具备天然掩护条件时,可考虑开敞式或岛式码头建设方案,其位置可选在天然水深适宜,波浪、水流对船舶影响小,离岸较近的水域。

⑬对大型深水油码头的选址,当深水区离岸较远、且无良好的掩护条件,可供建设常规码头或开敞式码头时,可考虑单点或多点系泊建设方案的可能性。设置单点或多点系泊的海域应有足够的天然水深和平面尺度,满足大型油船的系泊需要,尽量避免人工疏浚,海域的波浪及水流强度要相对较小,其位置应靠近水下管线的登陆点,并应考虑到水下管线敷设和登陆的方便条件。

8.3 港口陆域设施

港口陆域平面布置就是根据港口生产各环节的性质,合理安排陆域的装卸作业区、辅助生产作业区、铁路、公路等;其次,要合理确定港口的陆域规模。港口陆域平面布置应该为港口的长远发展留有余地。

在研究港口平面布置方案时,应注意港口布置型式与自然条件的相互协调。依据不同的自然条件应选用不同港口布局类型。港口平面布置总是力求巧妙地利用自然环境来满足港口营运上的要求,并节省建设投资。

港口陆域设施除库场等直接为生产服务的建、构筑物外还应包括铁路、道路、给排水、供电以及为港口正常营运所需的各种设施。

8.3.1 码头平面布置

1)港口的平面布置形式

港口在平面上大致有如下几种基本布置形式:

(1) 依自然地形的布置形式

依自然地形布置型式一般投资省，泊位基本沿岸线布置，船舶靠离比较方便。进出港航道和港池回淤常常被视为重要问题，疏浚往往是不可避免的。为了避免过大的维护性疏浚，要认真分析水动力条件和泥沙运移规律，所选择的理想布置，对防淤而言一般要有利于加强港池的航道动力条件。这种布置形式一般在早期的港口选址时有较多机会。随着港口的建设，这种优良条件的港址会越来越少。

(2) 填筑式的布置形式

填筑式是最常见的形式，大部分码头岸线伸出自然岸线，码头场地主要以填方形成。一般尽量将港池挖泥回填至潮间带，经固结成为港口发展用地。把挖泥弃土与填土造地两种作业结合在一起，通常可以取得减少投资的效果，同时还可减少弃土对海洋环境的影响。

(3) 挖入式布置形式

挖入式多见于河港、河口港以及海岸带的泻湖洼地(如京唐港)，港池由开挖陆域而形成。它适合于水体悬移含沙量较低或泥沙运移以推移质为主的地点。挖入式港口一般在入口处修建防波堤，既防波又防止沿岸泥沙入侵。

2) 码头平面布置形式

码头前沿线的布置形式也应按照地形因地制宜进行布置，应满足陆上集疏运和库场作业的要求。常见的布置形式有以下几种：

(1) 顺岸式布置

码头的前沿线与自然陆域岸线大致一致或呈较小的角度时的布置形式称为顺岸式布置。顺岸式布置的好处在于后方可以有较大的陆域面积，以便布置堆场和仓库以及其他辅助设施。在大陆域面积的情况下，港口布置倾向于顺岸布置的优势越来越明显。

(2) 突堤式布置

当码头岸线与自然岸线夹角较大时，这种布置形式称为突堤式布置。突堤式布置的最大优点是可以节省自然岸线，而且整个港区布置紧凑，易于管理。但随着现代码头所需堆场面积不断增大，宽突堤布置形式逐渐取代了过去那种窄突堤布置，这一点在集装箱码头布置时尤为突出。窄突堤布置往往在突堤后方的陆域上布置二线库场，但一线库场的集疏运条件较差。在宽突堤码头有足够前方库场面积的情况下，可适当减少二线库场面积。

(3) 挖入式布置

这是一种在向岸侧开挖港池和航道，港池深入到陆域内的布置方法，是一种适应特殊地形和要求的布置方案，开挖港池和航道的方量与回填造陆工程量的对比，常成为选择此种布置方案的重要因素之一。

(4) 防波堤内侧布置

这是一种常见的布置方案。防波堤与码头布置在一起，可以节省工程量，一般适用于泊位较少或专业化港口。但对于有防浪要求的泊位，为防止越浪，防波堤顶应有防越浪措施，会增加工程量。在这种布置中，将泊位位置选在防波堤根部与后方衔接比较方便，但开挖量增加，布置在堤头可以减少挖方量，但码头与后方的衔接较差。

(5) 岛式或开敞式布置

这是一种为了适应现代港口深水化的发展趋向而将码头布置在离自然岸线较远的深水区的布置方案。码头结构一般为透空的墩式结构，为解决码头的疏运问题，可采取栈桥或水下管线（油、气码头）与岸相接，堆场或罐区设在岸上。在一定的条件下为了节省投资不设防波堤，大风大浪天气码头不作业。这种布置方案特别适合大宗矿石码头、煤码头和石油码头。

3) 码头前沿高程

码头前沿高程一般应考虑当地潮位特征、作业要求以及与后方地形衔接等几个方面的因素，并本着节省投资的原则综合确定。

有掩护情况下的码头高程一般应满足在大潮时不被淹没的要求，按基本与复核两个标准分别计算，并取最大值，具体确定方法如表 8.5 所示。

表 8.5　有掩护情况下码头前沿高程

基本标准		复核标准	
计算水位	超高值（米）	计算水位	超高值（米）
设计高水位（高潮累计频率10%的潮位）	1.0～1.5	极端高水位（重现期为 50 年的年极值高水位）	0～0.5

开敞式码头的前沿高程应满足码头面不被波浪淹没的要求。开敞式码头一般为透空结构，由于波浪与码头上部结构作用时将产生较大波浪力，上部结构为承受这部分力而加大断面尺寸是不经济的。一般做法是将上部结构的底高程抬高。由此，规范规定码头面顶高程可按下式计算：

$$E = HWL + \eta_0 + h + \triangle \tag{8.1}$$

式中：E——码头面高程（米）；

HWL——设计高水位（米）；

η_0——设计高水位时重现期为 50 年一遇静水面以上的波浪峰面高度（米）；

h——码头上部结构高度（米）；

$\triangle$——波峰面以上到上部结构底缘的富裕高度（米），一般不超过 1 米。

4) 码头泊位尺度

码头泊位尺度包括码头岸线长度和码头前沿水域宽度。码头的岸线长度应满足泊位长度的要求，而泊位长度是指停靠一艘设计船型所占用的码头线长度。有掩护码头的泊位长度与系缆及工艺要求有关，开敞式码头除与上述因素有关外，还应考虑缆绳有足够的长度，以便吸收船舶动能。

单个泊位和多个泊位码头长度的确定方法略有不同。考虑到系缆的要求，除泊位与泊位之间要留有一定的间距外，端部泊位在外端部也需要有一相当于泊位间距的富裕距离。富裕距离的大小与首尾缆绳长度和角度有关，一般与船体长短有直接关系。对有掩护港口的通用码头，单个泊位的长度可用下式计算：

$$L_b = L + 2d \tag{8.2}$$

式中：L_b——码头泊位长度(米)；

L——设计船长(米)；

d——富裕长度(米)，采用表 8.6 中的数值。

表 8.6　富裕长度 d

L(米)	<40	41—85	86—150	151—200	201—230	>230
d(米)	5	8—10	12—15	18—20	22—2	30

码头岸线呈突堤式时，两突堤之间就形成了港池。随着港口装卸机械效率的提高，码头岸线布置越来越倾向于采用宽突堤布置。当突堤的宽度足够宽时，突堤一侧可布置多个泊位，形成泊位组，港池宽度应满足船舶航行和在泊位上调头的需要(在特殊情况下亦可采取在港池外的连接水域调头)。

开敞式码头岸线长度一般应按下式取值：

$$L_b = (1.4 \sim 1.5)\,L \tag{8.3}$$

码头前沿水域的宽度一般称为泊位宽度。泊位宽度是为了保证船舶在系泊、停靠过程中的安全而设置的水域宽度，一般取 2 倍船宽。

5) 仓库与堆场

仓库与堆场是供货物在装船前或卸船后短期存放使用的。多数较贵重的杂货都在仓库内堆存保管；不怕风吹日晒雨淋的货物，如矿石、煤炭、钢铁和矿建材料等放入露天堆场或货棚内，而这种散装货物的堆场常常远离码头，以免对环境有污染。对不同的专业码头，需建造不同的仓库，如散粮码头需要造圆筒粮仓，而石油码头则需建造油库。

从港口库场至码头前沿为码头前方场地，又称码头前沿作业区。这里既要布置装卸机械，又要安排火车、汽车的通道，使货物转运方便，或是进入库场，或是直接运往港外。码头前方场地通常是港口最繁忙的地区。

在有旅客运输的港口，还需专门设立客运码头。在临近码头的附近建有港口客运站，供旅客候船休息以及购买船票、存取行李之用。客运站周围通常需要留有一定场地，供市内交通在此接转旅客，以及设置各种服务网点使用。

6) 港口装卸机械

装卸机械是港口最基本的设施之一。通常将港口机械分成四大类，即起重机械、输送机械、装卸搬运机械、专用机械。

现代港口装卸工作基本上都由各式各样的机械来完成。它们在港口通常进行以下工作：对船舶实施装卸作业；对火车和汽车车辆实施装卸作业；在船舱内进行各种搬运、堆码和拆垛等工作；在库场内进行起重、搬运、堆码、拆垛等工作。

港口码头前方的机械多数用于对船舶装卸，其起重量的大小，往往决定了来港货物单元的组成；港口后方的机械则多数用于库场与库场，库场与车辆之间的捣载，此类机械的起重量一般不是很大。

对于专业化的码头通常都设有专门的装卸机械，如煤炭装船码头设有装船机，散粮卸船码头设有吸粮机，集装箱码头前方设有集装箱桥，后方设有跨运车、重型叉车，等等。

8.3.2 铁路与道路

中国海港大多集中在东部地区，腹地纵深辽阔，因此，铁路和公路是中国港口货物集疏运的主要方式。

1）港口铁路

(1) 港口铁路的组成及其功能

为了完成货物在铁路网与港口之间的转运，一个完整的港口铁路系统应由港口车站、分区车场及货物装卸线等 3 部分组成。各部分的基本功能为：

①港口车站。承担来自路网或码头方向列车的到发、编解、选分车组和向分区车场或装卸线取送车辆等作业。港口车站距码头、库场作业区不宜太远，以便于取送车作业。

②分区车场。承担分管港区范围内的车辆分组、集结及向前方库场、二线场、分运中心或码头装卸线取送车等作业。根据车流的性质，有条件时亦可接发直达列车。分区车场宜布置在临近泊位或库场装卸线。

③装卸线。布置在库场或码头上供停车进行装卸作业的线路。来自路网的列车，一般在接轨站解编后，以小运转方式牵引至港口车站，路港之间一般在接轨站或港口车站的到发线办理车辆交接手续。到达港口车站的列车，在港口车站按码头作业区分类编组后送往分区车场。一个分区车场一般分管若干个泊位的库场装卸线。到达分区车场的车组，需按去往的装卸线解编，然后按作业进度随时向装卸线取送车辆。在港口完成装卸作业后的车辆，在港口车站集结后，以小运转方式牵引至接轨站。

由于运量、货种、接轨站与港区位置和管理方式等因素，港口铁路亦可以不设港口车站，其功能由接轨站承担。对货种单一、运量稳定、开行单元列车的专业化散货港口，如秦皇岛港东港区的三、四期煤码头，列车不在港内进行解编作业，港口铁路只设空、重车场(即出发场、到达场)和装卸线。

集装箱专列比较适宜在分区车场解编和集结。

(2) 港口铁路总布置图

港口铁路按其各部分位置的配置不同，可分为横列式、纵列式和混合式三类。

如图 8.3 所示，为港口车站、分区车场和装卸线纵列布置形式。其车辆取送按顺序进行，无折返行程、车站咽喉区利用均衡，各车场的调车作业互不干扰，通过能力大，其最大的缺点是需要较长的场地。

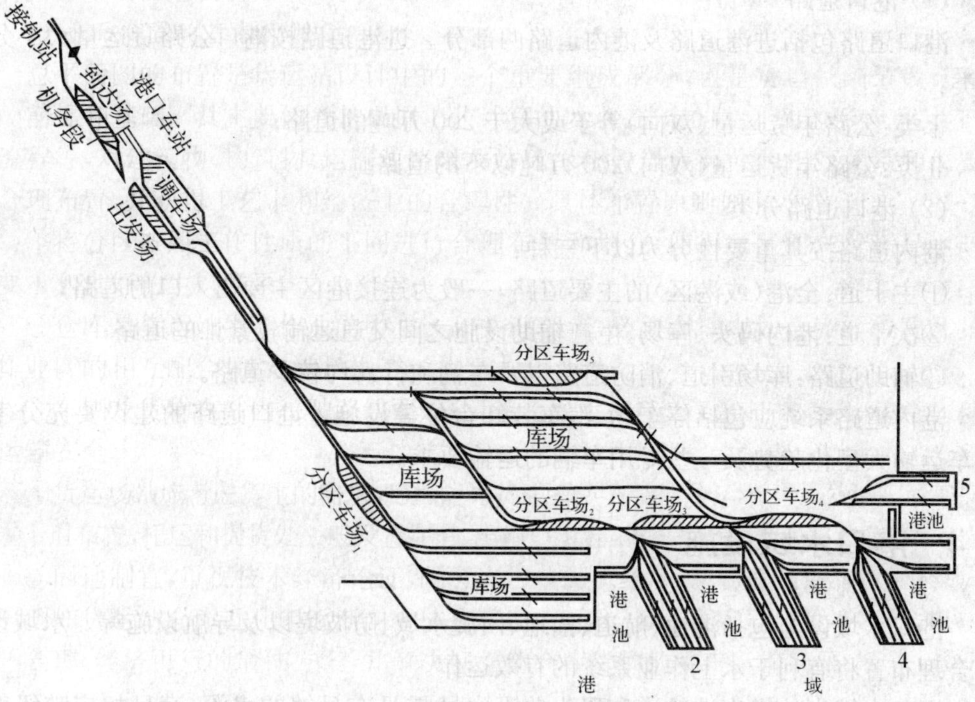

图 8.3　港口车站、分区车场和装卸线纵列布置

(3) 分区车场布置

设置分区车场的目的是为了缩短装卸线调车作业时间，及时为装卸线供应所需车辆。划分分区车场时，应使各分区车场的作业量均衡，一般情况宜按一台机车调车作业能力来考虑，同时尽量与港口作业区划分一致。分区车场内线路设置数量应包括：

①到达线，接纳来自港口车站的车组；

②编组线，供分编去往各装卸线的车辆用；

③集结线，停放各装卸线集结的车辆，以便送往港口车站；

④机车走行线，机车在车场内的通行线。

分区车场线路不必像港口车站那样各股道功能要很明确，可灵活调度使用。

港内铁路联络线的平面曲线半径一般不小于 250 米，联络线纵坡一般不大于 2.5‰。港口铁路区间正线一般亦可采用上述数据。港口铁路布置的实际困难，常常发生在依据当地条件如何满足铁路平面、纵断面的技术要求。港口铁路的技术条件执行《工业企业铁路技术标准》。

2) 港口道路

随着我国公路建设，特别是高速公路的快速发展，公路运输在港口对外集疏运所占的比例越来越高，一些综合性港口其公路运输比例已超过铁路运量。公路运输成为中国目前港口集疏运的主要方式。

(1) 港口道路

港口道路包括进港道路及港内道路两部分。进港道路按港口公路货运量大小分为两类:

Ⅰ类:公路年货运量(双向)等于或大于200万吨的道路;

Ⅱ类:公路年货运量(双向)200万吨以下的道路。

(2) 港口道路分类

港内道路按其重要性分为以下三种:

①主干道:全港(或港区)的主要道路,一般为连接港区主要出入口的道路;

②次干道:港内码头、库场、生产辅助设施之间交通运输较繁忙的道路;

③辅助道路:库场引道、消防道路以及车辆和行人均较少道路。

港内道路系统应包括停车场、汽车装卸台位等设施。港口道路的建设要充分考虑汽车运输大型化趋势及一些专用车辆的运输要求。

8.4 港口水域设施

港口水域设施包括港池、航道、锚地、回旋水域、防波堤以及导航设施等。水域设施的合理布置将有利于水上作业系统的有效运作。

港口水域中的进出港航道和码头前沿水域需具有足够的水深,满足相应吨级船舶吃水的要求;进出港航道走向的布置应满足船舶安全进出港口;航道和港池的维护性挖泥量应尽量小。

港池内应有良好的泊稳条件,以便船舶能安全、顺利地完成货物装卸作业和旅客上下船。

港口水域尺度应能满足船舶回旋、制动、港内航行、停泊作业的要求。

港口水域除应满足设计船型的航行、停泊所需的水域外,还应考虑港口辅助船舶(港作、工程、海事、边防等)的航行和停泊要求,在有小船运输的港口,还应考虑这部分船舶对水域的要求,但在布置上应尽量减少大小船之间的干扰。

8.4.1 航道、锚地和回旋水域

航道为船舶进出港口提供了一条特定的安全航行路线。多数情况下,近海自然水深不能满足船舶吃水要求,航道一般是开挖而成。船舶进出港口必须按照航行标志航行,遵守航行规则,以避免发生海事事故。进出港航道常常是港口规划、设计和维护的最重要问题之一。

航道设计包括航道选线、航道尺度(包括宽度、水深及转弯段参数等)以及导助航标志等方面内容。

1）航道选线

选择航道轴线必须依据当地的水文、气象条件，并结合地形和地质条件的特点进行。良好的航道选线方案应具有良好的操船作业条件。为此航道选线应注意：

①航道轴线应尽量避免与大于7级风力的、频率较高的风向正交，以减少船舶在强横风下航行的概率；

②航道轴线宜尽量避免与流速大于1节/小时的水流呈较大的交角；

③航道轴线应尽量顺直，避免"S"形航路。受地形、地质条件限制必须多次转向时，宜加长两次转向间距。转向角 Φ 宜控制在30°以内。航道转弯半径 R 宜大于3～5倍设计船长，并需将航道按规范要求加宽。当转向角较大、航速超过8节/小时、航道水流条件较差时，应加大转弯半径 R，R 大于10倍船长时较为理想。

④防波堤口门内的航道应保持不小于相应吨级船舶制动距离的要求，并尽可能是直线段，以防止船舶进入防波堤口门后发生事故。

⑤航道轴线选择中应充分考虑在波浪和潮流作用下航道的回淤问题，尽量减少维护性疏浚工程量。一般而言，以推移质为主的输沙情况，航道轴线与主波向、主流向的交角愈大，淤积率亦愈大。

2）航道宽度

航道宽度是指设计低水位或乘潮水位时航槽断面设计水深（一般为公告水深，不含备淤深度）处两底边线之间的宽度。航道有效宽度一般由航迹带宽度、船舶间富裕宽度以及船舶与航道底边之间的富裕宽度等三部分组成，如图8.4所示。

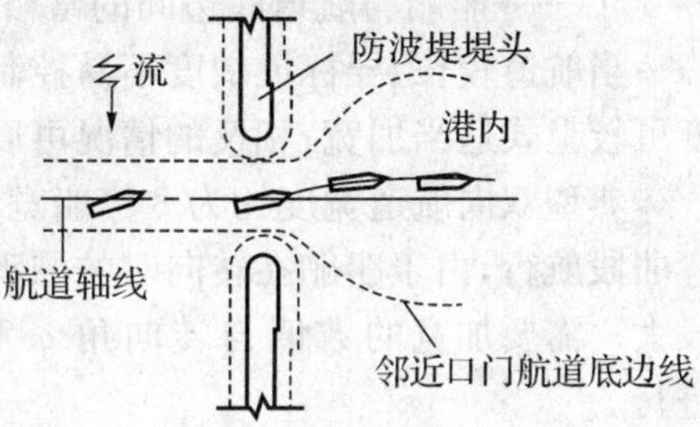

图8.4　船舶入港后航迹

（1）航迹带宽度

船舶在航道上行驶受风、流及螺旋桨产生的横力矩的影响，其航迹很难与航道轴线平行。船舶常需不断地靠操纵舵角来校正航向，使航行的轨迹线不至于偏离航道范围。船舶以风流压偏角在导航中线左右摆动前进所占用的水域宽度称为航迹带宽度。规范规定航迹带宽度 A（米）按下式确定：

$$A = n(L\sin r + B) \tag{8.4}$$

式中：n——船舶漂移倍数；

r——风、流压偏角；

L——船长（米）；

B——船宽（米）。

航迹带宽度一般在2.0～4.5倍船宽范围内。

（2）船舶间富裕宽度

当船舶相遇错船时，为了防止船吸现象，两航迹带间应留有一定距离，取船宽。

(3) 船舶与航道底边间的富裕间距

对于人工开挖的航道，由于航槽内外水深差形成航槽壁，船舶在这样狭窄的航道内航行，为防止船舶因船吸现象而擦壁或搁浅，减少操船困难，必须与槽壁保持一定距离。规范规定此富裕间距 C 按表 8.7 取值。

表 8.7　船舶与航道底边间的富裕宽度 C

船 种	杂货船、集装箱船		散 货 船		油船或其他危险品船	
航速(chn/h)	≤6	>6	≤6	>6	≤6	>6
C(米)	0.50B	0.75B	0.75B	B	B	1.50B

综上所述，航道宽度 W 的取值：

双向航道：
$$W = 2a + b + 2C \tag{8.5}$$

单向航道：
$$W = a + 2C \tag{8.6}$$

式中：W——航道有效宽度(米)；

b——船舶间富裕宽度(米)，设计船宽 B；

C——船舶与航道底边间的富裕宽度(米)，采用表 8.7 中的数值。

当航道较长、导标灵敏度不易控制、船舶定位困难和自然条件特别恶劣时，航道宽度可较上式适当加宽；相反的情况可以适当缩窄。

典型双向航道宽度约为 8 倍船宽，单向航道宽度约为 5 倍船宽。此外，船舶在航道弯曲段航行，由于船舶在转向时的漂动和必须以投影宽度通过弯道，要求的宽度比直线段大。需要加宽的数值与转向角 φ 和转弯半径 R 有关，可采用规范建议的图解法进行。

3) 航道水深

船舶在外航道航行，其航速一般不会超过 10～12 节/小时，通常是 6～8 节/小时，在接近口门时为 4～6 节/小时。船舶为保持一定舵效的最低航速为 2 节/小时。航道水深需要考虑船舶航行时船体下沉增加的富余水深。航道水深可由下式计算：

$$D = T + Z_0 + Z_1 + Z_2 + Z_3 + Z_4 \tag{8.7}$$

式中：D——航道设计水深(米)；

T——设计船型满载吃水(米)；

Z_0——船舶航行时船体引起的下沉值(米)，与船舶吨级、船舶航速有关；

Z_1——船行时龙骨下最小富裕深度(米)，取决于不同底质条件和船舶吨位，采用表 8.8 中的数值；

Z_2——波浪富裕深度；装载纵倾富裕深度(米)，杂货船和集装箱船可不计，油船和散货船取 0.15 米；

Z_3——船舶因配载不均匀而增加的尾吃水(米)；

Z_4——备淤深度(米)，应根据两次挖泥间隔期的淤积量确定，不宜小于0.4 米。

表 8.8　航行时龙骨下最小富裕深度 Z_1（米）

船舶吨级	DWT<5 000	5 000≤DWT<10 000	10 000 DWT<50 000	50 000≤DWT<100 000	100 000≤DWT<300 000
淤泥土	0.20	0.20	0.30	0.40	0.40
含淤泥的沙、含粘土的砂和松砂	0.30	0.30	0.40	0.50	0.60
含砂或含粘土的块状土	0.40	0.40	0.50	0.60	0.60
岩石土	0.50	0.60	0.60	0.80	0.80

注：对重力式码头，Z_1 应按岩石土考虑。

4）航道通航方式

联合国国际海事组织曾颁布船舶服务准则及规划航道系统原则，提倡建立分道航行制，将反向航行的船流予以分隔，以减少船首正遇的范围。

港口投产初期，船舶通行密度很低，大船可能是很少一部分。在这种情况下，航道的通航水位可采用高于最低通航水位的某一水位，称为乘潮水位，以减少航道和港池挖泥费用。乘潮水位可根据每潮次船舶乘潮进出航道所需的时间，选取每一个潮峰上与此延时相当的水位进行频率统计，一般取乘潮累积频率 90%～95%的水位为乘潮水位。对开敞式布置方案，选择乘潮水位要特别慎重研究低潮、大浪天气时船舶靠、离泊的安全保障问题。停靠大型集装箱班轮的港口，不宜采用候潮进出港的通航方式。

对经常处于自然条件恶劣，航道狭窄难于改善的情况，规划应明确配备拖船对较大型船舶助航，实行强制引领的制度。这对船舶的安全行驶是必须的。此外，为了减少危险性，在船舶航行密度大的航道，结合实际条件限制超越、大小船分开航行等都是规划航道通航方式的重要内容。

5）锚地

锚地是指专供船舶停泊或进行水上装卸作业的水域。锚地按功能和位置可分为港外锚地和港内锚地。港外锚地供船舶候潮、待泊、联检及避风使用；港内锚地供待泊或水上装卸作业使用。

选择锚地位置时应注意以下问题：

①为了避免影响船舶航行安全，港外锚地边缘距航道边线不应小于 2～3 倍船长；单锚或单浮筒系泊的港内锚地距航道边缘不应小于 1 倍船长，双浮筒系泊时不应小于 2 倍船宽。

②港外锚地水深一般不应小于船舶满载吃水的 1.2 倍，但当波高大于 2 米时，还应增加波浪富裕水深。港内锚地水深一般可与码头前沿水深一样。

③锚地底质以软硬适度的亚沙土和亚粘土较好，其次是淤泥质沙土。

④应尽量避免在横流较大地区设置双浮筒锚地。

港口锚地的数量和配置要依据港口的自然条件和营运特点而定。

6）回旋水域

船舶回旋水域应设置在方便船舶靠离码头或进出港口的地点。其水域可以和航行水域共用。回旋水域的尺度应考虑当地风、浪、流等条件和港作拖船配备、定位标志等因素，可按规范中的数值确定。

船舶自行调头回旋圆直径一般较大。当水域较平稳，且风力小于5级时，回旋直径一般需3倍船长，未设首推进器的集装箱船其回旋直径可达6倍船长，这是设计集装箱泊位时应注意的。

8.4.2 港内泊稳标准及波况估算

船舶停靠码头进行装卸作业或上下旅客，要求船舶平稳和颠簸小，所以港内泊稳标准从实质上讲是船舶运动量的限制标准，但测定和估算在波浪作用下系泊在码头上的船舶运动量是很难的。所以长期以来都是通过给定码头前波高的限定标准来评估港内泊稳条件。码头前波高的大小可以通过整体波浪水工模型试验或整体波浪数模试验进行估算。

近年来，港内泊稳条件的估算方法已从研究码头前波高发展到直接研究在波浪作用下船舶的运动量上。已提出的一些参考性的允许作业标准如表8.9所示。

表8.9　各类船舶装卸作业允许位移量

	油船	散货船	杂货船	全集装箱船
升沉(米)	±0.5	±0.5	±0.5	±(0.3～0.5)
横移(米)	1.0	1.0	0.5～1.0	0.8～1.0
纵移(米)	±(1.5～2.0)	±1.5	±1.0	±0.5
横摇(°)	4	3	3	2
纵摇(°)	3	3	2	2

对于较大型工程，应进行水工整体模型试验，在试验中测定船舶运动量的数值，以便于研究装卸工艺设备是否安全和获得较高效率。

码头前进行装卸作业的允许波高值，与装卸货种、装卸工艺、船种、船型大小及码头方位与波向间的夹角等因素有关。表8.10为规范建议的船舶装卸作业允许波高和风力。表中顺浪为波向与船舶纵轴线夹角小于45°；大于或等于45°为横浪。表中允许波高对应的波平均周期T，当DWT≤20 000吨，T≤6 s；当DWT＞20 000吨，T≤8小时。长周期波对斜坡式护面抛石堤心式的防波堤有一定的穿透能力，使港内泊稳条件恶化，所以对周期更长的波应进行专门的研究。

表 8.10 各种船舶装卸作业时码头前允许波高和风力

船舶吨级 DWT(t)	允许波高(米)								允许风力
	顺浪 H4%				横浪 H4%				
	油船	散货船	杂货船	集装箱船	油船	散货船	杂货船	集装箱船	
1 000	0.6		0.6		0.6		0.6		≤6 级
2 000	0.6		0.6		0.6		0.6		
3 000	1.0		0.8		0.8		0.6		
5 000	1.0		0.8		0.8		1.6		
10 000	1.0	1.0	1.0	0.8	0.8	0.8	0.8	0.6	
15 000		1.0	1.0	0.8		0.8	0.8	0.6	
20 000	1.2	1.2	1.0		1.0	1.0	0.8		
25 000				1.0				0.8	
30 000	1.2	1.2		1.0	1.0	1.0		0.8	
35 000				1.0				0.8	
40 000		1.2				1.0			
50 000	1.5	1.5			1.2	1.2			
70 000		1.5				1.2			
80 000	1.5				1.2				
100 000	1.5	1.5			1.2	1.2			
120 000	1.5	1.5			1.2	1.2			
≥150 000	2.0	2.0			1.5	1.5			

注：H4%为波列累积频率 4%的波高。

波浪在传播途中遇到外堤建筑物，除在堤前发生反射外，从口门进入港内的波浪将在港内水域产生绕射。波浪单纯发生绕射变形可通过查表简单估算，或采用数学模型进行推算。当港内有地形变化时，波浪还将同时发生折射，需采用折绕射联合模型。当

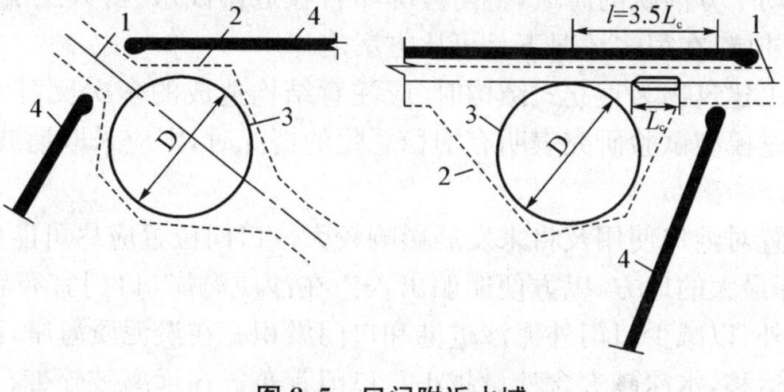

图 8.5 口门附近水域

码头为直立式结构，码头的反射将加大码头的波浪，此时应采用更综合的数学模型，如 Boussinesq 模型、双曲型缓坡方程等。

8.4.3 防波堤与口门布置

防波堤是用来抵御港外波浪侵袭，兼做防沙减淤作用的外海水工建筑物。防波堤的布置要考虑波浪、流、风、泥沙、地形地质等自然条件，还要考虑船舶航行、泊稳等营运要求，并须考虑施工条件及投资等因素。防波堤工程通常在海港工程总投资中占相当比重，防波堤布置的合理与否，直接影响港口营运、投资、维护费用和长远发展，是海港总平面布置中的关键工作。

1）防波堤布置原则

①防波堤轴线布置要与码头布置相配合，码头前水域要满足表 8.11 的允许作业波高值。防波堤的布置和选型应特别注意长周期波的影响。对有长周期波的地点，应研究防波堤所围成水域的自振周期，防止与长周期波产生共振，还应防止长周期波穿透抛石堤对港内泊稳的影响。

②防波堤所围成的水域应有足够的面积和水深，满足布置码头岸线、码头前停泊水域、调头水域以及航道的需要。口门外有横流的情况下，应考虑船舶进口门前航速及航向角对进口门后船舶航行的影响。从船舶航行安全方面考虑，进入口门后应有足够的航行水域作为缓冲和对准泊位航行。口门内水域面积轮廓应满足船舶调头作业的要求。

③防波堤所包围的水域要为港口今后的发展留有余地，尽可能顾及到港口的规模“极限”和极限船型。同时，还应注意防波堤所包围的水域内风成波对泊稳条件的影响。在淤泥质海岸的港口，应注意到泥沙以悬移状态进港，由于港内水域平稳、流速减少，悬沙落淤，因此，水域面积越大，纳潮量越大，淤积总量亦愈大。从这一角度考虑，应缩小无用水域面积，以减少纳潮量和进港泥沙。

④要充分利用有利的地形地质条件，将防波堤布置在可利用的暗礁、浅滩、沙洲及其他水深不大的水域中，以减少防波堤投资。

在泥沙运动十分活跃的海域，把防波堤布置在近岸浅水区，人工疏浚航道港池，并将挖泥吹填至陆域，在很多情况下是可比方案之一。

⑤港内水工建筑物为直立式结构时，应注意结构造成的多次反射引起对港内泊稳的影响。当通过模型试验研究表明有泊稳恶化的情况时，则应采取消波措施。

2）口门

①口门布置对港口使用及将来发展影响较大。口门位置应尽可能位于防波堤突出海中最远、水深最大的地方，以方便船舶出入。在沙质海岸，口门宜布置在泥沙完全移动临界水深之外，以减少口门外泥沙进港和口门淤积。在淤泥质海岸，泥沙在波浪作用下以悬移形态运移，水深越大含沙量越小。口门宜布置在远离破碎带、含沙量小的深水处。如天津港口门从延伸－0.5 米至处，平－2.5 米 均含沙量可从 0.3 千克/立方米减

少到0.16千克/立方米，预估回淤量可减少40%，水深−4.5米处年平均含沙量仅0.06千克/立方米，有可能根本上解决回淤问题，但建堤投资将是巨大的。

②从口门至码头泊位，一般宜有大于4倍船长的直线航行水域和3倍船长的调头圆，如图8.5所示。以便于船舶进入口门后控制航向、减低航速、与拖船配合完成转头等操作。布置直线航行水域有困难时，亦可布置在半径大于3～4倍船长的曲线上。

③口门方向力求避免出现大于7级的横风、大于0.8节/小时的横流、船尾直向强风(即从船尾方向吹来)和波高大于2.5～3.0米尾追浪，以使操舵稳定。一般来说，船舶进口门航向与频率较大的强风强浪，夹角在30°～60°为最好。

④口门的布置还应使从口门进入的波能尽可能少，以维护水域泊稳要求。

⑤船舶在通过口门时一般不考虑错船或超越。口门宽度在任何情况下不宜小于设计船长，并应认真研究和预测本港最大船型的船长要求。

⑥对潮差较大，港内水域面积宽阔，而防波堤结构又是不透水结构时，应该验算通过口门的涨落潮流速，流速一般不宜大于2.5～3节/小时。

⑦口门数量与航行密度、港口性质、环境条件等因素有关，在满足泊稳要求的条件下，两个口门一般比一个好。两个口门可以大小船分开进出港区，或分别适宜于不同风浪向进出、或不同性质船舶(商港、渔港等)分开进出等，增加运行的灵活性。两个口门也常有利于环保，增强港内水域的水体交换和自净能力，但在泥沙活跃的海岸则需做具体分析。在船舶周转量大的港口，要核算一下口门的通过能力。

3) 轴线布置

①防波堤轴线布置应能使港内水域迅速扩大，使进人口门的波能很快扩散，波高迅速减小。这样布置轴线也有利于在口门附近布置方便船舶航行的调头圆。

②防波堤轴线转弯时，折角θ宜在120°～180°之间，折角处根据结构可能，尽量圆滑或多折线型连接。

③布置防波堤轴线要注意小范围内地质条件的变化，有时轴线稍加移动，可减少大量的地基处理费用。

8.4.4 港口导航设施

港口导航设施包含内容较为广泛，大致分为常规的、电子的和卫星导助航设施。常规导助航标志也称为航标，有浮标、固定标、导标和灯塔等。电子导航设施即船舶通航服务站(VTS)，利用岸上雷达测定进出港船位，用甚高频无线电话(VHF)向船舶提供导航信息，协助船舶进出港航行。卫星导航(GPS)系统是先进的导航设施，它是在陆上和船上分别设有接收和发射装置，通过人造卫星传递信息，从而及时、准确地控制船位，使船舶安全进出港口。

设置航标的目的在于标明航道的界限，针对暗藏的危险障碍物，如岩礁、浅滩、拦门沙和航道弯段等，给予警示和引导，使船舶得以安全而迅速地到达目的地。航标包括以下多种类型：

①用于标示航道和港口水域中通航部分外廓线的浮标和固定标；

②设立在岸上塔架结构上的导标，用以引导船舶通过航道和港口口门；

③灯塔，用以引导远处船舶接近港口，或用以指示礁石、浅滩等危及航行的障碍物；

④设置于防波堤堤头、码头、系船墩和其他突出于航行水域中的建筑物上的灯标，用以表明这些建筑物的外廓边界；

⑤灯船和灯塔的作用基本相同，只是用于难以建立灯塔的地点。

1）浮标

浮标是漂浮于水面上的标志，用锚固定在需要的位置处。视具体情况，它可以是有灯光的，也可以是无光的。为了保障航行安全，便于识别，按照浮标的位置、作用（如航道侧标、方位标志、孤立危险物标志和安全水域标志等），浮标应按国际上统一的要求漆上颜色并附加标志性的上部轮廓。最常用的浮标是有灯光设备的浮标，一般采用蓄电池（或干电池）为能源。如有必要，在灯浮标的中心架上还可安装雷达反射器。灯浮标的光型有闪光和间歇光等。

灯浮标标体外径 2.1～2.8 米，一般用于海上的自重为 5～6 吨。

2）导标

为了引导船舶安全地通过狭窄而带有危险性的或曲折的航道和港口口门，除航道两侧设置灯浮标外，还需设置导标。导标是成对地设置在航道中心线或港口口门中心线的延长线上。导标一般均建在岸上，后标须在前标之后有一定距离，且应较前标为高，以保证必要的精度。导标的灯光可有各种颜色，可以为固定光或闪光，且必须在其周围环境中极易识别。塔架可安装雷达反射器。

导标设计要点包括：

①后标应比前标高出充分的高度，当船舶驶近到最小距离时，前后两标的灯光不应重合成一个灯。同时，前标和后标应该有一定距离，使它在导向上具有要求的灵敏度。

②在设计中航道宽度是十分重要的，它将决定前标与后标之间的应有距离。两标的最小间距必须足以保证船舶在航道边界范围内航行，而最大间距又不应使其灵敏度过高，以便于船舶驾驶员仍可利用航道的侧边部分。

③如航道有弯转而采用多组导向灯标，各组灯标的灵敏度尽可能相同。

④导标的灯光亮度应为所要求的能见度，且前后标的亮度应大致相同。

3）灯塔

灯塔是高塔形建筑物，在塔顶装设灯光设备。位置应显要，并注意其应该有特定的建筑造型，易于船舶分辨，同时成为港口景点之一。由于地球表面为一曲面，故塔身须有充分的高度，使灯光能为远距离的航船所察见，一般视距为 15～25 浬；但灯光也不宜过高，以免受到高处云雾的遮蔽。

根据灯塔大小和所在地点的特点，灯塔可以是有人看守的，也可以是无人看守的，重要灯塔应该有人看守。

大型灯塔地点合适时，可以考虑和船舶通航服务站协同建设。

4）船舶通航服务站

船舶通航服务站，又称航管站，主要由岸上雷达系统（包括电视扫描光栅显示器）和无线甚高频电话岸台组成。船舶通航服务站是港口现代化的重要标志之一，可大大减少事故率。

雷达系统可以在各种气候条件下发现并测定水上船舶的位置。因此，如果在雷达屏幕上显示出航道、锚地等地图形状（视频地图），则可方便地观测到船舶在雷达覆盖区内的移动状态，并通过计算机测定船舶的航向及航速。

船舶通航服务站一般具有以下功能：

①监视进港航道、锚地、调头区的船舶动态；

②在视线不良或雾天通过甚高频无线电话向船舶提供导航信息，如船位、航向、航速及到达转向点距离、偏离航道轴线情况及周围相关目标动态等；

③在恶劣气候或台风季节，监视抛锚船舶的锚位移动并及时发出警告；

④监视水上航行危险区或禁止抛锚区，遇有危险状态或违章现象及时发出警告。

复习思考题

8.1 什么是港口？它具有哪些功能和作用？

8.2 怎样对港口进行分类？商港的基本组成有哪些？

8.3 何谓港口腹地？它与港口的相互关系如何？

8.4 港口布局规划的影响因素和应注意的问题是什么？

8.5 自然条件调查与分析的项目有哪些？对港口有何影响？

8.6 港址选择的总体要求是怎样的？

8.7 进出港航道、锚地与回旋水域的设计要求是什么？

8.8 防波堤设计与口门布置应符合哪些要求？

8.9 港口导航设施有哪些种类？各起什么作用？

8.10 码头平面布置形式有几种？各有何优势？

8.11 码头前沿高程和泊位尺度怎样确定？

9 航空运输港站与枢纽规划设计

本章在介绍机场的功能、构成、分类和等级等有关机场基本知识的基础上，进一步介绍了机场的主要组成部分（飞行区、地面运输区和候机楼）的功能及规划设计。

9.1 机场基本知识

9.1.1 机场的功能

机场是供飞机起飞、着陆、停驻、维护、补充给养及组织飞行保障活动所用的场所。

机场、航线和机队构成了民航运输网络。机场是民航运输网络中的节点，是航空运输的起点、终点和经停点。从交通运输角度看，民航运输机场是空中运输和地面运输的转接点。它一方面要面向空中，送走起飞的飞机，迎来着陆的飞机；另一方面要面向陆地，供客、货和邮件进出。机场可实现运输方式的转换，因此也可以称作航空站（简称为航站）。大型民航运输机场又称为"航空港（Airport）"。全国的各类机场构成了国家机场系统。

民用运输机场的基本功能是为飞机的运行服务；为旅客、货物及邮件的运输服务以及其他方面的服务。

9.1.2 机场的构成

1）机场构成

机场主要由飞行区、地面运输区和候机楼三个部分构成。

①飞行区是机场内用于飞机起飞、着陆和滑行的飞机运行区域，通常还包括用于飞机起降的空域；

②地面运输区是车辆和旅客活动的区域，其功能是把机场和附近城市连接起来（通常是通过公路，也包括铁路、地铁、轻轨、水运码头等），将旅客和货邮及时运进或运出候机楼；

③候机楼是旅客登机的场所，是飞行区和地面运输区的接合部位。严格讲候机楼应该属于地面运输区，鉴于机场中的很多主要活动在候机楼中进行，因而把候机楼作为

机场的一个独立的构成部分。机场的构成如图 9.1 所示。

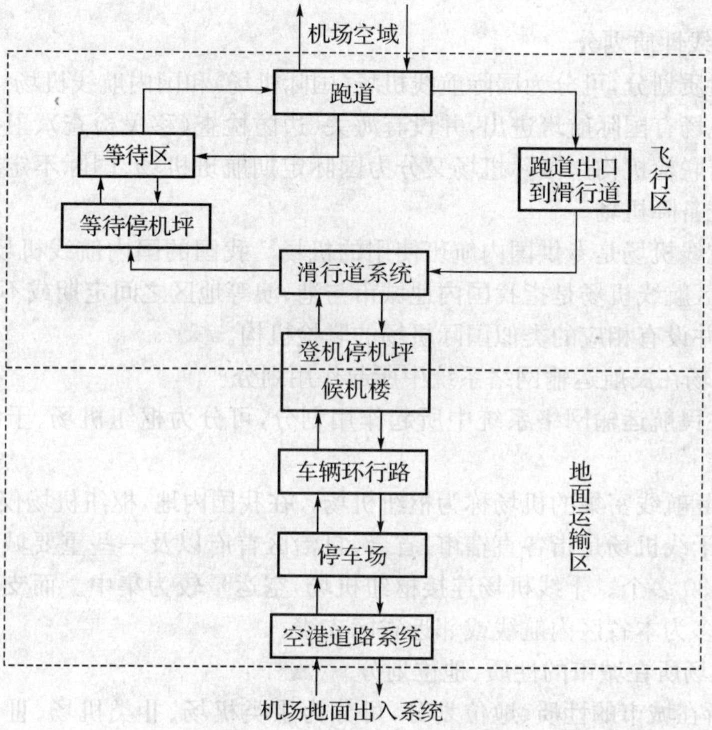

图 9.1　机场的构成示意图

2）机场选址

民航机场与其他交通运输场站相比，占地面积大、位置选择要求高，而且还包括相应的空域。机场场址的选择应考虑以下因素：

①具备足够的面积容纳飞行区和候机楼区；

②由于噪声影响以及为长远发展考虑，机场应适当远离城市市区；

③还应考虑周围地势、海拔高度、气象（尤其是风向）、相邻机场距离和方位、附近居民区和工业区状况、陆上客货运输工具进出机场的方便程度等；

④对净空区域的要求是机场特有的，是飞机安全和有序起降的基本条件。

9.1.3　机场的分类

（1）按服务对象划分

按服务对象划分，机场分为军用机场、民用机场和军民合用机场

①军用机场用于军事目的，有时也部分用于民用航空或军民合用，但从长远来看，军用机场将会和民用机场完全分离。

②民用机场又分为商业运输机场（通常称为航空港）、通用航空机场以及用于科研、

生产、教学和运动的机场。通用航空机场主要用于通用航空，为专业航空的小型飞机或直升机服务。

(2) 按航线性质划分

按航线性质划分，可分为国际航线机场（国际机场）和国内航线机场。

①国际机场有国际航班进出，并设有海关、边防检查（移民检查）、卫生检疫和动植物检疫等政府联检机构。国际机场又分为国际定期航班机场、国际不定期航班机场和国际定期航班备降机场。

②国内航线机场是专供国内航班使用的机场。我国的国内航线机场包括“地区航线机场”。地区航线机场是指我国内地城市与港、澳等地区之间定期或不定期航班飞行使用的机场，并设有相应的类似国际机场的联检机构。

(3) 按机场在民航运输网络系统中所起作用划分

按机场在民航运输网络系统中所起作用划分，可分为枢纽机场、干线机场和支线机场。

国内、国际航线密集的机场称为枢纽机场。在我国内地，枢纽机场仅北京、上海、广州三大机场；干线机场是指各直辖市、省会、自治区首府以及一些重要城市或旅游城市的机场，共有 30 多个。干线机场连接枢纽机场，空运量较为集中。而支线机场则空运量较少，航线多为本省区内航线或邻近省区支线。

(4) 按机场所在城市的性质、地位划分

按机场所在城市的性质、地位划分，可分为Ⅰ类机场、Ⅱ类机场、Ⅲ类机场和Ⅳ类机场。

①Ⅰ类机场，即全国经济、政治、文化中心城市的机场，是全国航空运输网络和国际航线的枢纽，运输业务繁忙，除承担直达客货运输外，还具有中转功能。北京、上海、广州三大城市机场均属于此类机场，亦为枢纽机场。

②Ⅱ类机场，即省会、自治区首府、直辖市和重要的经济特区、开放城市成旅游城市，或经济发达、人口密集城市的机场，可以建立跨省、跨区域的国内航线，是区域或省区内民航运输的枢纽，有的可开辟少量国际航线，亦为干线机场。

③Ⅲ类机场，即国内经济比较发达的中小城市，或一般的对外开放和旅游城市的机场，除开辟区域和省区内支线外，可与少量跨省区中心城市建立航线，故也可称为次干线机场，如青岛、温州、三亚等机场。

④Ⅳ类机场，即省、自治区内经济比较发达的中小城市和旅游城市，或经济欠发达、但地面交通不便城市的机场。航线主要是在本省区内或连接邻近省区。这类机场也可称为支线机场。

(5) 按旅客乘机目的划分

按旅客乘机目的划分，可分为始发、终程机场、经停（过境）机场和中转（转机）机场。

①始发、终程机场中，始发和终程旅客占旅客的大多数，始发和终程的飞机或掉头回程架次比例很高。目前国内机场大多属于这类机场。

②经停机场往往位于航线的经停点,没有或很少有始发航班飞机,只有比例不大的始发、终程旅客,绝大多数是过境旅客,飞机一般停驻时间很短。

③中转机场中,有相当大比例的旅客下飞机后,立即转乘其他航线的航班飞机飞往目的地。

除以上所述四种划分机场类别的标准外,从安全飞行角度考虑还须确定备降机场。备降机场是指在飞行计划中事先规定的,当预定着陆机场不宜着陆时,飞机可前往着陆的机场。在我国,备降机场是由民航总局事先确定的。起飞机场也可以是备降机场。

9.1.4 机场规模等级

按照航站的年旅客吞吐量或货物(及邮件)运输吞吐量来划分机场等级。业务量的大小与航站规模及其设施有关,也反映了机场繁忙程度及经济效益。表 9.1 为按航站业务量划分的参考标准。若年旅客吞吐量与年货邮吞吐量不属于同一等级时,可按较高者定级。

表 9.1 航站业务量规模分级标准表

航站业务量规模等级	年旅客吞吐量(万人)	年货邮吞吐量(kt)
小型	<10	<2
中小型	[10,50]	[2,12.5]
中型	[50,300]	[12.5,100]
大型	[300,1 000)	[100,500)
特大型	≥1 000	≥500

9.2 飞行区设计

9.2.1 跑道

跑道是机场工程的主体。机场的结构主要取决于跑道的数目、方位以及跑道与航站区的相对位置。跑道是供飞机起降的一块长方形区域。它提供飞机起飞、着陆、滑跑以及起飞滑跑前(和着陆滑跑后)运转的场地。因此,跑道必须具有足够的长度、宽度、强度、粗糙度、平整度以及规定的坡度。跑道数目取决于航空运输量的大小。跑道方位主要与当地风向有关。通常跑道是指结构道面,可分为:水泥混凝土、沥青混凝土、碎石、草皮和土质等若干种。水泥混凝土道面称为刚性道面,其余称为柔性道面。水泥混凝土道面和沥青混凝土道面为高级道面。

跑道的布置形式取决于跑道的数量和方位。在航空交通量小、常年风向相对集中时,只需设置单条跑道;在航空交通量大时,则须设置两条或多条跑道。中国大多数航空港(机场)都只有单条跑道,北京首都国际航空港和台北中正国际航空港有两条跑道,国际一些大型航空港(机场)有2条、3条跑道,甚至有4～6条跑道。跑道的布置形式由单条跑道、平行跑道、交叉跑道和开口V形跑道等基本构形组成。

从跑道的容量和空中交通管制的难易情况来看,单向跑道是最可取的。因为,在其他条件相同时,单向跑道的容量比别的跑道要大。对空中交通管制来说,引导飞机在单方向运行不像多方向运行那样复杂。随着对常年风向的准确掌握和飞机侧风降落的能力的加强,新的大型多跑道空港都采用平行跑道布局。就交叉跑道与开口V形跑道两种形式比较,后者更为可取。

9.2.2 机场滑行道

滑行道是机场内供飞机滑行的规定通道。滑行道的主要功能是提供从跑道到候机楼区的通道,使已着陆的飞机迅速离开跑道,不与起飞滑跑的飞机相干扰,并尽量避免延误随即到来的飞机着陆。此外,滑行道还提供了飞机由候机楼区进入跑道的通道。滑行道可将性质不同的各功能分区(飞行区、候机楼区、飞机停放区、维修区及供应区)连接起来,使机场最大限度地发挥其容量潜力并提高运行效率。滑行道应以实际可行的最短距离连接各功能分区。

滑行道应有足够宽度,其宽度由使用机场最大的飞机的轮距宽度决定,要保证飞机在滑行道中心线上滑行时,它的主起落轮的外侧距滑行道边线不少于1.5～4.5米。在滑行道转弯处,它的宽度要根据飞机的性能适当加宽。

滑行道的设计应避免同使用中的跑道相交叉,由于飞机在滑行道的速度大大小于其在跑道上的速度,其控制纵坡、竖曲线和视距的标准不如跑道严格。

为了保证飞机的滑行安全,通常在滑行道两侧对称地设置道肩,而且还要向两侧延伸一定的距离,延伸部分连同滑行道(机位滑行道除外)统称为滑行带。

9.2.3 机场净空区

飞机在机场起飞降落必须按规定的起落航线飞行。机场能否安全有效地运行,与场址内外的地形和人工构筑物密切相关。它们可能使可用的起飞或着陆距离缩短,并使可以进行起降的气象条件的范围受到限制。因此,必须对机场附近沿起降航线一定范围内的空域(即在跑道两端和两侧上空为飞机起飞爬升、降落下滑和目视盘旋需要所规定的空域)提出要求,也就是净空要求,保证在飞机的起飞和降落的低高度飞行时不能有地面的障碍物来妨碍导航和飞行。这个区域称为机场净空区或进近区。它也是机场的重要组成部分。机场净空区的地面和空域要按照一定标准来控制,机场净空条件的好坏,直接关系到旅客生命财产的安危。一旦净空条件受到破坏,其后果将非常严重。

机场条件的破坏通常是由超高障碍物引起的,空中飘浮物或烟雾、粉尘也会引起机场条件的破坏。为此,必须规定一些假想的平面或斜面作为净空障碍物限制面(即净空面），用以限制机场周围地形及人工构筑物的高度。机场净空区的地面区域称为基本区面，在跑道周围60米的地面上空由障碍物限制面构成，障碍物限制面有：

①水平面，是在机场标高45米以上的一个平面空域。

②进近面，由跑道端基本面沿跑道延长线向外向上延长的平面。

③锥形面，在水平面边缘按1∶20斜度向上延伸的平面。

④过渡面，在基本面和进近面外侧以1∶7的斜度向上向外延伸。

由这些平面构成的空间，是飞机起降时使用的空间，由空港当局负责控制管理，保证地面的建筑（楼房、天线等）不能伸入这个区域，凡超过净空面之上的部分应除去或移走，以便达到净空标准。空中的其他飞行物（飞鸟、风筝等）也不得妨碍飞机的正常运行。

导航设施等级不同的跑道对净空面的要求不同。因此，从长远考虑，最好把所有净空面都按机场未来规划最严格的设计而设置，以使今后的扩建保持最大的主动权。

航空无线电导航是以各种地面和机载无线电导航设备，向飞机提供准确可靠的方向、距离及位置信息。来自非航空导航业务的各类无线电设备、高压输电线、电气化铁路、工业、科学及医疗设备等引起的有源干扰及导航台周围地形地物的反射或再辐射，可能会对导航信息造成不良影响，严重时，可能使机场关闭。因此，对机场周围的一定范围内，还必须提出电磁环境的净空要求。

进近和着陆阶段是飞行事故发生最多的阶段，因而航站导航设施，航空地面灯光系统，跑道标志组成一个完整系统作为机场的一个重要组成部分，以保证飞机的安全着陆。

9.2.4 飞行区设施设备

1）航站导航设施

航站导航设施也称为终端导航设施，它的目的是引导到达机场附近的飞机安全、准确地进近和着陆。

航站导航设备分为非精密进近设备和精密进近设备。

非精密进近设备通常是指装置在机场的VOR－DME台（甚高频全向信标测距仪）。NDB（无方向信标）台及机场监视雷达，作为导航系统的一部分，它们把飞机引导至跑道平面，但不能提供在高度方向上的引导。

精密进近设备则能给出准确的水平引导和垂直引导，使飞机穿过云层，在较低的能见度和云底高下，准确地降落在跑道上。目前使用最广泛的精密进近系统是仪表着陆系统。还有部分使用的精密进近雷达系统以及正在发展并将最终取代仪表着陆系统的卫星导航着陆系统。

2）航空地面灯光系统

夜间飞行的飞机在机场进近降落，不论是在仪表飞行规则（IFR）或目视飞行规则（VFR）下都需要地面灯光助航。

(1) 跑道灯光

跑道侧灯沿跑道两侧成排安装,为白色灯光,通常装在有一定高度的金属柱上,以防被杂草掩盖。灯上盖有透镜使灯光沿跑道平面照射,当离跑道端600米的距离时,透镜的颜色变为一面为红色一面为白色,红色灯光提醒驾驶员已经接近跑道端。跑道端灯的情况与跑道侧灯相同,但是使用一面红一面绿的透镜,红色朝向跑道,绿色向外,驾驶员着陆时看到近处的跑道端是绿色灯光,远处的跑道端是红色灯光。

跑道中心灯沿跑道中心安置,间隔为22米一个,跑道中间部分为白色,在距跑道端300米之内,灯光为红色,提醒驾驶员跑道即将终结。中心灯使用强光灯泡,并嵌入跑道表面,上面覆盖耐冲击的透明罩,能抵抗机轮的压力。

接地区灯从跑道端开始在跑道上延伸750米,白色灯光,嵌入地面,使驾驶员注意这是着陆的关键地区,飞机应该在此区域内接地。为帮助驾驶员找到跑道出口,在滑行道的出口,有滑行道灯,使用绿色灯光,间隔为15米,滑行道的中心灯为绿色,边灯为蓝色。

(2) 仪表进近灯光

飞机在进近的最后阶段,一般都要由仪表飞行转为目视飞行。这时驾驶员处于高负荷的工作状态,对于夜航的驾驶员,使用进近灯光来确定距离和坡度,从而做出决断。

进近灯光根据仪表着陆的等级或非仪表着陆有着不同的布局,非仪表着陆的进近灯安装在跑道中线的延长线上,长度至少为420米,间距为30米,为白色灯光。

(3) 目视坡度进近指示器(Visual Slope Indicator - VASI)

VASI装在跑道外着陆区附近,由两排灯组成。两排灯组相距一段距离,每排灯前装有上红下白的滤光片,经基座前方挡板的狭缝发出两束光,它置于跑道端沿着着陆坡度发射,下面一束是红光,上面一束是白光。如果飞机的下降坡度正确,驾驶员看到的是上红下白的灯光;如果驾驶员看到的全是白光,表明飞机飞得太高,要向下调整;如果看到的灯全部是红光,表明飞机飞得太低。VASI的作用距离为4海里,高度为30米,对于一些特大型飞机(如波音747),需要设置多组VASI(一般2~3组)以保证飞机在着陆时一直能看到灯光。

3) 空港跑道系统的标志灯具

跑道的类别不同,它的道面标志也不同。如前所述,跑道按使用目视飞行规则和仪表飞行规则分为目视(非仪表)跑道和仪表跑道,仪表跑道按所装备的仪表着陆系统的精度,分为非精密进近跑道和Ⅰ类、Ⅱ类、Ⅲ类仪表进近跑道,这三类跑道也称为精密进近跑道。

目视跑道有:中心线、跑道号和等待位置三种基本标志。非精密进近跑道要加上跑道端标志和定距离标志;对于精密进近跑道还要增加着陆区标志和跑道边线标志。

跑道端标志表示跑道可用部分的开始,通常是由铺设道面的起点作为跑道端,但在有安全道或起降不能全部使用跑道时,跑道端就会移入跑道一定距离。

4）飞行区的其他设施

（1）测量基准点

空港的地理位置基准点，由国家的测绘机构定出准确的地理经度和纬度，作为这个机场的地理坐标。这一点通常选在空港主跑道的中点。

（2）标高校核位置

空港的标高，指它的海拔高度，由于飞机在起飞前都要进行高度表设定，因此一个空港要设置一个专门位置，为飞机在起飞前校核高度，这个位置在停机坪的一个指定位置，在停机坪高度变化不大时，整个机坪都是校核位置。

（3）航行管制服务的设施

在飞行区设有航管中心、塔台和气象服务中心。

（4）地面维护设施

包括机库（飞机维修和停放的地方）、货运中心或货场（处理空运货物的场所）以及油料供应的管道等。

（5）消防和跑道维护设施

每个空港都有消防和急救中心，一旦飞机出事往往伴随着起火和伤亡。该中心在塔台的指挥下，一旦有事就迅速出动。

跑道维护的主要任务是防止积雪、积水或其他磨损，此外防止鸟撞及野生动物对机场道面的损害和阻碍也是跑道维护工作的任务。

9.3 候机楼规划设计

9.3.1 停机坪种类

停机坪，是指在陆地机场上划定的一块供飞机上下旅客、装卸货物和邮件、加油、停放或维修之用的场地。停机坪的面积要足够大，以保证进行上述活动的车辆和人员的行动，机坪上用漆标出运行线，使飞机按照一定线路进出滑行道。

停机坪包括站坪、维修机坪、隔离机坪、等候机位机坪、等待起飞机坪等。停机坪上设有供飞机停放的划定位置，即机位。供飞机等待或让路，以提高飞机地面活动效率的场地则称为等待停机坪。等待起飞机坪应能容纳2～4架飞机，并有足够的地面使一架飞机绕过另一架飞机。候机楼一侧所设停机坪称作站坪（或称登机停机坪），可供飞机滑行、停驻机位、停靠门位以便上下旅客、行李和货邮及加油。站坪包括客机坪和货机坪。

停机坪（特别是客货机坪）供飞机长时间停放、满载滑进滑出，其受载条件与跑道端部相近，因此其厚度亦应与跑道端部相等。

9.3.2 登机机坪

登机机坪是指旅客从候机楼上机时飞机停放的机坪，这个机坪要求能使旅客尽量减少步行上飞机的距离。

1）登机机坪的布局形式

（1）登机坪平面布局影响因素

客机坪的平面布局受以下因素的影响：

①机位的数目。机位数目取决于高峰时，每小时飞机起降架次数、飞机占用机位（门位）时间及门位利用率；

②机位尺寸。机位尺寸主要取决于飞机的几何尺寸（机身长和翼展）、转动半径以及与建筑物之间的距离；

③飞机的停靠方位及进出机位方式；

④旅客登机方式。旅客登机方式有三种：在站坪上步行、通过登机桥、用车辆（转运车、摆渡车）运送；

⑤候机楼布局；

⑥飞机地面服务要求。飞机停放在机位上时，需要地面服务。这些都要靠各种车辆和设备完成。为此，必须占用一定的机坪面积。地面服务有时会使得机坪拥挤，并且对飞机运行安全不利。因而，出现了无车辆站坪的概念（即用固定在机位站坪下的各种设备取代地面车辆），可减少在站坪上活动的地面服务车辆。

（2）登机坪布局分类

按照旅客流量的不同，登机机坪的布局可以有多种形式。

①单线式。这种形式是最简单的，即飞机停靠在候机楼墙外，沿候机楼一线排开，旅客出了登机门直接上机。它的好处是简单、方便，但只能处理少量飞机，一旦交通流量很大，有些飞机就无法停靠到位，造成延误。

②指廊式。由候机楼伸出走廊，飞机停靠在走廊两旁，这样可停放多架飞机，是目前空港中使用比较多的一种，走廊上通常铺设活动人行道，使旅客的步行距离减少。

③卫星厅式。在候机楼外一定距离设立一个或几个卫星厅，飞机沿卫星厅停入，卫星厅和候机楼之间有活动人行通道或定期来往车辆沟通，它比指廊式优越的地方是卫星厅内可以有很多航班，各航班旅客登机时的路程和用去的时间大体一致，旅客在卫星厅内可以得到较多的航班信息，而指廊式的登机坪，旅客到最末端的登机门用的时间比起始端的要长。卫星式的缺点是建成后不易进一步扩展。

④车辆运送式，也叫做远距离登机坪。飞机停放在离候机楼较远的地方，登机旅客由特制的摆渡车送到飞机旁。这种方式的好处是大大减少了建筑费用，并有着不受限制的扩展余地，但它的问题是机坪上运行的车辆增加，机场上的服务工作人员增加，旅客登机的时间增加，而且使旅客增加了上、下车及下雨和刮风等外界天气的影响等不便。为了解决后面两个问题，美国有些机场使用了移动登机桥，在汽车底盘上装上大型

的可升降的车厢，旅客登车后，运至飞机旁边，车厢可升至机门相同高度，旅客直接进入飞机。各种形式并不是单一固定的，可以采用各种混合形式，例如首都机场是卫星厅式的，但当客流量增大时，超过的部分就采用远距离的登机坪来解决。

2）停机位置的设施

以上的各种形式的登机坪，除远距离登机坪外，在登机的停机位置都需要一定的设施帮助驾驶员把飞机停放在准确的位置，让登机桥能和机门连接。

登机桥是一个活动的走廊，它是可以伸缩的，并且有液压机构调整高度，以适应不同的机型，当飞机停稳后，登机桥和机门相连，旅客就可以通过登机桥直接由候机楼进出飞机。

在停机位置处，侧面有侧标志板，画有各种机型的停机指示线，当驾驶员左肩对准所驾驶机型的指示线时，飞机机门的位置就对准了登机桥。此外，还有停机对准系统，驾驶员由前方的灯光显示，判断机头是否对正滑人停机位的方向，在停机位的前方滑行道上还铺有压力传感垫，飞机前轮压上传感垫之后，在机头前方的显示板上会显示出前轮停放位置的偏差。在远处机坪停放的飞机，有专门的停机坪调度员引导飞机进入正确的停机位置。

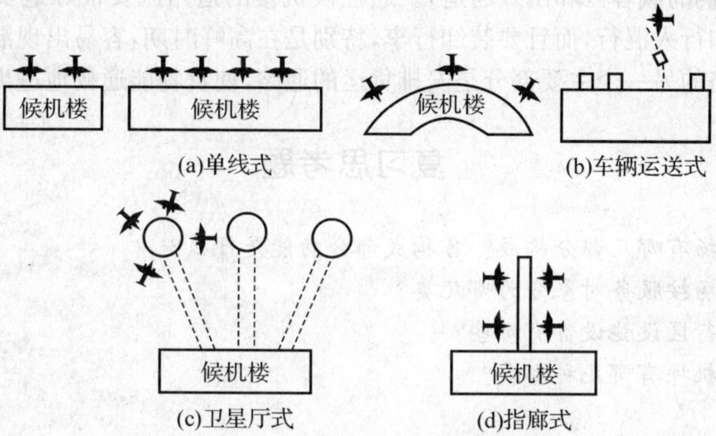

图 9.2　登机机坪的布置形式

9.4　地面运输区规划设计

地面运输区包括两个部分：空港进入通道、空港停车场和内部道路。

9.4.1　空港进入通道

空港是城市的交通中心之一，而且有严格的时间要求，因而从城市进出空港的通道是城市规划的一个重要部分。空港进入通道的功能是把机场和附近城市连接起来，将旅客和货邮及时运进或运出空港。进出机场的地面交通系统的状况直接影响空运业务。大型城市为了保证空港交通的通畅都修建了市区到空港的专用公路或高速公路。为了解决旅客来往于空港和市区的问题,空港要建立足够的公共交通系统。有的空港开通了到市区的地铁或高架铁路,大部分空港都有足够的公共汽车线路来方便旅客出行。在考虑航空货运时,要把空港到火车站和港口的路线同时考虑在内。

9.4.2 空港停车场和内部道路

1) 空港停车场

除考虑乘机的旅客外还要考虑接送旅客的人,以及空港工作人员的车辆,观光者和出租车辆的需求,因此空港的停车场必须有足够大的面积。停车场面积太大也会带来不便,繁忙的空港按车辆使用的急需程度把停车场分为不同的区域,离候机楼最近的是出租车辆和接送旅客车辆的停车区,以减少旅客步行的距离。空港职工或航空公司使用的车辆则安排到较远位置或安排专用停车场。

2) 空港内部道路系统

空港内部道路包括候机楼下客区、停车场和旅客离开候机楼的通道(公共车辆、出租车、其他车辆的载客区和出入通道)。通往候机楼的道路区要很好地安排和管理,这里各种车辆和行人混行,而且要装卸行李,特别是在高峰时期,容易出现混乱和事故。

港内道路的另一个主要部分是安排货运的通路,使货物能通畅地进出货运中心。

复习思考题

9.1 机场有哪几部分构成?各构成部分功能是什么?

9.2 机场按服务对象分为哪几类?

9.3 飞行区设施设备有哪些?

9.4 登机坪有哪几种形式?

10 港站与枢纽规划设计综合评价

运输港站与枢纽规划设计综合评价，是综合运输枢纽布局规划和设计的重要组成部分和关键环节。综合运输枢纽是一个复杂开放的大系统，其布局规划和设计是一个复杂的系统工程，受到诸多影响因素的制约。对于综合运输枢纽的规划和设计是一个反复优化和调整的过程（方案提出—评价—方案提出—评价—……），对规划方案的评价是设计过程的衔接环节。

10.1 港站与枢纽规划设计评价概述

运输港站与枢纽规划方案的评价与选优，是对规划方案进行多目标评价和选择的重要阶段。由于运输枢纽规划方案对整个社会经济系统和交通运输系统的发展和运转都有重要的影响。涉及到城市规划、土地利用模式、城市交通系统与城市的相互关系等复杂因素，因此通常采用定性分析的方法，辅以一定的量化评价模型。

最早也是最常用的定量评价法是与财务和技术经济有关的成本效益分析法，但由于综合运输系统中的很多定性因素无法量化，成本效益法只能从一个角度反映方案的优劣，并不全面。随着运筹学应用领域的不断扩展，出现定性与定量相结合的层次分析法（HAP 法）、模糊综合评价法，在运输枢纽规划中得到了广泛的应用。

在实际工作中，运输枢纽规划方案的制定与评价选优是两个互相反馈的过程，从指标体系的建立、指标的定量化标准、到规划方案的调整，都不是一次能完成的，需要进行反复的优化和调整。因此，如何把运输枢纽规划方案的形成阶段与评价选优阶段有机结合，是当前综合交通规划需要解决的一个重要课题。

10.1.1 评价目的

评价是按照一定的评判准则与方法，对被评判对象从某一方面或各方面的综合状况做出优劣评定。在规划过程中，评价是非常重要的工作，起着承上启下的作用，如何评价现有运输枢纽的布局状况、存在问题、可能发挥的潜力，如何评价规划方案满足未来的运输需求，这些问题的解答要求有一套科学的运输枢纽评价体系和评价方法。

评价分析研究的主要任务有两个：一是建立合理的、科学的评价指标体系；二是研究确定评价的手段和方法。

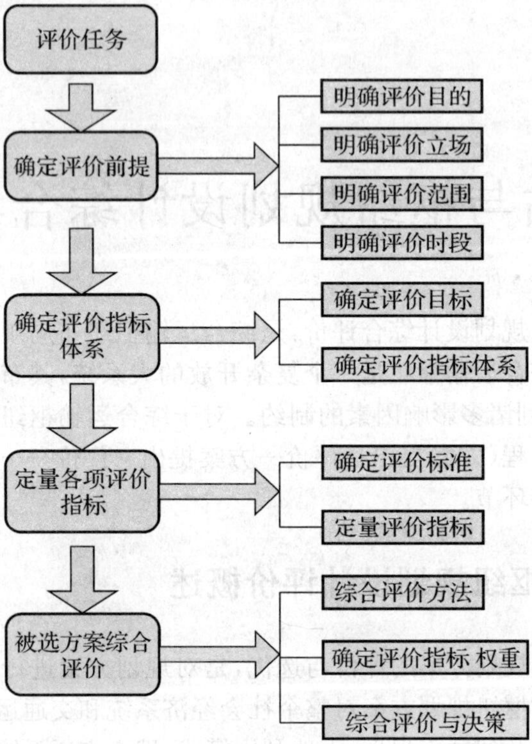

图 10.1　评价流程图

10.1.2　评价内容

港站与枢纽布局规划方案评价的内容包括定量和定性两个方面，其中定量评价主要对一些可以通过量化计算得到的指标(如枢纽的负荷度、枢纽的发生吸引范围等)进行量化，评价方法和评价结果都比较直观；而定性评价则针对那些无法定量化的指标(如枢纽布局方案与城市总体规划的协调程度、枢纽布局与交通网络布局的相互关系等)进行分析，其评价方法和评价准则相对模糊。

10.1.3　评价步骤

在实际工作中，运输枢纽布局方案的制定与评价选优是两个互相反馈的过程，从指标体系的建立、指标的定量化标准，到规划方案的调整，都不是一次能完成的，需要进行反复的优化和调整。其工作流程如图 10.1 所示。

10.2 港站与枢纽规划设计综合评价的指标体系

10.2.1 评价指标体系建立的原则

系统评价首先需要一套衡量标准，即评价指标体系。它是在对系统评价的影响因素进行分析和研究的基础上，按照影响因素的主次之分，对各因素具体化后的结果。由于评价对象的复杂性，导致了系统评价指标的多样性，同时各指标之间还互相制约、互相影响，因此建立一套层次清晰、关系合理的评价指标体系，是保证系统评价成功的前提。在建立系统评价指标体系时，应该遵循以下原则：

(1) 科学性

建立的指标必须科学、合理，客观地反映城市客运枢纽的技术性能、经济、社会和环境效益。

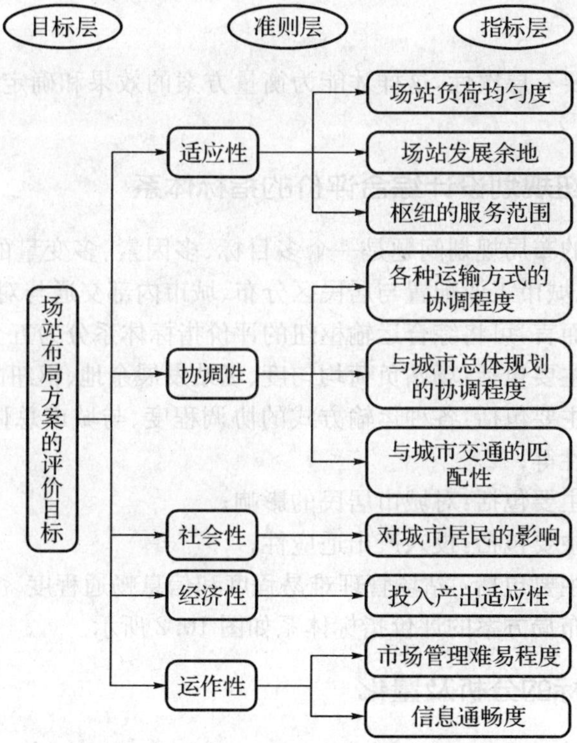

图 10.2 综合运输枢纽布局方案的评价指标体系

(2) 可比性

评价必须以价值为依据来考察不同个体之间、个体与标准之间的相对优劣，因此，必须在平等的可比价值体系下才能进行，否则就无法判断不同港站与枢纽的相对优劣。

同时,可比性必然要求具有可测性。没有可测性的指标是难以比较的。因此,评价指标要尽量建立在定量分析基础之上。

(3) 综合性

单指标只能从某一侧面反映评价对象的性质,而不能反映个体或系统的整个特性,而一个评价指标体系就应该力求全面地反映评价对象的特性性能,否则就可能使评价失效,给决策者决策带来失误。运输枢纽的评价体系应全面的、可靠的反映运输枢纽的性能、效益和影响。当然,做到这一点是相当困难的,因为该系统是一个涉及许多复杂因素的大系统。

(4) 可测性

可测性包括两个方面的含义:一是评价指标可根据一定的方法和手段求得;二是所用的基础资料比较可靠并易取得。

(5) 协调性

综合评价的指标较多,指标与指标之间应是相互协调或者说是相容的,而不是相互矛盾的、冲突的。

(6) 层次性

评价指标体系要有层次性,这样才能为衡量方案的效果和确定评价指标的权重提供方便。

10.2.2 运输枢纽规划设计综合评价的指标体系

综合运输枢纽的布局规划问题是一个多目标、多因素、多变量的复杂系统问题,涉及到城市总体规划、城市工业配置与居民区分布、城市内部交通与对外交通等方面的因素。就具体的指标而言,可将综合运输枢纽的评价指标体系分为五个层次:

①适应性指标主要包括:场站负荷均匀度、场站发展余地、枢纽的服务范围;

②协调性指标主要包括:各种运输方式的协调程度、与城市总体规划的协调程度、与城市交通的匹配性等;

③社会性指标主要包括:对城市居民的影响;

④经济性指标主要包括:投入产出适应性;

⑤运作性指标主要包括:站场管理难易程度和信息畅通程度。

综合运输枢纽布局方案的评价指标体系如图 10.2 所示。

10.2.3 评价指标的分析及量化

1) 场站负荷均匀度

场站负荷均匀度反映了综合运输枢纽各场站负荷分布的均匀程度。它反映了综合运输枢纽场站客货运量与其运能的适应程度。它是对枢纽场站分布均匀性的综合考虑。

枢纽中的第 i 个场站的负荷度

$$s_i = Q_i / Q_0 \tag{10.1}$$

式中：Q_i——枢纽场站 i 的实际发送量(人/日或吨/日)；

Q_0——枢纽场站 i 的设计能力(人/日或吨/日)。

则场站负荷均匀度为

$$C_i = \left[\frac{1}{N}\sum_{i=1}^{N}(S_i - S_T)^2\right]^{\frac{1}{2}} \tag{10.2}$$

式中：S_T—— 枢纽场站平均负荷能力，$S_T = \frac{1}{N}\sum_{i=1}^{N} S_i$；

N—— 枢纽内场站个数。

场站负荷均匀度 C_i 值的大小反映了各场站负荷强度 S_i 与枢纽场站平均负荷强度 S_T 的偏离程度。C_i 值越小，场站负荷越均匀，说明布局合理，当然 $C_i = 0$ 为理想状态，这种情况几乎不可能出现。当整个枢纽内场站负荷都很大时，该指标失去意义。

2）场站的发展余地

该指标反映了运输枢纽的客货运场站向周围扩展的可能性大小，以适应不可预见的发展需求。该指标是与指标“场站与城市总体规划的协调程度”结合起来进行评价的。综合运输枢纽的规划建设，是一项长期的工作，随着时间的推移，可能会出现很多难以预见的新情况，因此，运输枢纽的规划建设必须与城市规划紧密结合，做到“一次规划，分期实施”。一方面应该按远期预留足够用地，给枢纽留下发展的空间；另一方面又要避免土地的浪费。结合规划区域的客货运特点和土地利用规划，定义该指标的计算公式如下：

枢纽的发展余地＝枢纽规划用地量/上层规划规定的用地量　(10.3)

公式中的上层规划，就是指城市总体规划、城市土地利用规划。根据运输枢纽的场站用地与城市规划的协调程度，把“枢纽发展余地”指标分成可扩展、难扩展、不能扩展三个层次，对客货运枢纽的发展余地进行评价。

3）枢纽的服务范围

根据综合运输枢纽的布局规划方法，在运输枢纽交通量的预测时，把城市内部划分成若干交通发生小区与吸引小区。对这些小区进行汇总，可以得到枢纽的发生、吸引范围，即枢纽的服务范围。因此，我们用枢纽服务范围的当量半径作为衡量其服务范围的指标。枢纽的布局规划应该考虑其合理的集疏运服务范围，不一定越大越好。在选取枢纽场站的备选集合和调整场站布局时，应尽量将场站设置在服务区内各主要客、货源点的中心，使得集疏距离最短，运费最省。

对大、中城市内布局的场站而言，客运站的设置必须结合城市公交系统，不致使居民到客运站的出行距离过大。不同城市都有与各自城市特点有关的合理出行距离，因此评定枢纽的服务半径是否合理，要根据该城市的特点来进行。对于货运场站，主要应根据城市工业、仓储用地规划的情况，考察货运场站的数量和布局是否合适。一般来说，货运站数目太少可能导致服务半径过大，穿越城区的货运集疏车辆太多而影响城市交通和居住环境；数目太多又不经济。对城市只设一个客、货运枢纽时，吸引范围为城区半径，各设两个客、货运枢纽时，每个场站的服务半径应为城区当量半径的1/2。但整个运输枢纽场站系统的服务范围必须覆盖整个规划区域，并有适当搭接。

4）各种运输方式的协调程度

该指标反映综合运输枢纽中各种运输方式相互协调的程度。综合运输枢纽布局规划以促进综合运输体系发展为总体目标，枢纽的场站布局必须考虑公路、铁路、水运、航空港站、码头等的协调，以实现多种交通方式之间的有效快捷联运。

衡量各种运输方式之间的协调程度，主要从客货运的换乘所需时间、环节的多少来衡量。一般来说，各种运输方式的换乘时间越短、环节越少，各种运输方式之间的协调程度越好。同时，还要使不同运输方式的能力相互匹配，才能实现有机协调。

5）与城市总体规划的协调程度

综合运输枢纽规划从总体上看应符合城市的总体发展规划及其他相关规划的原则，在土地利用与城市用地功能方面应保持一致，并留有发展余地。该指标主要反映枢纽布局规划与城市的土地利用、产业布局等的协调程度。

客运枢纽应方便居民出行，可用客运枢纽用地与城市规划居住用地协调程度来衡量；货运枢纽应考虑便于吸引货源，可用与城市工业、仓储、商贸用地的协调程度来衡量。另外，枢纽的规划还要与城市远期规划进行协调，避免出现近期互相协调，而远期有干扰的现象。总体规划中用地规划协调程度可以用下式来计算：

协调程度＝规划场站与总规划中相应性质用地重合的面积/规划场站的用地面积 (10.4)

6）与城市交通的匹配性

与城市交通的匹配性通过市内交通集散时间来衡量。因为城市交通与场站匹配性主要是考虑出行者从出发地到枢纽场站以及从场站到目的地的便利、快捷程度，而出行者的便利、快捷则可通过出行者从出发地到场站的汇集时间以及从场站到城市出入口的疏散时间来衡量，该指标可通过交通参与者调查或者专家调查进行分阶段量化。

7）对城市居民的影响

此项指标主要用来评价枢纽布局规划方案对城市居民是否带来干扰。综合运输枢纽的建设难免对城市居民的生活带来影响。因此在进行枢纽的布局规划时，应该考虑各种运输方式汇集到枢纽的过程中是否对周边居民带来噪声污染、环境污染以及安全等方面的影响。运输枢纽规划从总体上应符合城市的总体发展规划，城市的进一步发展和建设也应考虑综合运输枢纽的建设规划要求，从而减少对枢纽建设城市居民生活的负面影响。

8）投入产出适应性

该指标用于描述各套方案的投资与收益情况。

投入产出适应性＝实际方案的总投资额/总收益 (10.5)

9）站场管理难易程度

该指标主要是用来反映在枢纽建成以后各个站场的管理难易程度，是一个定性指标。枢纽布局通常有两种模式：集中式布局和分散式布局。集中式布局由于各个站场相对比较集中，各种业务也比较集中，相对来说，比较容易管理。分散式布局由于各个站场相对比较分散，业务分散，管理相对较难，但是可以通过良好的通信网络来实现协调管理，因此，分散式布局要求信息化程度更高。

10）通信通畅度

该指标主要是用来反映在枢纽建成以后各个站场的网络化程度和信息化程度。

上述指标体系结构，可在大量专家问卷调查的基础上获得。

10.3 常用的评价模型与方法

在定性与定量相结合的系统评价方法中，目前常用的主要有层次分析法、灰色关联系数法、模糊综合评价法三种。在此基础上，还有综合这几种方法得到的组合评价方法。

10.3.1 层次分析法

层次分析法（Analytic Hierarchy Process，简称 AHP）是由美国学者 T. L. Saaty 于 20 世纪 70 年代末提出的一种多层次权重解析决策方法。这是一种定性与定量分析相结合的多目标决策分析方法。利用层次分析法可处理复杂的社会、政治、经济、技术等方面的决策问题，分析各个组成因素在所研究问题中的权重，特别是在将决策者的经验判断给予量化，对判断目标（因素）结构复杂且缺乏必要的数据情况下更为实用。

1）层次分析法的基本思想

层次分析法的基本思想是把复杂问题分解成各个组成元素，按支配关系将这些元素分组、分层，形成有序的递阶层次结构，构造一个各因素之间相互联接的层次结构模型。图 10.3给出了一个简单（准则层只有一层）的递阶层次结构示意图。

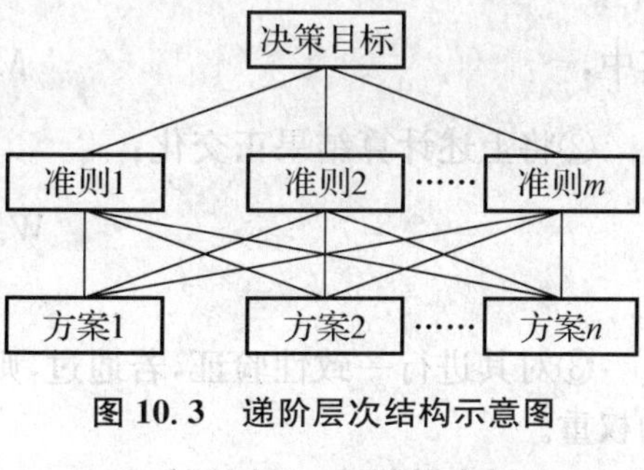

图 10.3 递阶层次结构示意图

通常把这些因素按照目标层、准则层和方案层进行自顶向下的分类。在此基础上，通过两两比较的方式判断各层次中诸元素的重要性，然后综合这些判断计算单准则排序和层次总排序，从而确定诸元素在决策中的权重。这一过程体现了人们决策思维的基本特征，即分解，判断，再综合。

2）层次分析法的基本原理与步骤

（1）构造判断矩阵

根据层次结构模型每层中各因素的相对重要性，给出判断数值列表，形成判断矩阵。判断矩阵表示针对上一层某因素而言，本层与之有关因素之间相对重要性的比较。若 A 层次中因素 A_k 与下层次 $B_1, B_2, \cdots, B_n$ 有联系，则判断矩阵 B 如图 10.4 所示。

A_k	B_1	B_2	$\cdots$	B_n
B_1	B_{11}	B_{12}	$\cdots$	b_n
B_2	b_{21}	b_{22}	$\cdots$	b_{2n}
$\cdots$	$\cdots$	$\cdots$	$\cdots$	$\cdots$
B_n	B_{n1}	B_{n2}	$\cdots$	b_{nn}

图 10.4　判断矩阵

b_{ij} 是判断矩阵 P 的元素，表示对因素 A_k 而言，B_i 对 B_j 相对重要性的数值。b_{ij} 的取值由专家调查法确定，并用 T. L. Saaty 提出的 1～9 标度法表示，如表 10.1 所示。

表 10.1　判断矩阵元素 1～9 标度法定义

标度	定义	标度	定义
1	i 因素与 j 因素同等重要	9	i 因素比 j 因素绝对重要
3	i 因素比因素 j 略重要	2,4,6,8	介于以上两中判断之间的状态的标度
5	i 因素比 j 因素重要	倒数	若 i 因素与因素 比较，结果为 $b_{ij}=\frac{1}{b_{ji}}$
7	i 因素比 j 因素重要的多		

（2）层次单排序，得到权重向量

根据判断矩阵，计算对上层某因素而言，本层次与之有联系的因素的权重值，即计算判断矩阵的最大特征值及对应的特征向量，将特征向量归一化就得到权重向量。具体计算参照如下步骤：

①若判断矩阵为 $n\times n$ 矩阵，则首先计算矩阵各行元素乘积的 n 次根：

$$\overline{W_i} = \sqrt[n]{M_i}$$

其中，

$$M_i = \prod_{j=1}^{n} b_{ij} \tag{10.6}$$

②将上述计算结果正交化：

$$W_i = \frac{\overline{W_i}}{\sum\limits_{i=1}^{n} \overline{W_i}} \tag{10.7}$$

③对其进行一致性验证，若通过，则 $W_i=(W_1, W_2, \cdots, W_n)$ 即为所求得的各个指标的权重。

（3）层次单排序一致性检验

为检验判断矩阵的一致性，需计算判断矩阵的最大特征根 $\lambda_{\max}$。

$$\lambda_{\max} = \sum_{i=1}^{n} \frac{(PW)_i}{n\,\overline{W_i}} \tag{10.8}$$

最大特征根为 λ_{max}，判断矩阵为 n 阶时，有一致性指标如下：

$$CI = \frac{\lambda_{max} - n}{n - 1} \tag{10.9}$$

式中：CI——层次单排序一致性检验指标；

n——判断矩阵的阶数；

λ_{max}——判断矩阵的最大特征值。

当判断矩阵的维数 n 较大时，需引入随机一致性指标 RI 进行修正，RI 见表 10.2。经修正的一致性指标用 CR 表示。即 $CR=CI/RI$，其中 RI 为随机一致性指标。当 $CR<0.1$ 时，排序结果具有满意一致性，否则需调整判断矩阵的元素值。

表 10.2 RI 数值列表

维数	1	2	3	4	5	6	7	8	9
RI	0	0	0.58	0.90	1.12	1.24	1.32	1.41	1.45

(4) 层次总排序

若上层 A 有 m 个因素，总排序权值为 a_1, a_2, a_m，本层有 n 个因素，它们对于上一层第 j 个因素的单排序权值为 $b_{1j}, b_{2j}, \cdots, b_{mj}$，则此时因素的总排序权值为

$$B_i = \sum_{j=1}^{m} a_i b_{ij} \qquad i = 1, 2, \cdots, n \tag{10.10}$$

(5) 自下而上组合评价

假设评价是在各方案中进行的，则每个方案的量化评价值等于每个指标的量化值乘以其权重的和。即：

$$S_k = \sum_{i=1}^{m} B_i x_{ik} \qquad k = 1, 2, \cdots, l \tag{10.11}$$

式中：S_k——第 k 个方案的总评价值；

B_i——第 i 个指标的权重；

x_{ik}——第 i 个指标在第 k 方案中的取值；

l——参与评价方案的个数。

层次分析法的优点是能把其他方法难以量化的评价因素通过两两比较加以量化，把复杂的评价因素构成简化为一目了然的层次结构，能有效地确定多因素评价中各因素的相对重要程度。但层次分析法在进行方案的总体评价时，缺乏一个统一、具体的指标量化方法，因而在实际应用中，人们大多只采用它进行指标权重的分析，然后用其他方法进行指标值的量化和归一化计算。

例 1：某个地区准备修建一个大型的货运站场。现有 5 个被选点。用 a_i（$i=1,2,3,4,5$）表示。以运输费率，运输效率，环境，能源 4 个方面为决策准则，用 C_j（$j=1,2,3,4$）表示。试选择一最佳地址，使得总体效益最高。

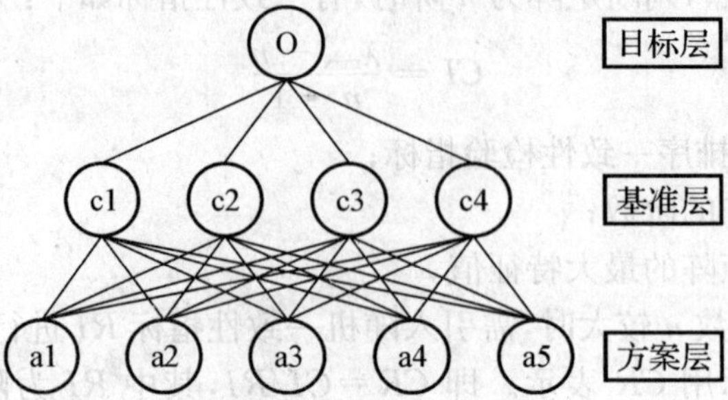

图 10.5　站场地址选择的层次结构图

解：首先建立层次结构，如图 10.5 所示。现建立每个方案对准则的判断矩阵如下：

$$c_1 \sim a_i \begin{bmatrix} 1 & 1/7 & 1/5 & 1/8 & 3 \\ 7 & 1 & 2 & 2/3 & 8 \\ 5 & 1/2 & 1 & 1/4 & 7 \\ 8 & 3 & 4 & 1 & 9 \\ 1/3 & 1/8 & 1/7 & 1/9 & 1 \end{bmatrix}$$

$$c_2 \sim a_i \begin{bmatrix} 1 & 1/9 & 1/5 & 1/2 & 1 \\ 9 & 1 & 1/3 & 7 & 9 \\ 5 & 3 & 1 & 5 & 5 \\ 2 & 1/7 & 1/5 & 1 & 2 \\ 1 & 1/9 & 1/5 & 1/2 & 1 \end{bmatrix}$$

$$c_3 \sim a_i \begin{bmatrix} 1 & 1/3 & 1/2 & 1 & 1 \\ 3 & 1 & 2 & 3 & 3 \\ 2 & 1/2 & 1 & 2 & 2 \\ 1 & 1/3 & 1/2 & 1 & 1 \\ 1 & 1/5 & 1/2 & 1 & 1 \end{bmatrix}$$

$$c_4 \sim a_i \begin{bmatrix} 1 & 1/5 & 1/7 & 2 & 5 \\ 5 & 1 & 1/2 & 6 & 8 \\ 7 & 5 & 1 & 7 & 9 \\ 1/2 & 1/6 & 1/7 & 1 & 4 \\ 1/5 & 1/8 & 1/9 & 1/4 & 1 \end{bmatrix}$$

经过计算，得各矩阵的权重系数分别为（含一致性判断）

$$B=(0.064\,2 \quad 0.256\,0 \quad 0.172\,4 \quad 0.483\,8 \quad 0.031\,6)^T$$

矩阵（1）$CI=0.0929$

$CI/RI=0.082\,9$

$B=(0.005\ 52\quad 0.380\ 3\quad 0.423\ 5\quad 0.086\ 0\quad 0.055\ 2)^T$

矩阵(2)$CI=0.096\ 2$

$CI/RI=0.085\ 6$

$B=(0.123\ 8\quad 0.393\ 8\quad 0.234\ 4\quad 0.123\ 8\quad 0.123\ 8)^T$

矩阵(3) $CI=0.004\ 1$

$CI/RI=0.0037\ 6$

$B=(0.123\ 8\quad 0.393\ 8\quad 0.234\ 4\quad 0.123\ 8\quad 0.123\ 8)^T$

矩阵(4) $CI=0.004\ 1$

$CI/RI=0.003\ 76$

从上面分析可知，上述矩阵的不一致性是可以接受的，计算所得的权重系数是可以作为决策依据的。下面为准则层对总目标的判断矩阵，计算其权重系数。

$$O\sim c_i\begin{bmatrix}1 & 1 & 5 & 7\\ 1 & 1 & 5 & 7\\ 1/5 & 1/5 & 1 & 3\\ 1/7 & 1/7 & 1/3 & 1\end{bmatrix}$$

$$B=[0.421\quad 0.421\quad 0.106\quad 0.052]^T$$

$$CI=0.024$$

$$CI/RI=0.026\ 7$$

表 10.3 第三层方案经过第二层(准则层)对第一层(总目标)的权重系数值。

表 10.3 例 1 的权重系数计算值

	c_1	c_2	c_3	c_4	
	0.421	0.421	0.106	0.052	
a_1	0.064 2	0.055 2	0.123 8	0.101 9	0.068 7
a_2	0.256 0	0.380 3	0.393 8	0.311 6	0.325 8
a_3	0.172 4	0.423 5	0.234 4	0.465 9	0.299 9
a_4	0.483 8	0.086 0	0.123 8	0.073 1	0.256 8
a_5	0.031 6	0.055 2	0.123 8	0.031 7	0.051 3

根据上表的权重系数得到各方案排序为：$a_2\vartheta a_3\vartheta a_4\vartheta a_1\vartheta a_5$，其中“$\vartheta$”表示“优于”的意思。所以 a_2 为站场的首选地址。

10.3.2 模糊综合评价法

1）模糊综合评判法的基本思想

模糊综合评判法又叫模糊决策法(Fuzzy Decision Making)，它也是应用模糊关系合成的原理，从多个因素对被判断事物的隶属等级状况进行综合评判的一种方法。虽然对一个方案的优劣可以用综合评价指标体系下的一组指标值来反映，但可能没有一个方案各个指标均为最优，这时就需要寻求一个能起到综合评价作用的评判指标值(如计算加权相对偏差距离)，再按评价指标值的大小，从中选择最优方案。

2) 模糊综合评判数学模型的建立

(1) 建立模糊集合

①评价对象集：$X=\{X_1,X_2,\cdots\cdots,X_k\}$

评价对象集就是需进行评价的项目方案的集合。$X_1,X_2,\cdots\cdots,X_k$ 分别代表不同的项目方案。

②评价因素集：$U=\{U_1,U_2,\cdots\cdots,U_n\}$

评价因素集就是所需考虑的评价因素。$U_1,U_2,\cdots\cdots,U_n$ 分别代表不同评价因素。

③评价等级集：

$$V=\{V_1,V_2,\cdots\cdots,V_m\}$$

评价等级集可定义为前述的某一组定性形容词(如：优、良、一般、差、很差等等)的集合。

④评价权重集：

$$A=\{a_1,a_2,\cdots\cdots,a_n\}$$

权重集就是所有评价因素的各自权重系数的集合。个数 n 与评价因素的个数一致。权重集的确定方法如前所述。

(2) 建立模糊关系矩阵

进行单因素评判，建立模糊关系矩阵 $R=\{r_{ij}\mid i=1,\cdots,n;j=1,\cdots,m\}$。其中与方案 j 相对应的因素指标值向量为 $r_j=(r_{1j},r_{2j},\cdots,r_{nj})$。$r_{ij}$ 称为 U 中因素 u_i 对应 V 中等级 v_j 的隶属关系，即从因素 u_i 着眼，被评价对象能被评为 v_j 等级的隶属关系。因而 r_i 是第 i 个因素 u_i 对该事物的单因素评价，它构成了模糊综合评判的基础。将这 m 个列向量依据某种综合评判方法(如加权相对偏差距离最小法)相互比较，以确定最优方案。

为建立评判矩阵 R，通常在方案集合 V 外人为地引入两个虚拟方案 V_0 和 V_{m+1}，并设它们的指标取值为 U_0 和 U_{m+1}，其隶属度分别为 $r_{i,0}=0,r_{i,m+1}=1$。通常有以下三种模型可以用来确定评判矩阵中的 r_{ij}。

模型 1：对于因素 u_i，在其上取值越大越好，当取值大于或等于 $u_{i,m+1}$ 时都是理想的，当取值小于或等于 u_{i0} 时都是很差的。即：

$$r_{ij}=\begin{cases}0 & u_{ij}<u_{i0}\\ \dfrac{u_{ij}-u_i}{u_{i,m+1}-u_{i0}} & u_{i0}\leqslant u_{ij}\leqslant u_{i,m+1}\\ 1 & u_{ij}\geqslant u_{i,m+1}\end{cases}\tag{10.12}$$

模型 2：对于因素 u_i，在其上取值越小越好，当取值小于或等于 $u_{i,m+1}$ 时都是理想的；当取值大于或等于 u_{i0} 时都是很差的。即：

$$r_{ij}=\begin{cases}0 & u_{ij}>u_{i0}\\ \dfrac{u_{i0}-u_i}{u_{i01}-u_{i,m+1}} & u_{i0}\geqslant u_{ij}\geqslant u_{i,m+1}\\ 1 & u_{ij}<u_{i,m+1}\end{cases} \tag{10.13}$$

模型 3：对于因素 u_i，在其上距离 $u_{i,m+1}$ 取值越近越好。当取值小于 u_{i0} 时都是很差的。即：

$$r_{ij}=\exp[-(\frac{u_{ij}-u_{i,m+1}}{b})^2] \tag{10.14}$$

式中：b 的值由 $u_{i,m+1}$ 和 u_{i0} 确定。

(3) 确定评判因素的权重向量 $A=(a_1,\quad a_2,\quad \cdots,\quad a_n)$

这一步与其他综合评价中指标权重的确定方法是相同的。

(4) 选择合成算子

选择合成算子，通过广义合成运算把 A 与 R 合成得到 B。

$$B=A\otimes R，其中\otimes为合成算子。 \tag{10.15}$$

此公式表明，评价因素与被评价事物的模糊关系 A，通过模糊变换器 R，形成了被评价事物与评价等级之间的模糊关系 B。B 中的各元素 b_j 定义为

$$b_j=(a_1\otimes r_{1j})\oplus(a_2\otimes r_{2j})\oplus\cdots\oplus(a_n\otimes r_{ij})(j=1,2,\cdots,m) \tag{10.16}$$

上式可以简记之为合成模型 $m(\otimes,\oplus)$，其中$\otimes$为广义模糊“乘”运算，$\oplus$为广义模糊“加”运算。在广义模糊合成运算下，合成模型 $m(\otimes,\oplus)$ 的意义在于：$r_{ij}(i=1,2,\cdots,n;j=1,2,\cdots,m)$ 为单独考虑各种指标 u_i 时，方案对等级 V_j 的隶属度，而通过广义模糊“乘”运算($a_i\otimes r_{ij}$)所得的结果就是在全面考虑各种指标时，方案关于指标 u_i 的对等级 V_j 的隶属度，也就是在考虑指标 u_i 在总评价中的影响程度 a_i 时，对隶属度 r_{ij} 所进行的限制或调整。最后通过广义模糊“加”运算对各个调整后的隶属度进行合成，即可得出评价结果。就理论上而言，上述的广义模糊合成运算有多种，但在实际应用中经常采用的具体模型有以下四种：

模型 1：$M(\vee\wedge)$ 即用“$\wedge$”代替“$\otimes$”，“$\vee$”代替“$\oplus$”，有

$$b_j=\bigvee_{i=1}^{n}(a_i\wedge r_{ij})(j=1,2,\cdots,m) \tag{10.17}$$

其中“$\wedge$”、“$\vee$”分别为取最小(min)和取最大(max)运算。这是一种“主指标决定性”的综合评价。

模型 2：$M(\cdot\wedge)$，即用普通乘“$\cdot$”代替“$\otimes$”，“$\vee$”代替“$\oplus$”，有

$$b_j=\bigvee_{i=1}^{n}a_i r_{ij}(j=1,2,\cdots,m) \tag{10.18}$$

其中，“$\cdot$”为普通实数乘法，“$\vee$”为最大(max)运算。这是一种“主指标突出型”的综合评价。

模型 3：$M(\vee\mu)$，即用“$\wedge$”代替“$\otimes$”，“μ”(有界和运算)代替“$\oplus$”，有

$$b_j=\mu\sum_{i=1}^{n}a_i\wedge r_{ij}(j=1,2,\cdots,m) \tag{10.19}$$

这里其中"∧"最小(min)运算。"有界和"的定义是 $\alpha\mu\beta=\min(1,\alpha+\beta)$；$\mu\sum$ 为对 n 个数在 μ 下运算求和。这是一种对每一等级 V_j 都同时考虑各种指标的综合评价。

模型 4：$M(\cdot\ \mu)$，即用"v"代替"$\otimes$"，"μ"(有界和运算)代替"$\oplus$"有

$$b_j=\mu\sum_{i=1}^{n}a_i\cdot r_{ij}\ (j=1,2,\cdots,m) \tag{10.20}$$

此模型是在模型 $M(\cdot\ \vee)$ 的基础上改进而成的，是一种"加权平均型"的综合评价。实际应用时根据具体情况决定采用何种类型的模型。

(5) 对模糊综合评判结果 B 进行分析和处理

一般地，将 B 与评价向量 V 的倒置向量相乘，即

$$W=B\cdot V^T \tag{10.21}$$

其结果 W 就是方案的评价结果。评价值 W 越高，说明方案越好。

模糊综合评判法本身不能解决评价指标之间的相关关系造成的评价信息重复问题，这是它不如多元统计分析中主成分分析和因子分析的地方，因而在运用模糊综合评价法之前，要对指标进行预选和处理，剔除相关程度大的指标，以保证评判结果的准确性。此外模糊综合评判中的权重不是在评判过程中伴随产生的，使得权重的确定具有一定的不确定性，这是另外一个需要注意的地方。

例 2:在某一综合运输港站与枢纽布局规划中，有甲，已，丙三个方案待评价选优。设评价论域为 $V(-3,-2,-1,0,1,2,3)$，评价指标体系为三级；综合目标，准则，指标：其中准则有：技术，经济，环境；指标共有 12 个：$u_1\sim u_{12}$。三个方案的隶属度矩阵分别如表 10.4，表 10.5，表 10.6 所示，各指标的权值列于表 10.7 中。试用合成模型 $M(\vee\ \wedge)$ 给以评价选优。

表 10.4 甲方案的隶属度矩阵表

等级	技术				经济				环境			
	U_1	U_2	U_3	U_4	U_5	U_6	U_7	U_8	U_9	U_{10}	U_{11}	U_{12}
−3	0	0	0	0	0	0	0	0	0	0	0	0
−2	0.25	0	0	0	0	0	0	0.25	0.25	0	0	0.25
−1	0.5	0.25	0.25	0	0.25	0.25	0.25	0.5	0.5	0.25	0.25	0.5
0	0.25	0.5	0.5	0	0.5	0.5	0.5	0.25	0.25	0.5	0.5	0.25
1	0	0.25	0.25	0.25	0.25	0.25	0.25	0	0	0.25	0.25	0
2	0	0	0	0.5	0	0	0	0	0	0	0	0
3	0	0	0	0.25	0	0	0	0	0	0	0	0

表 10.5　乙方案的隶属度矩阵表

等级	技术				经济				环境			
	U_1	U_2	U_3	U_4	U_5	U_6	U_7	U_8	U_9	U_{10}	U_{11}	U_{12}
−3	0	0.67	0	0	0.25	0	0	0.25	0	0	0	0
−2	0	0.33	0	0	0.5	0	0.25	0.5	0.25	0.25	0	0
−1	0.25	0	0.25	0	0.25	0.25	0.5	0.25	0.5	0.5	0	0
0	0.5	0	0.5	0	0	0.5	0.25	0	0.25	0.25	0.25	0.25
1	0.25	0	0.25	0	0	0.25	0	0	0	0	0.5	0.5
2	0	0	0	0.33	0	0	0	0	0	0	0.25	0.25
3	0	0	0	0.67	0	0	0	0	0	0	0	0

表 10.6　丙方案的隶属度矩阵表

等级	技术				经济				环境			
	U_1	U_2	U_3	U_4	U_5	U_6	U_7	U_8	U_9	U_{10}	U_{11}	U_{12}
−3	0	0	0	0.67	0	0	0	0	0	0	0	0
−2	0	0	0	0.33	0.25	0	0	0	0	0	0.25	0
−1	0	0	0	0	0.5	0	0	0.25	0	0	0.5	0.25
0	0.25	0	0.25	0	0.25	0.25	0.25	0.5	0	0	0.25	0.5
1	0.5	0.25	0.5	0	0	0.5	0.5	0.25	0.25	0.25	0	0.25
2	0.25	0.5	0.5	0	0	0.25	0.25	0	0.5	0.5	0	0
3	0	0.25	0	0	0	0	0	0	0.25	0.25	0	0

表 10.7　各指标的权重表

准则	技术				经济				环境			
权重	0.22				0.18				0.60			
指标	U_1	U_2	U_3	U_4	U_5	U_6	U_7	U_8	U_9	U_{10}	U_{11}	U_{12}
权重	0.50	0.3	0.1	0.1	0.5	0.1	0.1	0.3	0.5	0.25	0.15	0.1

解：先看甲方案，对技术准则而言，它有四个指标：U_1,U_2,U_3,U_4。甲方案关于它的隶属度矩阵为

$$R_1=\begin{bmatrix} 0 & 0.25 & 0.50 & 0.25 & 0 & 0 & 0 \\ 0 & 0 & 0.25 & 0.50 & 0.25 & 0 & 0 \\ 0 & 0 & 0.25 & 0.50 & 0.25 & 0 & 0 \\ 0 & 0 & 0 & 0 & 0.25 & 0.50 & 0.25 \end{bmatrix}$$

故甲方案的技术准则的属度为

$B_{甲技}=(0.5\quad 0.3\quad 0.1\quad 0.1)$

$R_1=(0\quad 0.25\quad 0.5\quad 0.3\quad 0.25\quad 0\quad 0)$

同理可得

$B_{甲经}=(0\quad 0.25\quad 0.3\quad 0.5\quad 0.25\quad 0\quad 0)$

$B_{甲环}=(0\quad 0.25\quad 0.5\quad 0.25\quad 0.25\quad 0\quad 0)$

注意到，三个准则的权重向量为 $A=(0.22\quad 0.18\quad 0.60)$， 高一级的隶属度矩阵 R 依次以 $B_{甲技}$，$B_{甲经}$，$B_{甲环}$ 作行构成的 3×5 矩阵，所以甲方案综合评价隶属度矩阵向量为

$B_{甲终}=(0.22\quad 0.18\quad 0.60)$

$R=(0\quad 0.25\quad 0.50\quad 0.25\quad 0.25\quad 0.1\quad 0.1)$

它的最终模糊评价结果为

$$W_{甲}=W_{终},(-3\quad -2\quad -1\quad 0\quad 1\quad 2\quad 3)^T\quad =-0.25$$

同理可以计算出乙和丙方案的评价结果为 $W_{甲}=-0.104$，$W_{乙}=1.16$。可见丙方案的评价值最高。因此它是最佳方案。

10.3.3 灰色关联系数法

目前，系统分析的量化方法大多属于数理统计的方法，如回归分析法、方差分析法、主成分分析法等，其中以回归分析法的使用最为频繁。但是，回归分析法不仅要求大量的样本，还要求样本有较为稳定的分布规律，这在一些发展变化快、有突变和创新的系统中是不适用的。灰色系统理论提出了一种新的分析方法：灰关联度分析法，它是根据系统内各因素之间发展态势的相似或相异程度，来衡量因素间关联程度的方法。由于灰关联度分析是按照发展趋势作分析。因此对样本量的多少没有过分的要求也不需要典型的分布规律，而且计算量较小。

关联度的计算：

x_i 对于 x_0 的灰关联度为

$$v(x_0,x_i)=\frac{1}{n}\sum_{k}^{n}v[x_0(k),x_i(k)] \tag{10.22}$$

其中：

$$\zeta_{0i}(k)=v[x_0(k),x_i(k)]=\frac{\min_{j=1}\min_{k}|x_0(k)-x_j(k)|+\zeta\max_{j\in I}\max_{k}|x_0(k)-x_j(k)|}{|x_0(k)-x_i(k)|+\zeta\max_{j\in I}\max_{k}|x_0(k)-x_j(k)|}$$

称为 x_i 对于 x_0 的灰关联系数。其中 $\zeta\in(0,1)$ 是分辨系数，$x=|x_i,i\in I|$ 为灰关联因子集，x_0 为参考序列，x_i 为比较序列。通常 x_0 由各方案的同类指标中选取最优值而形成。

复习思考题

10.1　我国目前的运输枢纽规划的步骤？

10.2　建立运输港站与枢纽布局规划指标体系的基本原则是什么？具体包括那些指标？设计这些指标的依据是什么？

10.3　常见的运输港站与枢纽布局规划的评价方法有那些？

10.4　运用层次分析法和模糊评价法进行方案的评价的步骤？

10.5　已知某市综合运输枢纽的港站布局规划中，有甲、乙两个方案待评价选优。评价的指标体系有3级如图10.6，其中准则有：协调性、需求性、社会性、经济性和运作性；指标共有11个。各指标的权重见表10.8，根据已建立的评价指标通过10个专家分别对方案甲和乙打分对每个指标举行单因素评价具体如表10.9、10.10。试用合成模型$M(\vee \quad \wedge)$给以评价选优。

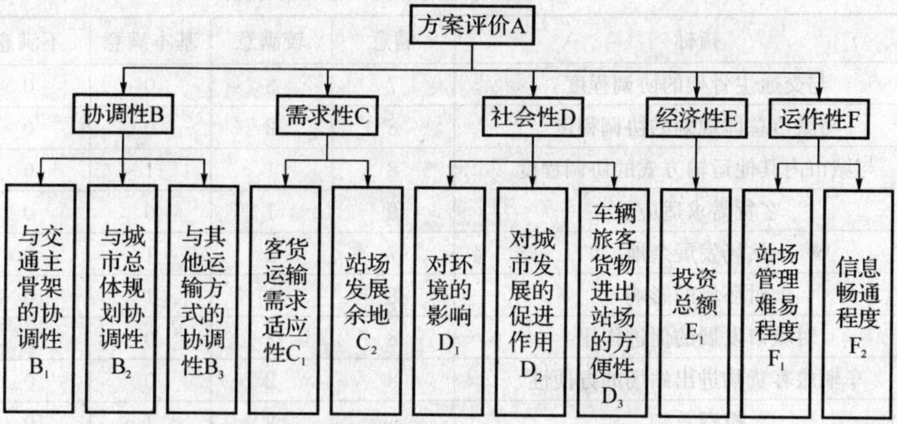

图 10.6　枢纽港站方案评价的指标体系

表 10.8　指标的权重表

准则	协调性			需求性		社会性			经济性	运作性	
权重	0.510			0.259		0.123			0.54	0.054	
指标	B_1	B_2	B_3	C_1	C_2	D_1	D_2	D_3	E_1	F_1	F_2
权重	0.105	0.637	0.258	0.875	0.125	0.258	0.108	0.637	1	0.833	0.167

表 10.9　各专家对方案甲各指标评价结果

指标	满意	较满意	基本满意	不满意
与交通主骨架的协调程度	7	3	0	0
与城市总体规划的协调程度	8	2	0	0
与城市内其他运输方式的协调程度	6	3	1	0
客货需求适应性	9	1	0	0
站场发展余地	5	2	3	0
对环境的影响	6	3	1	0
对城市发展的促进作用	8	2	0	0
车辆旅客货物进出站场的方便性	5	3	2	0
投资总额	6	4	0	0
站场管理难易程度	7	2	1	0
信息畅通程度	6	2	2	0

表 10.10　各专家对方案乙各指标评价结果

指标	满意	较满意	基本满意	不满意
与交通主骨架的协调程度	7	3	0	0
与城市总体规划的协调程度	8	2	0	0
与城市内其他运输方式的协调程度	8	1	1	0
客货需求适应性	9	1	0	0
站场发展余地	7	2	1	0
对环境的影响	8	1	1	0
对城市发展的促进作用	8	2	0	0
车辆旅客货物进出站场的方便性	8	2	0	0
投资总额	6	3	1	0
站场管理难易程度	6	2	2	0
信息畅通程度	7	1	2	0

参考文献

1. 冯崇毅.汽车运输企业管理.北京:人民交通出版社,1998
2. 马天山.汽车运输企业管理.北京:人民交通出版社,1997
3. 李作敏主编.现代汽车运输企业管理.北京:人民交通出版社,1998
4. 唐亮.道路运输管理信息系统的设计与实现.重庆:重庆大学.硕士论文,2003
5. 胡列格.交通枢纽与港站.北京:人民交通出版社,2002
6. 刘灿齐.现代交通规划学(交通枢纽的规划设计).北京:人民交通出版社 ,2001
7. 陈友华.城市规划概论.北京:人民交通出版社,2000
8. 管楚度.交通区位论及其应用. 北京:人民交通出版社，2000
6. 韩彪.交通运输学. 北京:中国铁道出版社，2000
7. 郝瀛.铁道工程. 北京:中国铁道出版社，2001
8. 谷长森.铁路实用系统工程. 北京:中国铁道出版社，1994
9. 蔡庆麟.运输布局学. 第 1 版. 北京:人民交通出版社,1994
10. 石京.城市道路交通规划设计与运用(公交场站规划). 北京:人民交通出版社，2006
11. 陆化普.综合交通枢纽规划:基础理论与温州的规划实践. 北京:人民交通出版社，2002